Wein. Das Buch.

Vorwort 5

Worum geht's beim Wein? 7

Mit allen Sinnen genießen
Einführung in die Sensorik 13

Rebsorten und Aromen 29
Weiße Weinsorten 31
Rote Weinsorten 57

Weinausbau 101

Eine kurze Geschichte des modernen Weins 111

Die Weinprobe 159

Weingläser 171

Ein Wein – vier Verkoster! 177

Essen und Wein 187

Weinkauf 231

Weinpflege 239

Wein-Informationen 247

Autoren 253

Glossar 257

VORWORT

Liebe Leserinnen, liebe Leser,

dieses Buch ist nicht einfach ein Lehrbuch über Wein. Es bündelt vielmehr das geballte Wissen zu einem der großartigsten Themen überhaupt. Einem, das mich ganz persönlich seit rund vier Jahrzehnten begeistert.

Der vorliegende Band Wein. Das Buch. macht mich besonders stolz. Warum das so ist? Ganz einfach: weil ich mich seit Jahrzehnten leidenschaftlich und umfassend mit diesem Thema beschäftige! Seit 1978 fasziniert mich Wein; im Laufe der Jahre hatte ich das außergewöhnliche Glück, als Akteur an Meilensteinen der jüngeren Weingeschichte teilhaben zu können. Der sehr persönliche Kontakt zu vielen der besten Winzer und Köche – national wie international – sowie die Möglichkeit, die besten und hochwertigsten Weine der Welt trinken zu dürfen, haben meine Liebe zu diesem besonderen Getränk, mein Wissen darüber und meine Erfahrung auf diesem Gebiet bis heute geprägt. All das ist in dieses Buch mit eingeflossen. Renommierte Autoren und namhafte Experten wie Markus Del Monego, Prof. Dr. Hanns Hatt oder Caro Maurer haben dieses Wissen für Sie profund und leicht verständlich zusammengefasst.

In Deutschland ist es gelungen, beim Wein wie bei der dazugehörigen Literatur längst (wieder) eigene Maßstäbe zu setzen. Das Wissen ist umfassender und komplexer als in vielen anderen Ländern. Denn die deutschen Weinliebhaber und -kenner sind nämlich vor allem eins: offen für vieles, auch für Weine aus anderen Ländern.

Wein ist ein Genussmittel, hinter dem Hingabe, vor allem aber harte Arbeit im Weinberg und im Weinkeller steckt. Was liegt also näher, als Wein auch tatsächlich zu genießen? Bei unseren Verkostungen gilt der Grundsatz, dass Wein mit allen Sinnen wahrgenommen und getrunken werden muss, nicht einfach nur probiert. So können wir Wein von Grund auf verstehen und lieben lernen, und genau das ist unser Anspruch.

Dieses Buch hat nicht den Ehrgeiz, ein allumfassendes Werk über ein äußerst komplexes Thema zu sein. Es will Ihnen vielmehr Wein mit allem, was dazu gehört, auf eine sehr praktische und unmittelbare Art nahebringen. Wir sind überzeugt, dass Sie Spaß daran haben werden, mithilfe dieses Buches über Wein genau dies zu erfahren. Ganz gleich, ob Sie bereits Kenner sind oder erst anfangen, sich mit Wein zu befassen. Wichtig ist, einen direkten Zugang zu finden und auf einen Blick zu erkennen, worum es beim Wein geht: nämlich vor allem um Sinn und Sinnlichkeit, um Freude und Lust, um Geschmack und Genuss.

Ralf Frenzel
Herausgeber

WORUM GEHT'S BEIM WEIN?

MARKUS DEL MONEGO

Es waren Osterferien. Ich verbrachte sie bei meinem Brieffreund in Lyon. In der alten Seidenstadt hatte ich schon einige kulinarische Entdeckungen machen können. Die ersten Austern meines Lebens, den ersten Mokka nach dem Essen. Es war faszinierend. Am Ostersonntag sollte ich nun die nächste Entdeckung machen. Der Nachbar, ein emeritierter Professor, brachte eine besondere Flasche zum Mittagessen mit. Einen Burgunder aus dem Jahr 1945. Es sollte mein erstes Weinerlebnis werden. Doch das bräunliche Getränk mit dem eigenwilligen Geruch und dem eigenartigen, säuerlichen Geschmack empfand ich damals als schrecklich. Was finden Erwachsene nur an diesem Wein, dachte ich als Vierzehnjähriger. Als ich später den Wein langsam für mich entdeckte, musste ich immer wieder mit Bedauern an dieses Erlebnis vom Ostertag 1980 zurückdenken.

Was für eine einmalige Chance hatte ich damals vertan? Aber für mich sollte die Geschichte doch noch gut ausgehen. Als ich zwölf Jahre später wieder in Lyon war und die Familie meines Brieffreunds besuchte, war auch der Professor eingeladen. Meine Augen glänzten, als ich die Flasche sah, die er auf den Tisch stellte. Vorwürfe habe er sich gemacht, erklärte er mir, dass er mich viel zu früh und unvorbereitet mit einem besonderen Wein konfrontiert hätte. Er habe damals zwar schon bemerkt, dass ich für die Geschmackseindrücke beim Essen sehr offen gewesen sei, aber mit dem Wein hätte er warten müssen.

Die letzte Flasche dieses Tropfens in seinem Keller habe er aufgehoben, damit ich sie später verkosten könne und nicht bedauern würde, einen 1945er zu früh getrunken zu haben.

Hätte es dieses Buch bereits bei meiner ersten „Weinprobe" gegeben, es hätte mir geholfen. Das Wissen um Wein, insbesondere jedoch um seine sensorischen Eigenschaften, wäre sinnvoll gewesen. Weinbücher gab es natürlich damals auch schon. Doch in den meisten dieser Werke ist zwar viel von den Weinbaugebieten dieser Welt zu lesen, Böden werden erläutert, das Klima diskutiert, Rebsorten vorgestellt und natürlich die Winzer, die schließlich für die Verwandlung des Traubensaftes in ein köstliches Getränk verantwortlich sind. Doch wie man sich dieser Flüssigkeit nähern kann, wie das Probieren eines Weins wirklich funktioniert und welche Fallstricke dabei vermieden werden sollten, bleibt meist unerwähnt. Zwar ist Geschmack das wohl Persönlichste, was ein Mensch besitzen kann, doch auch das muss entwickelt, gebildet und unterstützt werden. Mit diesem Weinbuch sollte es jedoch in der Zukunft gelingen. Denn die Idee ist genauso einfach wie revolutionär. Wir nähern uns dem Wein über die Sensorik und nicht über den Weg des reinen Wissens.

Wie funktionieren das Riechen und das Schmecken? Wie analysieren wir die verschiedenen Sinneseindrücke? Auch wer sich gut gewappnet fühlt in der Welt der Sensorik, sollte die Einführung zu diesem Thema nicht überblättern. Sie birgt sicherlich die eine oder andere wesentliche Information und spannende Aspekte. Und im Anschluss daran nimmt man die (Wein-)Welt anders wahr.

Was aber ist mit dem Basiswissen? Ohne die Rebsorten wäre Wein schließlich nicht Wein. Darum darf selbstverständlich die „Ampelographie" nicht fehlen! Hinter dem lateinischen Begriff mit Zungenbrecherpotential verbirgt sich die Rebsortenkunde. Klingt knifflig, doch das Thema selbst macht sehr viel Spaß. Zumal wir in diesem Buch die Rebsorten und deren typische Aromen im Wein visualisiert haben. Die Leitaromen eines jeden Gewächses prägen sich nämlich über das Bildmedium wesentlich besser ein als über meist langatmige wissenschaftliche Abhandlungen. So kann es durchaus passieren, dass Sie bei zukünftigen Verkostungen plötzlich ein „Aromenbild" vor Augen haben. Die Jahrgänge wurden so ausgewählt, dass die Rebsortencharakteristik in der Verkostung im Sommer 2016 am besten zur Geltung kommen konnte. Wenn also ein 2011er für die Beschreibung ideal war, so bezieht sich die generelle Aussage auf einen rund fünf Jahre gereiften Tropfen dieses Typs. Nehmen Sie das Buch in drei Jahren in die Hand, um den gleichen Test vorzunehmen, dann wäre vermutlich der Jahrgang 2014 der ideale Testkandidat. Zugegeben, man muss ein bisschen rechnen, aber dadurch hat dieses Werk einen zeitlosen Charakter und Wert.

Eine Pflanze ohne Wurzeln kann nicht wachsen. Dasselbe gilt für das Weinwissen. Hier liegen die Wurzeln weit in der Vergangenheit. Sie versorgen uns mit historischen Fakten, um besser zu verstehen, welche Trends und Entwicklungen die Weinwelt in den vergangenen Jahrtausenden vorangetrieben haben. Eines ist gewiss, noch nie haben so viele Menschen Weine in einer so hervorragenden Qualität genießen können wie wir heute. Der einfache Landwein des Mittelalters oder die sauren Tropfen der römischen Legionäre würden uns wohl kaum mehr gefallen. Überhaupt die Römer: „De gustibus non est disputandum", über Geschmack ist nicht zu streiten, dieses Motto gilt auch für unser Weinbuch. Es geht darum, die Sinne zu verstehen, zu aktivieren und zu schulen, um so eine eigene Geschmacksaussage

treffen zu können. Um diese aber perfekt zu formulieren, muss die Probe gut aufgebaut sein, die Umgebung sollte stimmen und das Glas passen. Immer wieder kommt die Frage auf, wie eine Verkostung am sinnvollsten präsentiert wird. In unserem Weinbuch finden Sie die Antwort darauf und können sich ganz auf Ihren Geschmack konzentrieren.

Dass Geschmäcker und Wahrnehmungen letztlich ausgesprochen unterschiedlich sein können, zeigt sich in den Weinbeschreibungen von uns Experten. Der gleiche Wein wird in mehreren Varianten vorgestellt und dies zeigt Ihnen Parallelen, aber auch Unterschiede in der Beschreibung auf. Es gibt eben nicht nur einen Weg, der nach Rom führt. Und richtig ist schließlich, dass für jeden Genießer der beste Wein immer der Tropfen ist, der einem persönlich am besten schmeckt. Die Römer wussten übrigens bereits um die positiven Effekte von Wein in Begleitung von Speisen. Es ging ihnen dabei nicht nur um die Steigerung des Genusses, sondern auch um gesundheitlich positive Effekte. Paul Pontallier, der leider viel zu früh verstorbene Direktor von Château Margaux, sagte immer, dass wir Wein zur Erfrischung des Gaumens zwischen den verschiedenen Bissen an Speisen benötigen. Gegen den Durst könne man schließlich Wasser trinken, doch nichts erfrische den Gaumen während eines Essens besser als ein Schluck köstlichen Weins.

Gerade in den mediterranen Weinbauländern sind Wein und Speisen untrennbar miteinander verknüpft. Nur nördlich der Alpen wird Wein traditionell auch außerhalb der Mahlzeiten genossen. Um ein Gefühl für eine gelungene Wein- und Speisenkombination zu bekommen, gehen wir in diesem Weinbuch neue Wege. Die Rezepte verschiedener Gerichte werden mit jeweils drei ganz unterschiedlichen Weinen verknüpft. Warum passt zur Brotzeit durchaus auch Champagner, und was sucht der Rotwein beim Fisch? Sie werden faszinierende Kombinationen entdecken und können danach ganz frei urteilen, was Ihnen am besten schmeckt.

Schön und gut, mögen Sie denken und sich mit Grauen an ihren letzten Weineinkaufsversuch erinnern. Ratlos vor dem Regal lassen wir Sie deshalb nicht stehen. Tipps zum Weineinkauf und zur

Lagerung finden Sie ebenso wie weitere Quellen für wertvolle Informationen. Dass auch „Fachchinesisch" leicht verständlich wird, zeigt ein umfangreiches Glossar. Damit sind Sie argumentationssicher bei der nächsten Weinprobe.

Vollständig kann und will dieser Band nicht sein. Schließlich haben wir auch nicht alle im ersten Schuljahr das gesamte Wissen eingepaukt bekommen. Schritt für Schritt nehmen wir Sie daher mit auf eine Reise in die faszinierende Welt des Weins.

Große Blauburgunder-Probe in Südtirol. Blauburgunder ist ein Synonym für Spätburgunder.

Riesling Auslese im Glas: Weinjournalist Stuart Pigott bei der Probe von 100 Riesling Auslesen im Kloster Eberbach im Rheingau.

MIT ALLEN SINNEN GENIESSEN

PROF. DR. HANNS HATT

„Wein ist das edelste aller Getränke", das wussten schon die alten Griechen und nannten den Wein das Nützlichste von den Getränken, das Süßeste von den Arzneien und das Angenehmste von den Speisen. Ihn zu trinken galt damals als Pflicht, wenn man an einem „Symposium" teilnahm – heutzutage in der Regel eine trockene Veranstaltung. Von allen Beteiligten wurde erwartet, so viel davon zu sich zu nehmen, bis alle berauscht waren. Nur so konnte aus damaliger Sicht ein wirklich erfolgreicher geistiger Austausch stattfinden. Für die Verbreitung der Reben in Europa sorgten jedoch nicht die Griechen, sondern die Römer. Geschmacklich hatten die Erzeugnisse allerdings wenig mit heutigen Weinen zu tun, denn sie wurden mit Honig gesüßt, mit vielen Kräutern gewürzt und sogar gepfeffert, hatten also eher ein Glühweinaroma.

Weine sind vielfältig, mit unterschiedlichen geschmacklichen Eigenschaften. Meist liefern Angaben über Lage, Traubensorte, Jahrgang oder Winzer nicht ausreichende Informationen beim Kauf. Es werden deshalb oft zusätzliche phantasievolle Beschreibungen der Sensorik geliefert, die die Lust am Wein wecken sollen. Tatsächlich können die wenigsten mit den zugeordneten, gelegentlich geradezu abenteuerlich klingenden Geschmackseigenschaften etwas anfangen.

Verkaufen sich die Reberzeugnisse besser, wenn die Rede ist von „nepalesischen Wildpfirsichen und karamellisierten Mandarinenschalen"? Von „einem gletscherfrischen Schmelz, bei dem die Säure kreiselnd über die Zunge kriecht" oder, dass „ein Tango von Früchten und Tanninen im Gaumen bebt, verschmolzen und wehmütig zugleich"? Über eine derart gepriesene „Geschmacksexplosion im Gaumen", die ein Wein mit großem Namen, sei es aus dem Bordeaux oder Burgund, aus Spanien oder der Toskana, auszulösen vermag, wundert sich nicht nur der Weinliebhaber, sondern auch die Wissenschaft.

JEDER NACH SEINEM GUSTO

Denn solche Weinschlürfer-Prosa klingt schön, irgendwie önogastrosophisch und macht Eindruck. Aber können Experten dies alles wirklich erkennen? Und wenn ja, mit welchen Sinnesorganen? Vielen Weinliebhabern ist das jedenfalls nicht möglich und in der Regel auch völlig egal. Jeder erkennt das, was er mag, und hat einen anderen Geschmack. Die meisten können die Vielfalt der Aromen weder zuordnen, geschweige denn katalogisieren, fühlen sich eher verwirrt. Das Vokabular, das sie benutzen, ist viel schlichter. Um ein Aroma treffend zu beschreiben, fehlen ihnen im wahrsten Sinne die Worte. Meist hört man ein „schmeckt" oder „lecker", vielleicht auch: „sauer, fruchtig, würzig oder schwer". Dazu sollte ein Wein bekömmlich sein, und der Preis muss selbstverständlich ebenfalls stimmen. Die poetischen Beschreibungen lassen also eher auf den Charakter des Experten als den des gekosteten Rebensaftes schließen. Wein ist Lebenslust und Lebenselixier, eben ein Getränk für alle, die das Schöne im Leben lieben.

Bei der Frage, ist der Wein gut, und hat er mir geschmeckt, wird ein einfaches Ja oder Nein allerdings nicht der Individualität des Zusammenspiels von Rebsorte, Beschaffenheit des Leseguts und nicht zuletzt der Arbeit des Winzers gerecht. Für Weinaficionados ist es eine wahre Lust, über ihre große Leidenschaft zu reden. Sich mit Gleichgesinnten über Jahrgänge, Trauben und Lagen auszutauschen oder das Für und Wider zu diskutieren von Barrique oder über Korken, sich über Hefen zu unterhalten oder zu erörtern, welcher Wein denn nun am besten zu welchem Essen passt. Nicht zu vergessen: die Bedeutung ihres Lieblingsweines zu begründen. Das heißt aber nicht, dass nur derjenige einen Wein einschätzen kann, der mindestens ein önologisches Grundstudium absolviert hat.

WORAUS BESTEHT WEIN?
Wein besteht überwiegend aus Wasser (ca. 83 Prozent) und Alkohol (ca. 13 Prozent). Der Rest setzt sich aus Glycerin, Zucker und Säure zusammen. Nur etwa 0,001 Prozent machen die Aromastoffe aus. Die sind aber der entscheidende Grund, warum jeder Wein so unterschiedlich schmeckt und riecht.

ÜBUNG SCHÄRFT DIE (WEIN-)SINNE

Die sensorischen Fähigkeiten des Menschen mittels Riechen und Schmecken erlauben, die Aromen im Wein wahrzunehmen, zu differenzieren und sie auch zu identifizieren. Tägliches Üben, z.B. an einer Kollektion von Aromen, die im Wein in typischer Weise gefunden werden, verhilft selbst einem „Normalverbraucher" zu unerwarteten analytischen Fähigkeiten.

Dann erkennt man im Wein durchaus einen Hauch von Birne oder Apfel, Brombeere oder Kirsche, Kräuter oder Vanille, Leder-, Holz- oder Pfeffernoten und vieles mehr. Man kann entscheiden, ob ein Wein im Metall- oder Eichenfass ausgebaut wurde, oder durch die mineralischen Noten sogar den Boden wie Schiefer, Keuper oder Urgestein identifizieren, in dem die Rebstöcke wachsen.

Während der Gärung entstehen weitere Aromastoffe, die oft von den Hefestämmen abhängen, die benutzt wurden. Hier können Geschmacksnoten wie Butter, Leder, Pilze, animalische Noten oder sogar Stallgeruch und feuchtes Herbstlaub auftreten. Sie werden als Sekundäraromen bezeichnet. Noch im Fass oder bereits in der Flasche beginnt sich das Aroma des Weins weiter zu verändern.

Die ursprünglich fruchtigen Aromen treten in den Hintergrund, es entwickeln sich neue Duftkompositionen, die Tertiäraromen. Würzige und balsamische, aber auch Holznoten machen sich bemerkbar, Zeichen einer beginnenden Reife. Nun spricht der Fachmann nicht mehr von Aroma, sondern von Bukett. Der Wein wird komplexer, vielfältiger und facettenreicher.

DIE PRIMÄRAROMEN

Junge Weine:	frische blumige, fruchtige Düfte wie Rosenblüten, Apfel, Birne, Pfirsich, Beeren
Ältere Weine:	würzige Altersaromen, Rosinen, Karamell, Schokolade, Nuss, Sherryaroma
Sekundäraromen	(entstehen während der Gärung aus Hefestämmen): Butter, Leder, Pilze, animalische Noten, feuchtes Herbstlaub
Tertiäraromen	(entstehen im Fass, gelegentlich in der Flasche): würzig, balsamisch, Holz

GESCHMACK IST MEHR ALS NUR RIECHEN

Um alle diese Facetten verstehen zu können, müssen wir uns etwas mit der Sinnesphysiologie beschäftigen. Tatsächlich ist das, was wir zu schmecken glauben, immer ein untrennbares, enges Zusammenwirken von verschiedenen chemischen Sinnessystemen in unserer Nase und unserem Mund. So besteht das Aroma des Weins aus einer komplexen Mischung von Duftstoffen, die der Mensch mit der Nase riechen kann, während die Zunge nur Zucker und Säure, Mineralien und Bitterstoffe schmeckt. Leidenschaftliche Weintrinker erwärmen sich auch für die jeweilige Temperatur, die den Gaumen erfrischen oder besänftigen kann, sind angetan vom Kribbeln der Perlen im Champagner, sogar von der Haptik (Textur), also ob der Wein sanft oder rau ist oder die Schleimhäute unter dem Einfluss des Tannins zusammengezogen werden. Man nennt es auch das „mouthfeeling". Für alle diese Sinneseindrücke ist wiederum der Nervus trigeminus verantwortlich, unser Empfindungsnerv. Drei verschiedene chemosensorische Systeme arbeiten also eng zusammen, um die ganze Komplexität des Weinbuketts zu erfassen: der Geruchs-, der Geschmacks- und der Empfindungssinn (Trigeminus).

DIE PHYSIOLOGIE DES RIECHENS

Ein Großteil dessen, was der Mensch zu „schmecken" glaubt, riecht er in Wahrheit. Das trifft auch für den Wein zu. Bei starker Erkältung mit verstopfter Nase ist es schade um jeden guten Tropfen, denn man erkennt nicht mal, dass es sich um einen solchen handelt. Es reicht auch schon, sich die Nase zuzuhalten. Um alle Geheimnisse zu entschlüsseln, ist vor allem ein guter Geruchssinn wichtig. Bis sich allerdings die Wissenschaft dem Phänomen des Riechens genähert hat, brauchte es lange Zeit; kaum ein anderer unserer Sinne blieb so lange und so wenig erforscht wie der Geruchssinn. Allerdings dürfte es vinophilen Feinschmeckern längst aufgefallen sein, dass sich daran inzwischen eine Menge geändert hat. Die Wissenschaft beschäftigte sich in den vergangenen zwei Jahrzehnten intensiv mit dieser Thematik und konnte dabei beweisen, dass wir nicht zu den „Nasenzwergen" gehören, für die wir uns immer gehalten haben, sondern in vieler Hinsicht sogar „Supernasen" sind. Diese brauchen wir auch, um die komplexen Düfte des Weins in ihrer Ganzheit zu erfassen.

WEIN MIT ALLEN SINNEN GENIESSEN

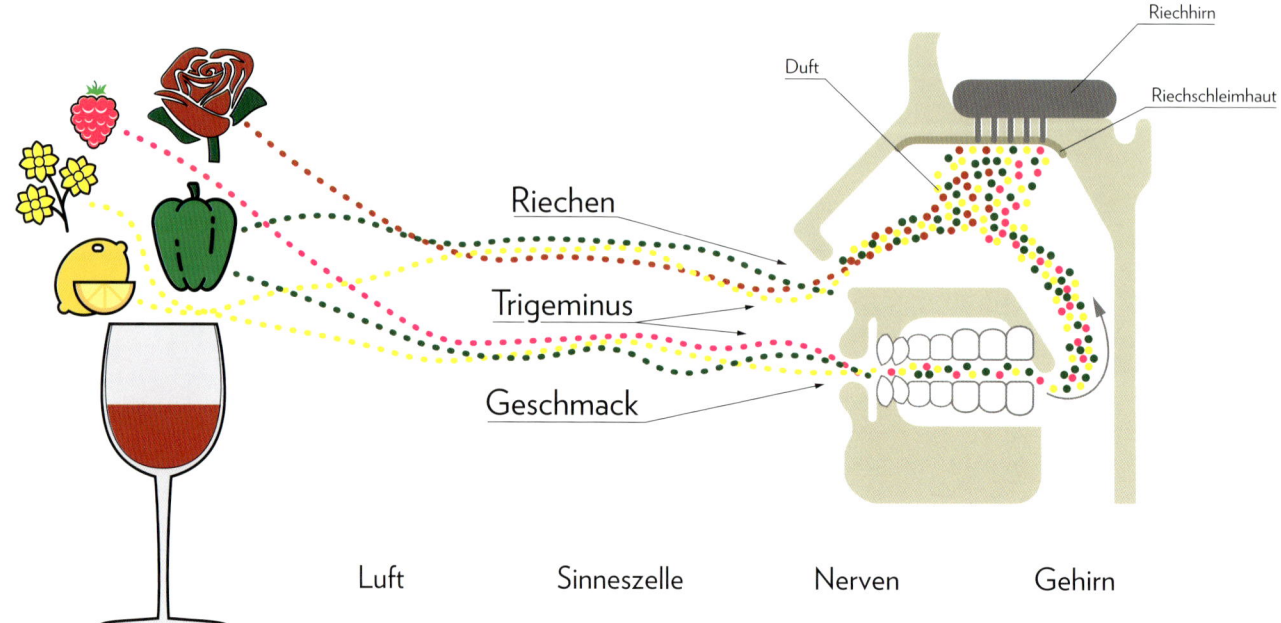

Schema der Sinneswahrnehmung beim Weingenuss: Aus dem Wein werden Aromastoffe in die Luft freigesetzt, die über die Atemluft auf die Riechschleimhaut gelangen. Dort werden spezialisierte Riech-Sinneszellen aktiviert; über Nervenbahnen wird das Riechhirn informiert. Durch eine Verbindung vom Rachen zur Nase können Duftstoffe zusätzlich über den Mund (retrograd) zu den Riechzellen gelangen. Beim Trinken des Weins analysieren zusätzlich Geschmackszellen auf der Zunge, ob der Wein süß, sauer, bitter oder mineralisch ist. Temperatur und Haptik werden ebenso wie Schärfe und Adstringenz vom Nervus trigeminus in Mund und Nase wahrgenommen und interpretiert.

DER RICHTIGE RIECHER FÜRS BUKETT

Chemisch gesehen sind die flüchtigen Duftstoffe meist Alkohole, Aldehyde, Ester, Säuren oder andere Kohlenwasserstoffverbindungen. Die flüchtigsten aller Verbindungen sind die Ester, noch mehr als die Aldehyde, die ihrerseits aber wieder stärker duften als Alkohole. Bis zu 800 verschiedene flüchtige Verbindungen kennt man heute in Weinaromen, viele davon sind nahezu bedeutungslos. Das sortentypische Weinbukett wird in den meisten Fällen von einer sehr kleinen Anzahl von spezifischen, äußerst geruchsaktiven Verbindungen geprägt, die noch dazu meist in sehr niedrigen Konzentrationen vorliegen und bereits in der Traube gebildet werden.

Inzwischen ist bekannt, dass auch nicht flüchtige, sogenannte geruchlose Präkursoren, für viele Rebsorten eine wichtige Rolle spielen, da aus ihnen während der Weinherstellung sehr geruchsaktive Verbindungen freigesetzt werden. So zeigen Sauvignon blanc- oder Merlotmoste nicht das typische Aroma der Weine, sondern sind eher geruchsneutral. Im Verlauf der alkoholischen Gärung werden dann erst die geruchsintensiven Thiole freigesetzt.

Sie machen den Geruch nach schwarzen Johannisbeeren, Grapefruit oder Passionsfrucht aus, sind aber auch mitverantwortlich für das typische Aroma der Scheurebe, wohingegen Monoterpene das sortentypische süßlich blumige Bukett vieler Weißweinsorten wie Muskateller oder Gewürztraminer prägen.

Neben Linalool oder Geraniol sind hier vor allem Rosenoxyd und Weinlacton Duftstoffe, die während der gesamten Reifezeit der Weinbeeren verfügbar sind. Sie bestimmen den blumigen Duft, der an Rose oder Kokos erinnert. Die vielfältigste Naturstoffgruppe im Weinaroma sind die Norisoprenoide. Hierzu zählen auch blumige Düfte wie Beta-Jonon oder Damascenon, ebenso wie kampferartige, harzige oder kerosinartige Noten. Sie bilden das sortentypische Bukett von Chardonnay-Weinen nach Tee, Honig und Ananas. Selbst scharf pfeffrige Empfindungen können durch Duftstoffe in den Aromen der Weinbeeren ausgelöst werden, wofür vor allem Pyrazine und Piperazine verantwortlich sind. Sie geben dem Cabernet Sauvignon oder Sauvignon blanc den typischen Geschmack nach grünem Pfeffer.

UNSER RIECHORGAN

Die Riechschleimhaut des Menschen liegt in der dritten und obersten Etage unserer Nase (siehe Abbildung). Hier befinden sich unsere Riechsinneszellen. Der Zugang zu diesem Bereich wird durch eine kleine Schleimhautfalte weitgehend für die Einatemluft gesperrt. Es berührt also nicht der gesamte Luftstrom die Riechzone, sondern es wird bei jedem Atemzug durch diesen kleinen Spalt nur eine kleine Probe aus der Atemluft auf die Riechschleimhaut geleitet. Daneben gibt es noch einen Zugang, die Eustachische Röhre, vom Mund-/Rachenraum zur Riechschleimhaut. Diese Röhre ist mit einer feuchten Schleimschicht überzogen, sodass alle Duftmoleküle erst in ihr gelöst werden müssen, um zu den Riechzellen zu gelangen.

DIE RIECHZELLEN

In der menschlichen Riechschleimhaut findet man etwa 30 Millionen Riechzellen, von denen an einem Ende kleine fingerförmige Fortsätze in den Nasenschleim ragen und am anderen Ende ein langer, dünner Nervenfaden die Zelle mit dem Riechhirn verbindet, das direkt hinter unserem Schädelknochen liegt. Die Wege sind also kurz. In den fingerförmigen Fortsätzen der Riechzelle haben Wissenschaftler die Sensoren entdeckt, Riechrezeptoren, die bestimmte Duftmoleküle erkennen können. Sie sind quasi wie „Türschlösser", zu denen der jeweilige Duftstoff der passende „Schlüssel" ist. Beim Menschen weiß man inzwischen, dass es ca. 350 verschiedener solcher Rezeptortypen gibt, wobei die Duftstoffe, die in das jeweilige „Schloss" passen, eine bestimmte chemische Struktur aufweisen müssen. Passen Duftstoff und Riechrezeptor zusammen, so wird in der Riechzelle eine biochemische Verstärkungsmaschinerie in Gang gesetzt, die dazu führt, dass kurze Strompulse entstehen, die über den Nervenfaden bis in unser Riechhirn geleitet werden.

Jede unserer Riechzellen ist ein Spezialist, denn sie besitzt nur eine Sorte der 350 Rezeptortypen, die „Vanille-Zellen", also nur Vanille-, und „Moschus-Zellen" entsprechend nur Moschusrezeptoren. Im Riechhirn gibt es wiederum zu jedem Riechzelltyp eine passende kugelförmige Struktur, Glomerulus genannt, zu der alle Riechzellen, die den entsprechenden Rezeptor tragen, ihre Nervenfäden senden. Deshalb kann das Gehirn aus den elektrischen Informationen erkennen, welcher Riechzelltyp von einem bestimmten Duftmolekül getroffen wurde. Weinaromen und natürlich Blütendüfte oder Parfums bestehen aus einer Mischung vieler verschiedener Duftmoleküle; so werden zahlreiche der 350 Zelltypen und entsprechend viele Glomeruli aktiviert. Unser Gehirn hat nun die schwierige Aufgabe, diese komplexe Kombination (beim Wein über 100) auswendig zu lernen, um bei nochmaligem Riechen am Wein das Muster einer bestimmten Rebsorte zuordnen zu können. Dem „Duftalphabet" stehen 350 „Buchstaben" zur Verfügung, aus denen „Duftwörter", die 100 oder mehr „Buchstaben" lang sind, gebildet werden können. Deshalb leuchtet ein, warum es so schwierig ist, Düfte zu lernen, und warum ein „Normalo" nur etwas mehr als 100 davon identifizieren kann. Die geübte Nase eines Sommeliers oder Parfümeurs bringt es allerdings auf ein Vielfaches.

DIE SENSORISCHEN WEIN-EIGENSCHAFTEN KENNENLERNEN

Obwohl sich die Riechzellen in unserer Nase über viele Jahrzehnte unseres Lebens monatlich erneuern, lässt diese Kapazität im Alter nach, ebenso wie Sehen und Hören. Ab dem siebzigsten Lebensjahr etwa hat ein Drittel der Menschen eine deutlich reduzierte Duftwahrnehmung. Fangen Sie also schon früh an, den Wein zu genießen, um die Basis für Ihr Wissen zu schaffen! Es können auch hormonelle Veränderungen Einfluss auf das Riechvermögen haben, beispielsweise in frühen Stadien einer Schwangerschaft. Schädigende Einflüsse wie Tabakrauch oder Autoabgase führen ebenso zu einer Reduktion der Riechschärfe wie tageszeitliche Schwankungen oder der Sättigungsgrad.

Die Sensibilität des Geruchssinns lässt sich, wie erwähnt, durch Training stark verbessern. Deshalb sind Fachleute aus der Parfümerie, Industrie sowie geschulte Weinkenner in der Lage, bereits sehr viel geringere Konzentrationen von Duftstoffen wahrzunehmen und sie zu identifizieren (ohne dass die Zunge „Tango tanzt"). Tägliche Riechübungen verhelfen nicht nur „normalen" Weintrinkern zu optimierter Wahrnehmung. Wie Wissenschaftler gezeigt haben, lässt sich dadurch zusätzlich die Abnahme des Riechvermögens im Alter hinausschieben. Ganz nebenbei verbessert man sogar noch seine Gehirnleistung.

Wie lassen sich die sensorischen Eigenschaften eines Weines am besten kennenlernen? Die Verflüchtigung der Aromastoffe im Wein ist stark temperaturabhängig. Je höher die Temperatur, umso mehr Moleküle werden in die Atemluft freigesetzt. Um die unterschiedlichen Duftstoffe im Wein zu erschnuppern, sollte man deshalb am besten das Glas zuerst ganz ruhig an die Nase halten, um die feinsten und flüchtigsten Düfte zu erkennen wie etwa Zitrus, Minze, Kaffee, Tabak oder Rose. Erst danach kann durch Schwenken des Weins im Glas die maximale Oberfläche benetzt und damit auch ein Maximum an Duftmolekülen freigesetzt werden. Das Geruchsbild wandelt sich dadurch, es werden auch schwerere Aromen und neue Duftstoffe entdeckt.

Deren Wahrnehmung löst häufig starke Emotionen aus, denn unser Riechzentrum ist direkt mit den wichtigsten Arealen in unserem Gehirn verbunden, die für die Abspeicherung von Erinnerungen und Gefühlen zuständig sind. Dies können schöne Erlebnisse wie Urlaub oder die Kindheit sein, leider aber ebenso negative Empfindungen wie Ekel.

EINFÜHRUNG IN DIE SENSORIK

„DEN TROPFEN WIEGE UND PRÜFE AUF DER ZUNGE ..."

Schlucken Sie den Wein nicht gleich herunter, sondern ziehen Sie etwas Luft in den Mund, schlürfen Sie, auch wenn es Ihrer Erziehung widerspricht. Und kauen Sie den Wein währenddessen immer wieder mit der Zunge durch. Dabei werden nämlich zusätzlich Aromastoffe durch die hohe Mundtemperatur freigesetzt. Diese erreichen über eine Röhre, die den Gaumen direkt mit der Riechschleimhaut verbindet, unsere Riechzellen auf rückwärtigem Weg (retrograd). Um allerdings einzelne Geruchssubstanzen im Wein zu erkennen, bedarf es viel Übung und Erfahrung. Am Anfang reicht es sicher aus, das Gesamtaroma wahrzunehmen und an dem Muster der erregten Zelltypen eine Traubensorte zu erkennen. Die retrograde Geruchswahrnehmung ist auch dafür verantwortlich, dass viele Weine oft, wenn man an ihnen nur riecht, einen anderen Eindruck auslösen, als wenn man sie anschließend im Mund hat und trinkt.

Den Wein körperhaft auf der Zunge zu spüren, bedeutet – in der Regel – höchsten Genuss! So können wir auch neben den tausenden verschiedenen Aromen, die wir mit der Nase unterscheiden, die nicht flüchtigen Geschmacksträger des Weins auf der Zunge und im Mund identifizieren und analysieren. Dies trägt entscheidend zum „Abgang" eines Weins bei. Oder um es mit Friedrich von Bodenstedt zu sagen: „Schau her, wie ich den Tropfen wiege und prüfe auf der Zunge, geruhsam bis zum Halsabstieg, das merke dir, mein Junge".

DIE ZUNGE

Für den eigentlichen Geschmack ist allein die Zunge verantwortlich, denn die Geschmackssinneszellen befinden sich ausschließlich auf deren Oberfläche, verpackt in Geschmacksknospen. Im Kindesalter hat man noch am meisten (ca. 10 000), sie nehmen jedoch im Laufe des Lebens ab, und im höheren Alter bleiben nur noch weniger als 1000 übrig. Geschmacksknospen sind eingelagert in pilzförmige Strukturen (Papillen), die wie kleine Warzen über die Zungenoberfläche verteilt sind. Man findet sie allerdings nur an den Rändern, am Hintergrund und der Spitze, nicht in der Mitte. Dieser Teil der Zunge ist deshalb nicht in der Lage zu schmecken. Jede einzelne Geschmackssinneszelle ist wiederum ein Spezialist für eine der fünf Geschmacksqualitäten: süß, sauer, salzig, bitter und umami (herzhaft, würzig). Hierfür hat sie spezielle Rezeptoren auf der Oberfläche.

DIE 5 GESCHMACKSQUALITÄTEN:
süß   sauer   salzig   bitter   umami (herzhaft, würzig)

DER GESCHMACKSSINN

Lange Zeit glaubte man, dass unsere Zunge eine große Anzahl von Geschmacksnuancen wahrnehmen kann, heute weiß man, dass sie mit ihren gerade einmal fünf Geschmacksrichtungen ein eher grobes Sinnesinstrument ist. „Feine Zungen" gibt es also nicht und „Gaumenfreuden" noch weniger. Der Weingeschmack besteht stets aus einer Mischung dieser fünf Grundrichtungen: Süße hängt am Alkohol, besonders an Glucose, aber auch dem Fruchtzucker; die Säure kommt meist von der Wein- und Milchsäure, eventuell auch etwas Apfelsäure. Salze sind Mineralien, die in den Trauben, abhängig von der Bodenbeschaffenheit, vorkommen, und Bitterstoffe werden durch Gerbstoffe wie Phenole oder Tannine aus den Beerenschalen bestimmt.

Während des Schlürfens, und das ist bei Weinproben ausdrücklich erlaubt, werden die Geschmacksempfindungen am intensivsten wahrgenommen. Dabei tritt zuerst der Süßgeschmack auf und einige Sekunden später dann die Säure. Darum sollte man erst abwarten, bevor man sein Urteil abgibt. Es ist im Übrigen falsch, einen trockenen Wein mit einem sauren gleichzusetzen, denn ein trockener Wein enthält nicht immer mehr Säure als ein halbtrockener oder lieblicher, nur fehlt ihm das Zuckerpolster, um die Säure aufzufangen. Da die menschliche Zunge, wie bereits erwähnt, nur jeweils einen Rezeptor für salzig und sauer besitzt, können wir schlecht unterschiedliche Salze und Säuren im Wein unterscheiden. Etwas besser sind wir für den Süßgeschmack aufgestellt. Hier haben wir immerhin drei verschiedene Sensoren, der eine spezialisiert auf normalen Zucker, der andere auf Süßstoff und ein dritter auf Aminosäuren und würzige Stoffe (umami).

Am besten differenzieren können wir zwischen unterschiedlichen Bitterstoffen. Hierfür hat der Mensch 25 verschiedene Typen von Rezeptoren. Sogenannte sekundäre Pflanzenstoffe gehören häufig zu den Bitterstoffen und werden von der Pflanze, auch von Trauben, als Schutz vor Fressfeinden erzeugt, denn in höheren Dosen sind sie giftig. Sie können in niederer Konzentration die Produktion von Speichel, Gallenflüssigkeit, Magensäften sowie Insulin stimulieren und damit sowohl die Verdauung fördern als auch die Ausscheidung von Giftstoffen anregen.

GESCHMACK LIEGT IN DEN GENEN

Der Satz: „Was bitter im Mund, ist dem Magen gesund", den schon unsere Großeltern kannten, gewinnt dadurch neue Bedeutung. Im Wein sind es überwiegend die Polyphenole (Gerbsäuren), aber auch Tannine, eine Sondergruppe der Phenole. Sie kommen vor allem in der Schale der Trauben vor sowie in den Kernen. Deshalb findet man sie bei Rotwein deutlich ausgeprägter als bei Weißwein, bei letzterem nur, wenn zu viele Kerne in einer zu langen Maischezeit mitverarbeitet wurden. Jeder Mensch besitzt zwar die erwähnten 25 verschiedenen Bitterrezeptoren, aber mit sehr unterschiedlicher Empfindlichkeit der einzelnen Rezeptoren. So kann die Wissenschaft heute sogar genetisch bedingte Vorlieben für bestimmte Wein- oder Nahrungsmittelsorten erklären. Da der Geschmackssinn im Alter ebenso wie das Riechen stark abnimmt, beobachtet man bei älteren Menschen oft eine zunehmende Bevorzugung von süßen Weinen sowie von solchen mit einem höheren Gehalt an Bitterstoffen.

Gaumen und Rachen sind neben der Zunge zusätzlich am Weingenuss beteiligt, denn der physikalische Berührungsreiz, die Temperatur, das Scharfe und Stechende, die Haptik (samtig oder rau) und die Barrique-Wahrnehmung, all dies wird durch unsere Empfindungsnerven (Nervus trigeminus) vermittelt. Er ist für das Mundgefühl zuständig.

NERVUS TRIGEMINUS – ESSENTIELL FÜR WAHRNEHMUNG UND GESCHMACK

Dieser bisher bei der Weinsensorik wenig beachtete Nerv spielt also eine wesentliche Rolle in der Beurteilung eines Weinbuketts. Die freien Nervenerregungen des Trigeminusnervs liegen überall im Mund- und Rachenraum, sogar in den Schleimhäuten der Nase. Sie tragen vier verschiedene Rezeptoren für unterschiedliche Temperaturbereiche: kalt, lauwarm, warm und heiß. Die einzelnen Rezeptoren können auch durch Aromastoffe stimuliert werden und dadurch ein Temperaturempfinden erzeugen.

So reizt Menthol den Kälterezeptor und erzeugt deshalb ein kühlendes Gefühl, wohingegen Thymol den Lauwarmrezeptor stimuliert oder Capsaicin aus dem Pfeffer den Hitzerezeptor und entsprechend ein wärmendes oder heißes Gefühl auslöst. Ebenso können Säuren diese Rezeptoren stimulieren und dadurch einen prickelnden Effekt hervorrufen. Dies findet sich vor allem bei kohlensäurehaltigen alkoholischen Vergärungen (z. B. Champagner). In unserem Labor konnte gezeigt werden, dass das Gefühl der Adstringenz, das pelzig-raue Mundgefühl, „speichelzieherisch" und mundtrocken, wie wir es vom Barrique kennen, exklusiv durch den Nervus trigeminus vermittelt wird.

Insbesondere Fässer aus Eichen- und vor allem Kastanienholz setzen chemische Stoffe frei (Gallussäuren, Gerbstoffe, Tannine), die durch Stimulation des Trigeminus adstringierend wirken. Zusammen mit den Aromen, wie Vanillin und Zimt, die ebenfalls aus dem Eichenholz stammen, erzeugen sie den Barrique-Geschmack. Die Lagerzeit spielt dabei eine wichtige Rolle, denn die Tannine müssen harmonisch in das Weingefüge eingebettet werden. Inzwischen können diese chemischen Stoffe auch synthetisch hergestellt werden, und damit kann die Barrique-Empfindung eines Rotweins deutlich verstärkt werden. Statt Eichenspäne oder Kastanienmehl lässt sich direkt die dafür verantwortliche chemische Substanz benutzen, man kann also „nachbarriquen", ganz nach Lust und Laune.

Anhand der Gerbstoffe lässt sich auch das Alter eines Weines abschätzen, denn bei jungen Weinen sind diese Bestandteile noch sehr rau und intensiv. Je älter und reifer ein Wein wird, desto mehr werden sie reduziert, sodass der Wein weicher und harmonischer schmeckt. Nach dem Herunterschlucken bleibt ein Nachgeschmack auf dem Gaumen, der sogenannte Abgang. Auch er verrät etwas über die Qualität des Weines, bei Spitzenweinen bleibt oft ein lange anhaltender Eindruck, der sich nur zögernd verabschiedet. Gerade Bitterstoffe können allerdings lange wahrgenommen werden, wodurch gerbstoffhaltige alkoholreiche Weine zumeist lange anhalten. Vorübergehend verdecken kann die Bitterkeit die Säure, die auch die Süße unterstützt.

BRAUCHT DER WEIN EINEN KORKEN?

Die Diskussion, ob Korken oder Schraubverschluss, Verschlüsse aus Kunststoff oder Glas geeignet sind für Weinflaschen, wird bisweilen leidenschaftlich geführt. Wissenschaftliche Analysen der Aromastoffe in einem Wein zeigen, dass Naturkork einen Beitrag zu den Zusammensetzungen der Aromen im Wein liefern kann. Dabei spielen offensichtlich Mikroorganismen, die im Naturkork vorkommen, ebenso eine wichtige Rolle wie die bessere Belüftung. Wo Licht, da auch Schatten. Denn es können für die menschliche Nase nicht ausschließlich neue interessante positive Aromen verstärkt werden oder entstehen. Bedauerlicherweise auch der unangenehme Korkgeruch. Es handelt sich dabei um eine Chlorverbindung, die von Mikroorganismen erzeugt wird, das Trichloranisol.

Deshalb haben sich zunehmend Schraubverschlüsse durchgesetzt, wobei dennoch in wenigen Fällen selbst bei diesen Verschlusstechniken ein „Korkgeruch" im Wein auftreten kann. Etwa wenn Mikroorganismen über Chemikalien etwa aus Holzschutzmitteln oder ähnlichem in den Weinkeller „eingewandert" sind und von dort aus dann in den Weintank oder sogar in Flaschen gelangen können.

Erst das Zusammenspiel aller drei chemischen Sinne in unserem Gehirn führt zum optimalen Weingenuss. Das Bukett sollte also möglichst viele unserer Sinnessysteme optimal ansprechen, um den Gesamteindruck eines großen Weins zu vermitteln. Alle drei Sinnessysteme, das Riechen, das Schmecken und der Trigeminus werden nämlich in bestimmten Regionen des menschlichen Gehirns zusammengeführt, dem orbitofrontalen Cortex und dem limbischen System (Mandelkern), das das emotionale Erleben auslösen kann. Die Aktivierung der Zucker-, Säure- und Salzsensoren sowie die Stimulation des Trigeminus (Schärfe) und natürlich vieler Riechrezeptoren in der Nase, sind für die optimale Wirkung wichtig. Deshalb gelingt es durch perfekt abgestimmte kombinatorische Aktivierung all dieser Sinnessysteme, einen besonders intensiven Aromaeindruck und ein Wohlgefühl hervorzurufen. Dies konnte in Kernspinuntersuchungen beim Menschen während des Genusses verschiedener Weinsorten bestätigt werden. Dabei zeigte sich auch eine Aktivität in unserem Belohnungszentrum und bestätigte, was bereits in der Bibel steht: „Der Wein ist geschaffen, dass er den Mensch soll glücklich machen" oder aber von Goethe so treffend beschrieben wurde: „Für Sorgen sorgt das liebe Leben, und Sorgenbrecher sind die Reben."

REBSORTEN UND AROMEN

Wein. Das Buch.

Vollreife Silvanertrauben des Bürgerspitals Würzburg

REBSORTEN UND AROMEN

MICHAEL SCHMIDT

Hunderte von Aromen lassen sich im Wein nachweisen, und alle diese Aromen können wir riechen und schmecken, mal mehr, mal weniger intensiv. Natürlich beeinflusst der Ausbau des Weins und sein Alter die Zusammensetzung der Aromen, doch jede Rebsorte hat ihre ganz ureigene Aromatik. Deshalb schmecken manche Weine fruchtig, andere wiederum würzig, floral oder erdig.

Geruch und Geschmack wahrzunehmen und ihn dann auch in Worte zu fassen, ist für die meisten Menschen jedoch eine nicht ganz einfache Übung. Wissenschaftliche Erklärungsansätze gehen davon aus, dass die entsprechenden Hirnareale für Geruch und Sprache schlechter verknüpft sind als etwa jene für Sprache und visuelle Reize. Andererseits gibt es Kulturen mit einer sehr präzisen Sprache für fein unterschiedene Geruchswahrnehmungen. Was den Schluss zulässt, dass man die Beschreibung von Gerüchen und Geschmack schlicht und einfach trainieren kann.

Leichter wird der Einstieg, wenn man schon eine Ahnung hat, wie ein Wein denn schmeckt. Natürlich gibt es nicht den einen typischen Riesling, Cabernet Sauvignon oder Merlot. Dennoch hat jede Rebsorte ein eigenes Geschmacksprofil mit einer typischen Aromatik, die sie kennzeichnet.

Für eine Auswahl der 30 wichtigsten internationalen Rebsorten – 10 weiße und 20 rote Sorten – haben wir daher jeweils einen Patenwein ausgesucht. In einer Expertenrunde wurden diese Weine verkostet und sogenannte Leitaromen für die jeweilige Sorte definiert. Und weil die Verknüpfung des Sprachzentrums mit dem Bereich für visuelle Wahrnehmung im menschlichen Gehirn in unseren Breitengraden deutlich ausgeprägter ist, haben wir diese Leitaromen optisch umgesetzt. So haben Sie quasi alle Aromen auf einmal im Blick und können sich beim Weinprobieren davon inspirieren lassen.

WEISSE REBSORTEN

CHARDONNAY

Wenn man in Deutschland Riesling für den König der weißen Rebsorten halten mag, neigt der Rest der Welt wahrscheinlich eher zu Chardonnay. Mit Burgundern aus Chablis, Meursault und Montrachet hat sich die Sorte, die bei diesen Appellationen nie namentlich auf dem Etikett auftaucht, auf jeden Fall den Ruf erworben, die größten trockenen Weißweine der Welt hervorzubringen. Bei genügend Substanz eignet sich der aromatisch etwas zurückhaltende Chardonnay bestens für den Ausbau in Eichenfässern, die, je nachdem wie stark das Holz getoastet ist, sensorische Noten von Vanille, Zedernholz, Lagerfeuer, Räucherspeck und gerösteten Nüssen beisteuern können.

Die Sorte steht heute auf Platz fünf der weltweit meistangebauten Weinreben, nachdem in den 1980er-Jahren Erzeuger in Australien, Südamerika und den Vereinigten Staaten, das Potential der Sorte für ihre eigene Weinproduktion zu entdecken begannen. Wenn sich auch viele Produzenten zuerst mit mehr oder weniger erfolgreichen Kopien des Burgunder-Originals versuchten, bei denen es manchmal mehr Eichenholz als Wein zu schmecken gab, fanden sie über die nächsten Jahrzehnte ihren eigenen Stil, der von körperreichen, buttrigen Weinen mit ausladenden Aromen tropischer Früchte in den wärmeren Regionen bis hin zu schlanken, mineralischen und frischen Erzeugnissen in den kühleren Anbaugebieten reichen kann.

In Frankreich ist das Burgund nicht die einzige Qualitätshochburg für Chardonnay, aber viele Champagnertrinker wissen gar nicht, dass die Sorte auch ein wichtiger Bestandteil ihres Lieblingsgetränks ist. Für die meistverkauften Marken der großen Champagnerhäuser wird der Chardonnay zumeist mit Pinot Noir und Pinot Meunier verschnitten, aber seine wahre Typizität zeigt er am besten in den hochwertigen Blanc de Blancs, in denen er die einzige Sorte darstellt. Durch das kühlere Klima der Region geben sich diese Weine oft straff, mineralisch und mit animierender Säure.

Nachdem die Sorte in Deutschland erst in den neunziger Jahren für den Anbau zugelassen wurde, sind heute schon über 1700 Hektar der Rebfläche, mit Schwerpunkten in Baden und der Pfalz mit Chardonnay bestockt.

Reifes Gelb. In der Nase vereinen sich zarte Aromen von Zitrusfrüchten und helle Karamellnoten mit einem dezenten Hefeton. Ananas, süße Grapefruit und reifer roter Apfel geben dem Bourgogne eine fruchtige Ausrichtung; eine geschmackvolle Dosierung des Holzausbaus lässt Nuancen von Tabak und gerösteten Nüssen anklingen. Säure ist präsent, jedoch unaufdringlich und lässt Platz für eine cremige Textur.

LEITAROMEN
ANANAS
GRAPEFRUIT
VANILLE
HASELNUSS
RÖSTAROMEN

PROBEWEIN
DOMAINE BERNARD MOREAU ET FILS 2013 BOURGOGNE CHARDONNAY

CHENIN BLANC

LEITAROMEN
APFEL
STROH
HONIG
MANDELN
KALK

PROBEWEIN
DOMAINE DES ROCHES-NEUVES
THIERRY GERMAIN
2014 »L'INSOLITE«
SAUMUR BLANC

Chenin Blanc ist eine uralte Sorte, deren Ursprung bei Anjou im Tal der Loire vermutet wird. Während sie sich aber in ihren Stammregionen Vouvray, Saumur und Savennières im Rückgang befindet, nimmt sie in Südafrika fast ein Fünftel der gesamten Rebfläche ein und produziert dort ein Drittel aller Weißweine.

Eigentlich ist diese wie Riesling von einer hohen Säure geprägte Rebsorte total unterschätzt, denn genau wie ihr deutscher Konkurrent eignet sie sich für alle Ausbauarten von trocken bis edelsüß und von fruchtig bis zum Schaumwein. Dass ihr Potenzial nicht genügend genutzt wird, hängt zum einen mit der Übermacht des Chardonnay in Frankreich zusammen, zum anderen mit ihrer Anfälligkeit für Fäulnis, die in den kühlen und feuchten 1970er- und 80er-Jahren an der Loire des Öfteren zu unsauberen Weinen führte.

Mit der größeren Trockenheit und den ansteigenden Temperaturen der letzten zwei Jahrzehnte hat sich dieses Problem gelegt, und so mancher Erzeuger produziert in allen Kategorien Weltklasseweine. Die trockenen geben sich von der Stilistik sehr rassig mit Apfel, Birne und Zitrusfrüchten und werden oft von einer knackigen Säure und stahliger Mineralik begleitet. Bei den besten der Edelsüßen findet man üppige Noten von Honig, kandiertem Apfel und süßen Mandeln in perfekter Harmonie mit einer saftigen Säure.

Einen besonderen Namen hat sich in Savennières Nicolas Joly, quasi der Prophet des biodynamischen Weinbaus, mit seinen kompromisslos trockenen Chenin Blancs gemacht.

In den wärmeren Regionen von Südafrika wurde die Sorte über viele Jahre hinweg hauptsächlich für ihre Zuverlässigkeit als Erzeuger von preiswerten trockenen Weißweinen geschätzt. Seitdem sich aber eine Handvoll junger dynamischer Winzer in der Region Swartland der Pflege wiederentdeckter Parzellen von Chenin Blanc gewidmet hat, sind deren durch die tiefe Verwurzelung der alten Reben von hoher Mineralität geprägten Weine in kürzester Zeit weltweit zu Kultstatus aufgestiegen.

Helles Grün-Gold. Ein verhaltener, aber frischer Duft von Sommerwiese und grünen Früchten umspielt die Nase, dazu gesellt sich ein Hauch von Kreide. Saure Ananas, Limonella und Apfelkern prägen den Geschmack. Der Wein gibt sich leicht und trocken, mit etwas Vanille und Nuss im Abgang.

GRAUBURGUNDER

Der Graue Burgunder, international als Pinot Gris bekannt, ist eine farbliche Mutation des Pinot Noir. Früher verwendete Synonyme für die Sorte, wie zum Beispiel Ruländer in Deutschland und Tokay d'Alsace im Elsass, sind aus der Mode gekommen und standen auch für einen heute nicht mehr so populären, barocken Weinstil. In ausgesprochenem Gegensatz dazu befinden sich die frischen, manchmal etwas leichtgewichtigen Pinot Grigios meist norditalienischer Herkunft, die im Idealfall das Gefühl südländischer Lebensfreude vermitteln können.

Bei voller Reife weist die Traube am Stock eine violette Tönung auf, die sich bei etwas Maischestandzeit im Wein in einer leichten Roséfärbung widerspiegeln kann. In Deutschland zeigt die Rebe die besten Ergebnisse auf dem vulkanischen Gestein des Kaiserstuhls in Baden und auf dem Basalt-Einbruch der pfälzischen Mittelhaardt. Verbunden mit dem wärmeren Klima dieser Regionen bringt es der Graue Burgunder oft zu einer von anderen Sorten unerreichten Fülle und einem Schmelz, den so manche der dortigen Winzer, in Anlehnung an vollmundige Chardonnays aus dem Burgund, gern zum Ausbau in Barriques benutzen. Bei perfektem Einsatz kann sich das in feinen Röstaromen, einem dezenten Vanilleton und einer zart rauchigen Komponente niederschlagen.

In den kühleren Anbaugegenden Deutschlands zieht man dagegen meist den frischen, schlankeren Stil vor, wobei der Wein reduktiv in Edelstahl vinifiziert wird und man auf jeden geschmacklich nehmenden Holzeinsatz verzichtet. Dabei können sensorisch neben Birne, Melone und Mandeln auch Noten wie Paprikaschoten auftreten.

Beide Interpretationen haben in den letzten Jahren eine vermehrte Anhängerschaft gefunden, was zu einer stetigen Aufstockung der Rebfläche führt.

LEITAROMEN
REIFE HONIGMELONE
PIMPERNELLE
VANILLE
MANDEL
HASELNUSS

PROBEWEIN
WEINGUT DR. HEGER
2014 IHRINGER WINKLERBERG
GRAUBURGUNDER
VDP.ERSTE LAGE

Hell und klar, ein Hauch von Rosa. Fruchtige Prägung im Duft mit Aromen von Pfirsich, Aprikose und Honigmelone. Zarte Noten von Vanille und Karamell deuten auf Holzausbau hin. Im Gaumen körperreich, mit viel Schmelz und cremiger Textur, aber auch einer präsenten Säure. Neben der Frucht (Steinobst, Melone) kommen auch ein dezenter Kräuterton und etwas Haselnuss zur Geltung.

MÜLLER-THURGAU

LEITAROMEN
FLORAL
HOLUNDERBLÜTE
MUSKATNUSS
GRÜNE FRÜCHTE
WEISSER PFEFFER

PROBEWEIN
MARKGRAF VON BADEN 2015 BIRNAUER MÜLLER-THURGAU TROCKEN

Die von dem Schweizer Rebenforscher Hermann Müller gezüchtete und 1882 an der Weinbauschule Geisenheim im Rheingau vorgestellte Sorte Müller-Thurgau wurde lange Zeit fälschlicherweise für eine Kreuzung von Riesling und Silvaner gehalten. Deshalb hat sich für sie auch die alternative Bezeichnung als Rivaner eingebürgert. Im Jahr 2000 konnte man mit DNA-Technologie nachweisen, dass die heute nicht länger kultivierte Sorte Madeleine Royale und der Riesling die wahren Eltern des Müller-Thurgau sind.

In den 1970er- und 80er-Jahren war der Müller-Thurgau, auch wegen seiner Fähigkeit, selbst in kühleren Jahren reife Trauben hervorzubringen, die meistangebaute Sorte Deutschlands. Großkellereien schätzten ihn besonders dafür, dass man mit ihm Höchsterträge erzielen konnte, die sich bestens für die Produktion solcher Massenware wie Liebfraumilch eigneten. Als sich in den 1990er-Jahren die Exportmärkte von diesem milden Stil zugunsten trockenerer Weine aus der Neuen Welt verabschiedeten, musste der Müller-Thurgau über die nächsten 25 Jahre mehr als die Hälfte seiner Anbaufäche an den Riesling sowie die immer populärer werdenden Rotweinsorten abtreten. Trotzdem steht er 2016 mit knapp 13 000 Hektar immer noch auf Platz zwei. Auch in der Schweiz ist die Sorte von Bedeutung, während sie in den anderen europäischen Nachbarstaaten nur eine untergeordnete Rolle spielt.

Viele Weine, die in der jetzigen Zeit aus Müller-Thurgau-Trauben erzeugt werden, haben mit dem alten lieblichen, säurearmen und duftigen Stil nichts mehr gemein. Erzeuger in Franken und Baden, wo man sich heute mit der Sorte am ernsthaftesten beschäftigt, haben erkannt, dass sich beim Anbau in kühleren und kargen Lagen mit einer gewissen Einschränkung des Ertrags daraus klare, frische und animierende Weine machen lassen. Wird der richtige Standort gewählt, können diese Weine auch noch mit feiner Aromatik und mineralischen Nuancen für sich werben. Wenn dieser Neubeginn auch in der Hauptsache von einer jungen und von den Sünden der Vergangenheit unbelasteten Generation von Winzern vorangetrieben wird, schöpfen etablierte Könner wie die Weingüter Fürst in Bürgstadt, Huber in Malterdingen und Markgraf von Baden am Bodensee, schon seit Längerem das Potenzial des Müller-Thurgau voll aus, um Authentizität mit Trinkspaß zu vereinen.

Helles Zitronengelb, im Duft leicht hefig und mit zarten Aromen von Holunderblüte und Zitrusfrüchten, im Gaumen mit der Frucht von grünen Stachelbeeren und Grapefruit, begleitet von einer knackigen Säure. Eine dezente Bitternote erinnert an Orangenschale und Mandeln. Schwerelos und kühl.

RIESLING

In seiner Rivalität mit Chardonnay um die Krone der Weißweinsorten hat Riesling einen unbestreitbaren Vorteil: Er ist der vielseitigere Wein. Man kann aus seinen Trauben trockene, feinherbe, fruchtige oder edelsüße Weine machen, und mit seiner prominenten Säure eignet er sich auch zur Erzeugung von Sekt. Gerade wegen dieser Säure bezweifelte man allerdings lange, dass er den Barrique-Ausbau verträgt, aber mit dem Ansteigen der Temperaturen in den letzten zwei Jahrzehnten und der damit einhergehenden größeren Reife der Trauben hat sich auch dieses Problem relativiert. Wegen seiner ausgeprägten aromatischen Art ist aber, wenn man Holz einsetzen will, höchstes Feingefühl erforderlich.

Österreich, das Elsass und Australien haben sich, trotz ihrer unterschiedlichen Deutungen der Sorte, mit Riesling einen Namen gemacht, aber nur wenige werden bestreiten, dass er in den gemäßigten Klimazonen seiner Heimat Deutschland die besten Ergebnisse hervorbringt. Dies ist auch der Grund, warum hier mehr als die Hälfte aller Rieslingreben der Welt gedeiht.

Auf den steilen Schieferhängen der Mosel und Saar findet er ideale Bedingungen für die schlanke, rassige Spielart mit fein ziselierten Fruchtaromen. Auch die Winzer an der Nahe und am Mittelrhein bevorzugen die animierende Variante mit dezenter Frucht und lebhafter Säure. Etwas kräftiger darf es in den leicht wärmeren Regionen der Pfalz, Rheinhessens und des Rheingaus sein, wo der trockene Ausbau eine wichtigere Rolle spielt.

Wenn auch für Einsteiger manchmal schwierig, liegt eine deutliche Säure im Wesen der Sorte. Nur mit ihrer Hilfe können sich die feine Frucht sowie die subtile Aromatik der Traube zu der Komplexität und Harmonie entfalten, die den Riesling so einzigartig macht. Bei den Prädikatsweinen von Kabinett bis zur Trockenbeerenauslese ist der Riesling bei seinen Jüngern auch wegen seines moderaten Alkoholgehalts geschätzt. Selbst bei den trockenen Weinen scheint sich mit einer früheren Lese eine Wende zu mehr Eleganz und weniger Power anzubahnen.

LEITAROMEN
PFIRSICH
APRIKOSE
ANANAS
ZITRUSFRUCHT
STEINIGE MINERALIK
KRÄUTERBÜNDEL

PROBEWEIN
WEINGUT ROBERT WEIL
2015 KIEDRICH GRÄFENBERG
VDP.GROSSE LAGE
RIESLING TROCKEN GG

Wiesenblumen, blühende Kräuter und reifes Obst vereinen sich zu einem traumhaften Duft sommerlicher Frische. Ananas, Pfirsich, Aprikose und Limette setzen im Gaumen fruchtig-saftige Akzente, die von einer anregenden Säure ins rechte Licht gesetzt werden. Nuancen von würzigen Kräutern und salziger Mineralität verfeinern den langen Abgang.

SAUVIGNON BLANC

LEITAROMEN
MARACUJA
HOLUNDER
PHYSALIS
MINZE
BRENNNESSEL
GRÜNER SPARGEL

Die ursprüngliche Heimat des Sauvignon Blanc befindet sich an der Loire, wo diese Rebsorte in den Appellationen Sancerre und Pouilly-Fumé die markantesten Weine hervorbringt. In ihrer Einfachheit vielleicht sogar sortentypischer sind die unter dem Namen ihrer Großregion firmierenden Sauvignons der Touraine. Hier findet man oft die etwas pflanzlichere Aromatik von frischem Gras, Brennnesseln und grünen Stachelbeeren, ohne dass die Weine deswegen unreif wirken. Sancerre und Pouilly-Fumé können mit ihrer ausgeprägten, oft rauchigen und steinigen Mineralik Chardonnays aus dem nördlichen Burgund verblüffend ähnlich sein.

Einen erstaunlichen Höhenflug kann der Sauvignon Blanc in Neuseeland vorweisen, wo die Sorte bis Mitte der 1970er-Jahre so gut wie unbekannt war, dann aber nach erfolgreichen Versuchen in der Marlborough Region mit Riesenschritten seine Anbaufläche auf über 20 000 Hektar in der Gegenwart auszudehnen vermochte. Dieser kometenhafte Aufstieg wurde besonders von zwei Weinen vorangetrieben: Einmal dem in großen Mengen produzierten Sauvignon Blanc der Marke Montana, unkompliziert und zuverlässig, zum anderen dem Cloudy Bay Sauvignon Blanc, der vom ersten Jahrgang an absoluten Kultstatus genoss und wegen der überwältigenden Nachfrage streng zugeteilt werden musste. Mit seinem prägnanten Duft von Stachelbeeren, Passionsfrucht und saftig grünem Gras sowie einer ansprechend herben und kühlen Frische im Gaumen erwies sich der Sauvignon Blanc aus Marlborough als idealer Einsteigerwein und fand reißenden Absatz auf den Exportmärkten, besonders in Großbritannien, Australien und den USA.

Auch in Deutschland ist die Anbaufläche der Sorte mittlerweile auf knapp 850 Hektar gewachsen, die sich hauptsächlich auf die Anbaugebiete Pfalz, Rheinhessen und Baden verteilen.

PROBEWEIN
CLOUDY BAY
2015 SAUVIGNON BLANC

Sehr hell, fast farblos, ganz leichter Zitronenton. In einem sehr duftbetonten Wein finden sich Aromen von Passionsfrucht, reifer Stachelbeere, Physalis und Minze wieder. Auch der Gaumen eröffnet den Geschmacksreigen mit saftigen Fruchtnoten, lässt aber Platz genug für Akzente von knackigem Sellerie und grüner Minze, wozu sich noch ein Hauch von Vanille und eine Prise würziger Nelke gesellen. Eine animierende Säure lässt das Wasser im Mund zusammenlaufen.

SCHEUREBE

DNA-Analysen haben ergeben, dass es sich bei der vor einhundert Jahren von dem deutschen Weinbautechniker Dr. Georg Scheu gezüchteten Sorte um eine Kreuzung von Riesling und der Buketttraube handelt. Die prägnante Aromatik der Scheurebe macht dem Namen ihres weniger bekannten Elternteils alle Ehre. Sie wurde von ihrem Züchter speziell für die sandigen Böden von Rheinhessen entwickelt, und diese Region ist auch heute noch der Hauptstandort der Sorte, gefolgt von der Pfalz, Franken und der Nahe. Die einzig nennenswerten Anbauflächen außerhalb Deutschlands befinden sich in Österreich am Neusiedlersee und in der Steiermark, wo man sie unter dem Synonym Sämling 88 besonders für ihre Eignung schätzt, exotische Fruchtaromatik mit Restsüße zu vereinbaren.

Auch in Deutschland wird dieser Stil noch gepflegt, aber manche Erzeuger wie der Lieferant unseres Probeweins, Klaus Peter Keller, fahren gern zweigleisig, mit trockenen Weinen auf der einen und edelsüßen bis hin zur Trockenbeerenauslese auf der anderen Seite.

Ob trocken oder süß, die Sorte zeichnet sich durch eine äußerst prägnante, im Extremfall fast parfümierte Aromatik aus, die man in dieser Ausdrucksstärke vielleicht nur noch bei Sauvignon Blanc oder Gewürztraminer findet. Da, wo sie ihre Typizität voll ausspielt, mit einer Kombination von Cassis, Buchsbaumblättern und Grapefruitnoten, wird man sie kaum mit ihren aromatischen Kontrahenten verwechseln.

LEITAROMEN
SCHWARZE JOHANNISBEERE
GRÜNE STACHELBEERE
GRAPEFRUIT
BUCHSBAUM
TOMATENSTAUDE

PROBEWEIN
WEINGUT KELLER
2015 SCHEUREBE TROCKEN

Gelbgrüne Farbe, mittlere Intensität. Im Duft vermengen sich die Frucht von reifen Stachelbeeren und Maracuja mit einem grünen pflanzlichen Aroma und einem Hauch von Campino Bonbons. Im Gaumen gibt sich der Wein sehr saftig mit straffer Säure, knackiger Stachelbeerfrucht und einer pikanten Würze. Grüne Paprika begleitet den Abgang und sorgt für Biss.

SILVANER

LEITAROMEN
GRÜNER APFEL MIT SCHALE
MIRABELLE
MAJORAN
FRISCH GEMÄHTE WIESE
NASSER STEINSTAUB

PROBEWEIN
BÜRGERSPITAL WÜRZBURG
2015 WÜRZBURGER STEIN
SILVANER TROCKEN
VDP.ERSTE LAGE

Bis Anfang der 1970er-Jahre war der Silvaner, damals noch oft Sylvaner geschrieben, mit einem Drittel der Rebfläche die meistangebaute Sorte Deutschlands, aber nur in Franken konnte er sich manchmal zu wahrer Größe aufschwingen, wie zum Beispiel in den trockenen, erdigen und mineralischen Weinen der weltbekannten Lage Würzburger Stein. Ansonsten diente er in Cuvées mit anderen Rebsorten der Produktion gefälliger Massenware im milden Stil. Da der Müller-Thurgau das noch besser konnte, fiel der Anteil des Silvaners bis auf den gegenwärtigen Stand von fünf Prozent der deutschen Weinbergfläche.

Dabei ist es heute um die Qualität des Silvaners wesentlich besser bestellt als in den vergangenen Jahrzehnten. Vorbei ist die Zeit der faden, alkoholreichen Tropfen, wobei Winzer in den Silvaner-Hochburgen Rheinhessen, Franken und Pfalz die Stärken der Sorte unterschiedlich interpretieren. Die einen setzen auf die kräuterwürzige, schlankere Art mit feiner Mineralik und lebhafter Säure, die anderen auf Weine mit mehr Körper und reifen Fruchtnoten. Letztere zeigen oft eine cremige Art, die sich auch für den Ausbau in Holzfässern anbietet, solange dieser feinfühlig gehandhabt wird.

Außerhalb von Deutschland spielt der Silvaner nur noch im Elsass eine Rolle, hat dort aber in den letzten Jahren immer mehr an Bedeutung eingebüßt.

Sehr helles Zitronengelb. Verhalten im Duft, mit einer zarten Komposition von gelben Früchten, grünen Kräutern und einer steinig-erdigen Note. Im Gaumen findet man Anklänge von Grapefruit und Apfelkern, einen Hauch von Feuerstein, dazu noch eine fein dosierte Prise Pfeffer. Vom Körper her gibt sich der Wein recht schlank, eine animierende Säure sorgt für eine frische Prägung.

TRAMINER/ GEWÜRZTRAMINER

Ob Traminer in Südtirol, Gewurztraminer im Elsass oder Savagnin Blanc im Jura, genetisch handelt es sich bei allen um die gleiche Sorte, die in Deutschland als Gewürztraminer bekannt ist. Bei voller Reife erreichen deren Trauben eine leicht rötliche Färbung, die sich bei Maischekontakt im fertigen Wein oft in einer goldgelben Tönung niederschlägt. Obwohl der Gewürztraminer in vielen Ländern angebaut wird, hält sich seine Rebfläche in einem überschaubaren Rahmen, wahrscheinlich, weil die aus ihm erzeugten Weine mit ihrem berauschenden Duft doch etwas gewöhnungsbedürftig sind.

Ein Bukett, in dem sich Rosenblüten, Litschis, Mandarinen und türkischer Honig entfalten, würde auch einem Parfüm alle Ehre machen. Wer aber erst einmal Gefallen an dieser aromatischen Prägung gewonnen hat, ist oft fürs Leben in ihren Bann geschlagen.

Bei der Säure liegt der Gewürztraminer notorisch niedrig, was ihn in der Regel üppiger und vollmundiger ausfallen lässt als Weine anderer Sorten. Diesen Stil mit teilweise beachtlichen Alkoholgraden findet man häufig im Elsass, wo die Rebe mit über 3000 Hektar ihre größte Verbreitung hat. Selbst trocken ausgebaute Weine der Sorte kommen einem wegen ihrer tropischen Fruchtnoten und milden Art oft nicht wirklich trocken vor. Es ist deshalb nicht erstaunlich, dass man der Traube auch ausgezeichnete edelsüße Gewächse abgewinnen kann.

In Deutschland hat der Gewürztraminer eine kleine, aber treue Gefolgschaft, die besonders von Winzern in der Pfalz, Rheinhessen und Baden bedient wird. Die meisten Erzeuger bemühen sich um etwas leichtere, elegante Weine im geschmacklichen Bereich zwischen trocken und Spätlese, die auch beim Duft eher dezent als überwältigend ausfallen.

LEITAROMEN
ROSENBLÜTE
HIBISKUS
LITSCHI
NELKENGEWÜRZ
LAVENDEL

PROBEWEIN
CASTEL SALLEGG
2015 GEWÜRZTRAMINER

Strohgelb. Üppiger Duft von Rosenwasser, Flieder, Lorbeer, Zitronenmelisse und getrocknetem Lavendel. Im Gaumen vollmundig mit viel Körper, fein bitterem Nelkengewürz, Orangenschale, leicht ölig.

WEISSBURGUNDER

LEITAROMEN
BUTTERKARAMELL
ANANAS
GRAPEFRUIT
FENCHEL
MANDEL

PROBEWEIN
WEINGUT
HERMANN DÖNNHOFF
2015 WEISSBURGUNDER -S-
TROCKEN

Der Weißburgunder ist eine farbliche Mutation des Pinot Noir und gedeiht genau wie seine Ahnensorte am besten in warmen Lagen mit tiefgründigen Böden.

Während die Sorte in Deutschland im letzten Jahrzehnt ihre Anbaufläche verdoppeln konnte, hat sie im Elsass, wo man sie als Pinot Blanc kennt, in derselben Zeit an Boden verloren. Das mag durchaus etwas mit der Stilistik zu tun haben, hat man doch auf der französischen Seite des Rheins der Sorte selten mehr Bedeutung zugemessen als die eines relativ neutralen, säurearmen Zechweins.

In Deutschland hat der Weiße Burgunder dagegen besonders in Baden, Rheinhessen und der Pfalz an Stellenwert gewonnen, wo man nach einer kurzen und nicht besonders erfolgreichen Plänkelei mit betontem Holzausbau heute mehr den Unterschied zum Barrique-affinen Grauburgunder sucht und auf die schlankere Linie mit frischen und eleganten Weinen setzt, die bei früherer Lese, ohne dem Riesling zu nahe zu treten, auch etwas Säure zeigen dürfen. Der körperreiche, milde und manchmal leicht fade Stil ist dagegen aus der Mode gekommen. Ausnahmewinzer in Ausnahmelagen beweisen aber immer wieder, dass man auch mit exotischer Frucht, cremiger Textur und vollmundiger Prägung großes Weißburgunderkino machen kann.

Genauso gegensätzlich wie in Deutschland und im Elsass ist die Auffassung von Pinot Bianco in Italien und Weißburgunder in Österreich, den beiden anderen europäischen Ländern, in denen die Sorte eine gewisse Rolle spielt.

Im italienischen Friuli und Alto Adige setzt man auf leichtere Weine mit floralen Noten und grüner Frucht, während man im österreichischen Burgenland den fülligeren Stil mit fast tropischem Einschlag sowie Nuss- und Mandeltönen bevorzugt. Beim Auftreten von Botrytis dürfen es besonders in der Nähe des Neusiedlersees auch schon mal edelsüße Kreszenzen sein.

Helles Zitronengelb. In der Nase wird der zarte Duft von grünen und gelben Früchten von einer leicht mineralischen Note und einem Hauch von Fenchel begleitet. Im Mund entwickelt sich eine filigrane Aromatik, bei der grüne Kräuter und eine dezente Pfeffernote der Frucht Paroli bieten. Die Säure kommt recht knackig daher und betont die schlanke Linie dieses Weißburgunders.

GRÜNER VELTLINER

Mit einem Drittel der Gesamtanbaufläche ist der Grüne Veltliner die wichtigste Rebsorte Österreichs. Von der Qualität her sind die Wachau, das Kamptal und das Kremstal die führenden Regionen. Auch für die Weinindustrie in den Nachbarstaaten Slowakei und Tschechien ist die Sorte von Bedeutung, während sie in anderen europäischen Ländern keine große Rolle spielt.

Viele Jahrzehnte fristete der Grüne Veltliner in seiner Heimat hauptsächlich ein bescheidenes Dasein als Basis anspruchsloser und billiger Zechweine für Heurigenwirtschaften, bis der Einbruch dieses Marktes Mitte der 1980er-Jahre die österreichischen Winzer zu einem Umdenken zwang. Ertragsbegrenzungen und Besinnung auf das Sortenpotenzial führten zu einem neuen trockenen Weinstil, für den die Wachauer Gewächse in der höchstklassigen Qualitätsstufe Smaragd als Musterbeispiele dienten. Mit oft sehr reif gelesenen Trauben erreichte man aber nicht nur Mineralik, Würze und die für den Grünen Veltliner so typischen Heu- und Pfeffernoten, sondern manchmal auch eine überwältigende Wucht und Fülle, die dem Trinkfluss nicht immer förderlich war.

Trotzdem verschafften diese muskulösen und konzentrierten Weine dem Grünen Veltliner den Durchbruch auf den Exportmärkten, nachdem internationale Experten im Juni 2002 in Wien in einer Blindprobe prominenten Weinen aus dem Burgund eine scharfe Abfuhr erteilten. »Gru-Vees«, wie man sie im amerikanischen Sprachgebrauch der Einfachheit halber bezeichnete, wurden »groovy«, und in den kulinarischen Tempeln der Vereinigten Staaten konnte man davon einfach nicht genug bekommen.

In den letzten Jahren hat bei den Erzeugern die Erkenntnis, dass den Kraftpaketen manchmal die Süffigkeit abgeht, zu einem weiteren Stilwandel geführt. Heute liegt die Betonung auf Strahlkraft, Frische und Eleganz, wobei es neben den sortentypischen Merkmalen auch ruhig ein bisschen mehr Säure sein darf.

LEITAROMEN
WEISSER PFEFFER
KAMILLE
NELKENGEWÜRZ
HEU

PROBEWEIN
SCHLOSS GOBELSBURG
2014 RIED LAMM
GRÜNER VELTLINER
KAMPTAL DAC RESERVE

Sattes Gelb, Wiesenduft von getrocknetem Gras und Kamille wird von einem fruchtigen Hauch von Melone begleitet; im Gaumen gibt sich der Lamm cremig und füllig, zeigt aber trotzdem Biss mit einer feinen Prise von weißem Pfeffer und einer pikanten Bitternote, die an marinierte und mit Gewürznelken gespickte Birnen erinnert.

Reifebeginn der roten Trauben im Weingut Antica, Napa Valley

ROTE REBSORTEN

CABERNET FRANC

LEITAROMEN
**GERÖSTETE KAFFEE-
UND KAKAOBOHNEN
HOLUNDERGELEE
PAPRIKA
DÖRRPFLAUME**

PROBEWEIN
LE MACCHIOLE
2012 PALEO ROSSO

Bei der Sorte Cabernet Franc liegen Freud und Leid nahe beieinander. Dass sie seit eh und je zu den Stützpfeilern der edlen Rotweine des Bordeaux gehört, kann sie auf der Plus-Seite verbuchen. Zu ihrem Leid gehört, dass Cabernet Sauvignon und Merlot, ihre Partner in diesen berühmten Crus, schon immer im Rampenlicht der Rotweinwelt standen, während sie selbst lange um Anerkennung als gleichberechtigte Spitzensorte ringen musste.

Nur ausgesprochene Kenner wussten, dass Cabernet Franc in dem Fabelwein Château Cheval Blanc aus Saint Émilion die tragende Rolle spielte. Abgesehen davon war ihr Einsatz als Einzeldarstellerin in der Vergangenheit auf das Loiretal in den Appellationen Bourgeuil, Chinon, Saumur-Champigny und Anjou Villages beschränkt.

Obwohl die Sorte etwas früher als der Cabernet Sauvignon reift, erwiesen sich die in den für Rotweintrauben vor Eintritt der globalen Erwärmung grenzwertigen Witterungsbedingungen des Loiretals viele Jahre als zu kühl, mit dem Ergebnis, dass die sortenreinen Cabernet Francs aus dieser Region oft Weine mit grünen, grasigen Noten und unreifen Tanninen hervorbrachte.

Vielleicht auch aus diesem Grund fand die Sorte in anderen Ländern keinen großen Anklang, wahrscheinlicher aber ist, dass sich Weine mit den Namen Cabernet Sauvignon und Merlot einfach besser vermarkten ließen. Es sollte bis zu Beginn des 21. Jahrhunderts dauern, bis man sich zuerst in Italien die Frage stellte, warum der Cabernet Franc in Gebieten mit einem milderen Klima eigentlich nicht seine in Bordeaux regelmäßig bewiesene Fähigkeit zur Spitzenqualität zeigen können sollte. Anfängliche Versuche mit der Rebe in der Toskana erwiesen sich als Volltreffer und der allererste sortenrein ausgebaute italienische Cabernet Franc, Paleo Rosso, vom Weingut Le Macchiole in der Region Bolgheri ist inzwischen zum vielbegehrten Kultwein avanciert.

Auch wenn sich in Kalifornien nur etwa 1500 Hektar der Sorte im Anbau befinden, werden besonders im Napa Valley und in Sonoma einige hervorragende Weine mit ihr erzeugt.

Konzentriertes Violett mit Purpurreflexen. Im Duft überzeugt der Paleo mit Aromen von dunklen Waldbeeren und Cassis, ein dezenter Barrique-Einsatz spiegelt sich in Zedernholzwürze sowie Kaffee- und Tabaknoten wider. Im Gaumen deuten eine herbe Frucht und feste Tannine das beträchtliche Alterungspotential dieses Cabernet Franc an. Feinbittere Schokolade und geröstete Kaffeebohnen setzen subtile Akzente beim Finish.

CABERNET SAUVIGNON

Die Heimat des Cabernet Sauvignon ist das Bordeaux. Dort hat er sich als Leitsorte in solch weltberühmten Weinen wie Château Lafite, Château Latour und Château Margaux über zwei Jahrhunderte einen Ruf aufgebaut, der von keiner anderen roten Traube erreicht wird. Das ist auch der Grund, weshalb er innerhalb der letzten vierzig Jahre zur meistangebauten Rotweinsorte der Welt aufgestiegen ist. Zu dieser Popularität hat aber ebenso seine Fähigkeit beigetragen, selbst bei kommerzieller Massenproduktion immer noch seine schwarze Johannisbeerfrucht zu reproduzieren.

Lange war der Anbau der Sorte im Wesentlichen auf den Südwesten Frankreichs beschränkt. Aber als 1976 in einer, als Judgement of Paris in die Annalen der Weingeschichte eingegangenen Blindverkostung der Stag's Leap Cabernet Sauvignon aus Kalifornien alle Spitzenweine aus Bordeaux hinter sich ließ, diente das Erzeugern weltweit als Ansporn, die Sorte anzupflanzen. Heute stellen nicht nur Cabernet Sauvignons aus Kalifornien, sondern auch aus Chile, Australien und Südafrika sowie Spanien und Bulgarien eine ernstzunehmende Konkurrenz für die Weine aus dem Bordeaux dar.

Während sich die Sorte in den bekannten Appellationen ihrer klassischen Anbaugebiete Médoc, Graves, St.Émilion und Pomerol ihren Platz in Cuvées mit Merlot und Cabernet Franc teilen muss, wird der Cabernet Sauvignon in der Neuen Welt meist reinsortig ausgebaut. Das führt dazu, dass die amerikanischen sowie südafrikanischen Kreszenzen oft fruchtbetonter ausfallen und damit auch schon als junge Weine beim Einsteigerpublikum gut ankommen. Dabei können ihnen auch die aus dem Einsatz von Eichenfässern gewonnenen Aromen wie Vanille, Schokolade, geröstete Kaffeebohnen und Lakritze helfen.

Obwohl sich durch die Bewertungen des einflussreichen Weinkritikers Robert Parker seit 1982 auch in Bordeaux der Stil von in ihrer Jugend verschlossenen und schlankeren Weinen zu mächtigeren und fruchtbetonteren Gewächsen mit früh eingebundenen Tanninen geändert hat, erfordert die Komplexität und Eleganz der großen Crus doch ein gewisses, auf Erfahrung basierendes Einfühlungsvermögen. Im Gegensatz zu der Konkurrenz aus der Neuen Welt geben sich manche am Anfang ihrer Entwicklung noch etwas reserviert und sperrig.

Rubinrot, hohe Farbdichte. Ein verführerischer Duft lässt mit Brombeeren und Cassis der Frucht den Vortritt, dazu gesellen sich noch Aromen frischer Minze und ein Hauch von Schokolade. Im Gaumen gibt sich der Wein vollmundig mit dunklen Fruchtnoten, gekonnt austariert von einer frischen Säure. Die Tannine sorgen für gelungene Struktur, ohne aufdringlich zu wirken.

LEITAROMEN
CASSIS
SCHWARZE JOHANNISBEERE
HOLZWÜRZE
KAFFEEBOHNEN
EUKALYPTUS

PROBEWEIN
VINA MONTES
2012 MONTES ALPHA
CABERNET SAUVIGNON

DORNFELDER

LEITAROMEN
JOGHURT
HIMBEERE
PFLAUME
KIRSCHE

Mit einem unaufhaltsamen Aufstieg von seiner offiziellen Aufnahme ins Rebenkataster im Jahre 1980 zu der am zweithäufigsten angebauten Rotweinsorte des Landes mit rund 8000 Hektar ist der Dornfelder die erfolgreichste deutsche Neuzüchtung der Gegenwart. In seinem Erbgut finden sich alle deutschen Rotweinsorten von Rang und Namen, von Frühburgunder und Trollinger bis zu Portugieser und Lemberger.

Während die Traube anfänglich wegen ihrer dunklen Beerenhaut von den Winzern hauptsächlich benutzt wurde, um im Verschnitt mit anderen Sorten für eine intensivere Farbe zu sorgen, begann man mit der Zeit, auch ihr Talent für kräftige, fruchtige Weine mit vollmundigem Geschmack, saftiger Säure und milden Tanninen zu entdecken.

Der Dornfelder ist besonders populär in den Anbaugebieten der Pfalz und Rheinhessens, die für über achtzig Prozent der deutschen Produktion verantwortlich sind. Zu seiner Beliebtheit hat beigetragen, dass er relativ früh reift und zu hohen Erträgen in der Lage ist. Außer dem samtigen, fruchtig-aromatischen Stil eignet sich die Sorte auch zum Ausbau in Holzfässern, was aber einer Konzentration des Extrakts durch Mengenreduzierung bedarf.

In anderen europäischen Ländern beschäftigt man sich wenig mit der Sorte, obwohl sie durch ihre Farbdichte, Ertragssicherheit und Eignung auch in kühleren Zonen zu reifen, zumindest in der Schweiz, Tschechien und sogar England bei einigen Erzeugern Interesse erweckt hat.

PROBEWEIN
WEINGUT BRETZ
2014 DORNFELDER TROCKEN

Dichtes Kirschrot mit Purpurreflexen. Eine frische Joghurtnote spiegelt die Jugend des Weins wider, der aber mit viel Frucht recht schmeichlerisch daherkommt. Im Gaumen zeigen sich Sauerkirschen und Pflaumen mit viel Saft, die Säure ist frisch, die Tannine sind äußerst zurückhaltend. Ein körperreicher Wein, der von seiner jugendlichen Ausstrahlung lebt.

KIRSCHE

HIMBEERE

JOGHURT

PFLAUME

FRÜHBURGUNDER

Der Frühburgunder ist eine Mutation von Spätburgunder/Pinot Noir, und seine Trauben erreichen schon oft zwischen Ende August und Mitte September Vollreife. Dies macht sie anfällig für Wespenbefall und Vogelfraß, und fügt man noch den Nachteil der Ertragsschwäche hinzu, ist es nicht verwunderlich, dass die Sorte in den 1960er-Jahren beinahe aus den Weinbergen Deutschlands verschwand.

Ihr Überleben ist zum großen Teil der Rebenforschungsanstalt in Geisenheim zu verdanken, die es sich in der kritischen Zeit zur Aufgabe machte, die geeignetsten Klone zu selektionieren. Mit diesen begann ein langsamer Wiederaufbau in ihren früheren Stammgebieten Ahr und Rheinhessen. In Franken setzte sich Paul Fürst ebenfalls für die Aufpäppelung des Frühburgunders ein.

Wenn die Rebe mit 250 Hektar Gesamtanbaufläche in Deutschland auch eine absolute Nischensorte darstellt, drückt ihr Anstieg um achtzig Prozent seit 1995 den hohen Stellenwert aus, den sie bei ihren Protagonisten in der Pfalz und Rheinhessen genießt, ganz besonders aber in der Miniregion Ahr.

Mit verhalteneren Tanninen als ein Spätburgunder zeigen die Weine des Frühburgunders selbst auf Gutsweinniveau oft eine samtige Qualität, die zusammen mit fruchtigen Kirsch- und Beerennoten zum frühen Genuss einladen. Manche Erzeuger bevorzugen einen knackigeren Stil mit etwas mehr Säure und Noten von Paprika.

Wegen seiner frühen Reife bevorzugt der Frühburgunder kühlere Standorte und kann bei geeignetem Terroir und feinfühligem Holzausbau auch gelegentlich zu einer Klasse auflaufen, die sich mit der von Top-Spätburgundern messen kann. Kreuzberg und Kriechel von der Ahr haben dies schon oft unter Beweis gestellt, wenn auch der Frühburgunder »R« vom Weingut Fürst in Bürgstadt als der absolute Kultwein dieser Sorte gilt.

Von akademischem Interesse ist, dass die Rebe auch unter den französischen Synonymen Pinot Noir Précoce und Pinot Madeleine bekannt ist, denn von einem Anbau der Sorte in Frankreich ist nichts bekannt.

LEITAROMEN
SÜSSE HERZKIRSCHE
ERDBEERE
NUSS
PAPRIKA
GRAPHIT

PROBEWEIN
WEINGUT RUDOLF FÜRST
2013 FRÜHBURGUNDER »R«

Kirschrot mittlerer Dichte, mit hellrotem Rand. Dezente Duftnoten vereinen die Frucht von Himbeeren mit einem leichten Einschlag von grüner Paprika und Nuancen von Graphit sowie einem Hauch gerösteter Nüsse. Der Gaumen weist eine feste Struktur auf, die weiche Beerenfrucht wirkt noch etwas eingeengt durch die rauchigen und getoasteten Holznoten. Akzente von weißem Pfeffer und grünen Paprikaschoten geben dem Wein eine knackige Qualität. Ein Frühburgunder, der auf lange Distanz angelegt ist.

GRENACHE

LEITAROMEN
WALDBEEREN
ERDBEERE
KONFITÜRE
PROVENZALISCHE KRÄUTER
WEISSER PFEFFER

PROBEWEIN
CELLERS DE SCALA DEI
2015 SCALA DEI GARNATXA

Mit rund 200 000 Hektar ist die Grenache Noir eine der am meistverbreiteten roten Sorten der Welt, wobei ein Löwenanteil von neunzig Prozent zu ungefähr gleichen Teilen auf Weinberge in Frankreich und Spanien fällt.

Ihre größten Qualitäten spielt sie einmal an der Rhône aus, wo sie manchmal sortenrein, meist jedoch als vorrangiger Partner von Sorten wie Carignan, Mourvèdre und Syrah für die berühmten Weine von Châteauneuf-du-Pape verantwortlich zeichnet. Auf die klassische Art ausgebaut, kombinieren diese bei entsprechender Reife dunkle, süße Frucht mit balsamischen und kräuterwürzigen Komponenten. Daneben hat sich aber auch eine moderne Stilistik mit größerer Betonung auf frische Frucht etabliert.

Ihre zweite Hochburg liegt südlich der Pyrenäen im Priorat, wo sie als Garnacha bekannt ist und auf kargen Böden mit niedrigen Erträgen komplexe Kultgewächse zu fast unerschwinglichen Preisen hervorbringt. Dabei war die Sorte lange Zeit als Lieferant für farbschwache, kurzlebige und alkoholische Gewächse verkannt, und selbst in den roten Weinen des Rioja sah man sie nur als Unterbau für die als edler eingeschätzten Tempranillo und Graciano an.

Den Ursprung der Grenache Noir vermutet man im Nordosten der iberischen Halbinsel in Aragón, welches neben Castilla-La Mancha das flächenmäßig bedeutendste Gebiet Spaniens für die Sorte darstellt. In Südfrankreich mag Châteauneuf-du-Pape der berühmteste Abkömmling der Sorte sein, aber viel wichtiger ist sie als Basis für die Alltagsweine der Côtes du Rhône und des Languedoc-Roussillon, fast immer im Verschnitt mit mehreren anderen Sorten. Die besten dieser kommerziellen Weine zeichnen sich durch eine süße, meist an Erdbeeren erinnernde Frucht aus und sind des Öfteren mit einer Prise weißen Pfeffers gewürzt.

In Italien kommt die Sorte im größeren Umfang nur in Sardinien vor, wo sie unter dem Namen Cannonau die meistangebaute Rotweinsorte darstellt. In Kalifornien und Australien spielt die Grenache Noir zwar mengenmäßig keine bedeutende Rolle, wird aber als Spezialität besonders in Cuvées mit Syrah und Mourvèdre (GSM) geschätzt.

Dunkles Violett mit Purpurrand. Frische Aromen von Kirschen und Cassis betonen die Frucht, bei der sich auch noch ein dezentes laktisches Aroma des biologischen Säureabbaus bemerkbar macht. Im Gaumen gibt sich der Garnatxa mit einem Minimum von Säure und Tanninen schmeichlerisch weich und animiert mit seiner fruchtigen Süße zum frühen Genuss.

LEMBERGER

Lange Zeit stand der Lemberger in Deutschland, wo er in größeren Mengen nur in Württemberg angebaut wird, im Schatten des Spätburgunders, sicher auch deswegen, weil ihn selbst viele Erzeuger eher in der Trollinger-Liga als in der Premier League der deutschen Rotweine einordneten. Auch heute gibt es die Sorte noch als frischen, leichten und würzigen Zechwein, aber inzwischen hat man von den Winzern in Österreich, wo die Rebe unter dem Namen Blaufränkisch bekannt ist, gelernt, dass sie absolute Spitzenweine hervorbringen kann.

Die Vereinigung deutscher Prädikatsweingüter hat diesem hervorragenden Qualitätspotenzial mit Aufnahme in die Kategorie der Großen Gewächse Rechnung getragen. Es wird kolportiert, dass die Sorte vor zweihundert Jahren von den Grafen von Neipperg von Österreich nach Württemberg gebracht wurde, und ihr Weingut gehört heute noch zusammen mit Aldinger, Schnaitmann und Haidle zur Lemberger-Elite. Deren Große Gewächse beeindrucken mit außergewöhnlicher Farbdichte, Duftnoten von Maulbeeren, Zwetschgenmus, gerösteten Kakaobohnen, Tabak und Gewürzen und können im Gaumen ein Feuerwerk von saftigen Waldbeeren, weißem Pfeffer, Sandelholzwürze, Zartbitterschokolade und salziger Mineralität abbrennen. Ein solides Tanninkorsett sorgt für bestes Reifepotential.

Während man sich in Deutschland an solche Höhenflüge beim Lemberger erst noch gewöhnen muss, haben österreichische Erzeuger schon länger ihre Aufmerksamkeit auf den Blaufränkisch als ihre rote Vorzeigesorte gerichtet und es fertiggebracht, damit auch verwöhnte Rotweingaumen in den Exportmärkten zu beeindrucken. Die besten Weine kommen aus dem Burgenland und von den DACs Leithaberg und Eisenberg.

1800 Hektar in Deutschland und 3200 Hektar in Österreich nehmen sich aber mengenmäßig bescheiden aus im Vergleich zu über 8000 Hektar Anbaufläche in Ungarn, wo die Sorte unter den Namen Kékfrankos oder Nagyburgundi besonders in den Regionen Kunság, Eger und Sopron dafür bekannt ist, die besten Rotweine des Landes zu produzieren.

LEITAROMEN
BROMBEERE
PFLAUMENKOMPOTT
ZIMT
LEBKUCHEN
TABAK

PROBEWEIN
WEINGUT
GERHARD ALDINGER
2013 FELLBACHER LÄMMLER
LEMBERGER GG TROCKEN
VDP.GROSSE LAGE

Dunkles Rot von Schattenmorellen, mit rubinrotem Rand. Brombeeren, Cassis und Pflaumen eröffnen einen herrlichen Duftreigen, der mit Aromen von weißem Pfeffer, Gewürznelke, Räuchernoten und einem vegetabilen Hauch eine faszinierende Komplexität erfährt. Im Gaumen zeigt der Lämmler Kraft und Substanz; Waldbeeren, Zimt, Tabak und Graphit verbinden Frucht, Holzausbau und Mineralität. Das feste Tanningerüst bürgt für weitere Entwicklungsfähigkeit.

MALBEC

LEITAROMEN
DÖRRPFLAUME
SCHWARZKIRSCHE
BITTERSCHOKOLADE
VEILCHEN
RAUCH

Kaum einer weiß heute noch von den sogenannten schwarzen Weinen von Cahors, die im 19. Jahrhundert den Ruf genossen, vor einem Alter von mindestens 20 Jahren untrinkbar zu sein. Der Name ging auf die undurchdringliche Farbe schwarzer Tinte zurück, seine Unzugänglichkeit auf die gnadenlosen Tannine. Verantwortlich für diese Ungeheuer war die Sorte Malbec, die so wie damals auch heute noch in ihrem Ursprungsgebiet Quercy in Südwestfrankreich unter dem Namen Cot geführt wird.

Malbec ist die Bezeichnung, die man für die Sorte in der Gironde benutzt, wo sie zwar immer noch als Bestandteil des klassischen Bordeaux Cuvée zugelassen ist, aber mit ganzen 930 Hektar Anbauflächen in der Praxis keine Rolle mehr spielt. Da die Trauben des Malbec die Tendenz haben, erst sehr spät zu reifen, ist das Risiko bitterer Weine mit kratzenden Tanninen hier zu groß.

PROBEWEIN
TERRAZAS DE LOS ANDES
2013 MALBEC

Ihre wahre Bestimmung hat die Sorte in den wärmeren und trockeneren Klimazonen der Region Mendoza in Argentinien gefunden, wo ihre Anbaufläche mit etwa 24 000 Hektar über viermal so groß wie in der französischen Heimat ist. Auch hier bringt sie überaus farbintensive Gewächse hervor, die aber bei voller Reife der Trauben mit der süßen Frucht schwarzer Beeren und weicheren Tanninen bei Liebhabern kräftiger und ausdrucksstarker Weine großen Anklang finden. Dazu können bei den besten auch Noten von Wildbret, Veilchen, Lakritze und Maulbeeren kommen. Es gibt aber nicht nur den mächtigen Stil, sondern von höherliegenden Weinbergen an den Hängen der Anden fruchtige, elegante Weine mit feiner Struktur.

Sehr dichtes Violett von dunklen Pflaumen, rubin- bis purpurrote Reflexe. Der Duft vereint Aromen von Heidelbeeren, Zwetschgenmarmelade, Veilchen, Schokolade und Sattelleder. Zu der satten Frucht gesellen sich im Geschmack noch Nuancen von Süßholz und eine rauchige Note, die auf Ausbau in Eichenfässern hindeuten. Feste Tannine verleihen Struktur, ohne aufdringlich zu wirken.

MERLOT

Dem Merlot wird manchmal Unrecht getan. Man bezeichnet ihn als geschmeidigen und schokoladigen Schmeichler, dem es an Rückgrat fehlt. Auf kommerzieller Ebene mag das sogar zutreffen, aber er eignet sich deshalb auch vorzüglich dazu, einen Einstieg in die Weinwelt zu erleichtern, den man mit widerborstigen Tanninen und prägnanter Säure nicht so leicht schaffen würde.

Dass der Merlot auch wirklich Großes zu leisten imstande ist, hat er im Bordeaux schon lange unter Beweis gestellt. Auf dem lehmigen Boden des Minianbaugebiets Pomerol ist er so gut wie allein verantwortlich für den teuersten Rotwein der Welt: Château Petrus. Im jugendlichen Stadium, in dem die erstklassige Konkurrenz aus Pauillac, Margaux und dem Graves noch mit ihren ausgelassenen Tanninen zu kämpfen hat, zeigt sich der Petrus schon verführerisch samtig, vollmundig, saftig, vor allem aber elegant.

Entgegen allgemeinem Irrglauben ist auch nicht Cabernet Sauvignon, sondern der Merlot die meistangebaute Sorte im Bordeaux. Gute Gründe dafür sind seine frühere Reife und eine größere Widerstandsfähigkeit gegen die Rebkrankheit Echter Mehltau. Es tut seiner Popularität aber auch keinen Abbruch, dass er bei niedrigeren Tanninen seine fruchtigen Stärken in den Vordergrund rücken kann. Er wird deshalb nicht nur bei den großen klassifizierten Gewächsen des Médoc, sondern ebenso bei der überwiegenden Mehrheit der roten Alltagsweine aus der gesamten Bordeauxregion eingesetzt, um die Kanten von Cabernet & Co abzuschleifen.

Auch in den nördlichen Regionen Italiens ist der Merlot sehr beliebt, wobei man hauptsächlich an der Produktion preiswerter Massenweine interessiert ist. Eine Handvoll ehrgeiziger Erzeuger hat sich dagegen entschlossen, dem Vorbild der Tenuta dell'Ornellaia zu folgen, die mit dem Masseto das Potenzial der Sorte zur Weltklasse umgesetzt hat. Auch in Bulgarien, Kalifornien, Chile und Australien spielt der Merlot eine bedeutende Rolle.

LEITAROMEN
ROTE BETE
PFLAUME
BROMBEERE
ROHES STEAK
AFTER EIGHT MINTS

PROBEWEIN
TENUTA DELL'ORNELLAIA
2012 MASSETO

Dichtes, undurchsichtiges Violett mit rubinroten Reflexen. Der intensive Duft verströmt eine sommerliche Wärme. In Cognac eingelegte dunkle Beeren verführen mit großer Intensität, fleischige Aromen, Rote Bete und After Eight Mints setzen Akzente, die durch ihre Unterschiedlichkeit faszinieren. Im Gaumen bringt der Masseto aber alles unter einen frischen und gleichzeitig vollmundigen Hut. Trotz seiner Üppigkeit verleihen ihm feste Tannine und eine filigrane Säure ein Reifepotenzial für Jahrzehnte. Brombeeren, Pflaumen, die Würze von Zedernholz, Minze und Schokolade sind nur einige der Komponenten, die für Komplexität sorgen.

NEBBIOLO

LEITAROMEN
SAUERKIRSCHE
WACHOLDER
HAGEBUTTE
HECKENROSE
STROH

PROBEWEIN
GAJA
2011 BARBARESCO

Der Nebbiolo macht keinen Wein für Liebe auf den ersten Schluck. Mit mehr Tanninen und Säure als die meisten anderen roten Weintrauben sperrt er sich widerspenstig gegen die Avancen unerfahrener Gaumen. Obwohl er sehr spät reift, mag er es nicht heiß, dazu ist er noch äußerst wählerisch, was den Boden betrifft. Das macht ihn für kommerziellen Anbau als Mengenlieferant total uninteressant. Im norditalienischen Piemont jedoch, insbesondere an den Hängen von Barolo und Barbaresco, wo alle seine Bedingungen erfüllt werden, kann er zu einer Einzigartigkeit auflaufen, die auch bei den gestandensten Weinkennern Euphorie erzeugt.

Dort findet er in oft von Morgennebeln eingehüllten Lagen südlicher und südwestlicher Ausrichtung genau die Witterungsverhältnisse, die er braucht, um seine unnachahmliche Duftkomposition von schwarzen Kirschen, Wacholder, Veilchen, Süßholz, Heckenrosen und, mit etwas mehr Reife, Leder, Tabak, Rauch und Walderde zu entwickeln. Um in den Genuss solcher Meisterwerke zu kommen, bedarf es aber nicht nur der Geduld, sondern auch eines tiefen Geldbeutels. Berücksichtigt man dazu, wie wählerisch der Nebbiolo beim Terroir ist, kann es wenig verwundern, dass er außerhalb seiner piemontesischen Heimat nur sporadisch angebaut wird. Selbst in der sonst so experimentierfreudigen Neuen Welt hat man sich damit abgefunden, diese Sorte nicht zähmen zu können.

Wer sich die großen Barolos und Barbarescos nicht leisten kann, hat immerhin noch die Möglichkeit, die etwas preiswerteren Alternativen Nebbiolo d'Alba, Langhe Nebbiolo und Roero aus den benachbarten Weinbergen zu probieren. Auch die Gewächse der Appellationen Bramaterra, Gattinara und Ghemme enthalten zumindest achtzig Prozent Nebbiolo, der hier aber oft unter dem örtlichen Synonym Spanna auf den Etiketten auftaucht. Weiter nordöstlich, in der an das Piemont angrenzenden Provinz der Lombardei, findet man die Sorte unter dem Namen Chiavennasca als Hauptbestandteil solcher Weine wie Grumello, Inferno und Valtellina Superiore.

Helles Ziegelrot mit orangefarbenen Reflexen. Die Nase offenbart eine komplexe Vielfalt von Aromen. Ein fruchtiger Hauch von Himbeeren, Pflaumen und Kirschen wird von balsamischen und animalischen Noten sowie dem Duft von Wacholder verfeinert. Im Gaumen deuten der Geschmack von Sauerkirschen und fleischigen Wacholderbeeren die fruchtigen Möglichkeiten der Zukunft an, die aber in diesem Frühstadium der Entwicklung noch von fordernden Tanninen und einer feingliedrigen Säure überschattet werden. Trotzdem zeigt sich schon jetzt eine spröde Eleganz. Herbe Kräuter und Hagebuttentee setzen faszinierende Akzente.

NERO D'AVOLA

Mit circa 19 000 Hektar ist der Nero d'Avola die meistangebaute rote Rebsorte Siziliens und hat wahrscheinlich dort seinen Ursprung. Ins Deutsche lässt sich der Name als Schwarze Traube übersetzen, und bis in die 1990er-Jahre wurde der Nero d'Avola auch hauptsächlich dafür eingesetzt, im Verschnitt mit anderen Sorten für Farbdichte zu sorgen.

Seitdem hat man erkannt, dass Nero d'Avola auf sich allein gestellt bei reduzierten Erträgen dazu in der Lage ist, kräftige Weine mit gutem Alterungspotential hervorzubringen. Zu seinen Stärken gehören nicht nur die tiefe Farbe, sondern auch konzentrierte Fruchtaromen von Kirschen, Pflaumen und Waldbeeren, ein solides Tanningerüst und fundierte Säure. Während er in seiner Jugend manchmal etwas rustikal daherkommt, kann er bei entsprechender Reife durchaus Komplexität entwickeln, mit Noten von Leder, Tabak, Kräutergarten und erdigen Nuancen.

Er wird aber auch heute häufig, in der Regel nicht exklusiv, sortenrein ausgebaut, sondern von vielen Erzeugern für seine Eignung als Partner für die einheimischen Sorten Frappato und Nerello Mascalese sowie die internationalen Stars Cabernet Sauvignon, Merlot und Syrah geschätzt.

Auf dem Festland findet man die Sorte noch in Kalabrien, während sie außerhalb von Italien wenig Aufmerksamkeit erweckt, wenn man einmal von einer Handvoll von Winzern in Australien und Kalifornien absieht.

LEITAROMEN
KIRSCHMARMELADE
GETROCKNETE KÜCHENKRÄUTER
HEIDELBEERE
LEDER
CLAFOUTIS

PROBEWEIN
TASCA D'ALMERITA
2014 LAMÙRI

Dunkle Farbe von reifen Schattenmorellen mit Purpurreflexen. In der Nase zuerst etwas kompostartig, aber dieses Aroma weicht bei etwas mehr Luft dem Duft von Brombeeren, Pflaumen und Wacholder. Im Gaumen offenbart der Lamuri festes Fruchtfleisch, das im Geschmack an Wacholderbeeren und knackige Brombeeren erinnert. Im Abgang deutet ein Hauch von Butterbonbon auf dezenten Holzeinsatz hin.

PETIT VERDOT

LEITAROMEN
GEGRILLTE ROTE PAPRIKA
ROHES REHFILET
GRÜNE MINZE
EINGELEGTE PFLAUMEN
DUNKLE BEEREN

Mit etwas über 800 Hektar Anbaufläche in Frankreich könnte man dazu geneigt sein, den Petit Verdot als unbedeutende Sorte abzutun, gäbe es da nicht seine lange Verbindung mit den berühmten Rotweinen des Bordeaux. Bei bekannten Crus wie den Châteaux Margaux, Palmer, Pichon Lalande und Léoville Poyferré spielt die Sorte im Verbund mit den beiden Cabernets und Merlot immer noch eine Rolle. In geeigneten Lagen kann Petit Verdot fleischige, körperreiche Weine mit dichter Farbe, robusten Tanninen und kräftiger Säure hervorbringen, die ein ausgezeichnetes Lagerungspotenzial haben. Allerdings erreichen die Trauben dieser Sorte erst spät im Herbst volle Reife und damit bei ungünstigen Jahreszeiten und deren Bedingungen nicht immer die notwendige Qualität. Deswegen wird der Petit Verdot in Frankreich auch selten sortenrein ausgebaut.

Wahrscheinlich ist der stark begrenzte Anbau in ihrem Heimatland der Grund, dass man sich in Ländern mit klimatisch günstigeren Bedingungen lange nicht mit der Sorte beschäftigt hat. So fand sie erst Mitte der 1990er-Jahre den Weg über die Pyrenäen ins benachbarte Spanien, wo sie heute mit über 1000 Hektar Rebfläche Frankreich überholt hat. Pflanzungen in Australien und Kalifornien bewegen sich in einer ähnlichen Größenordnung. Während man in den Ländern der Neuen Welt die Rolle des Petit Verdot in der Regel genauso konventionell wie im Bordeaux als Juniorpartner in Cuvées mit Cabernet Sauvignon, Cabernet Franc und Merlot interpretiert, zeigen mehr und mehr spanische Erzeuger Vertrauen in ihr Talent zum sortenreinen Ausbau.

PROBEWEIN
CASA DE LA ERMITA
2012 PETIT VERDOT

Äußerst intensives, undurchsichtiges Violett mit purpurnen Reflexen. Der Duft von Zwetschgen und Kirschen hat eine spirituosenartige Konzentration, pur und klar. Grüne Minze, Veilchen und Holunder verstärken die Intensität der Aromen. Im Geschmack vereinen sich in Armagnac eingelegte Pflaumen und gegrillte rote Paprika; dazu gesellen sich rauchige und würzige Nuancen. Eine stramme Säure sorgt für Struktur.

PINOTAGE

Pinotage gilt als Nationalrebe Südafrikas und wurde vor circa neunzig Jahren an der Universität von Stellenbosch gezeugt. Ihre Eltern jedoch sind die urfranzösischen Reben Pinot Noir aus dem Burgund und Cinsaut von der Rhône. Da zu jener Zeit die letztere Sorte in Südafrika mit Anspielung auf ihre Herkunft Hermitage genannt wurde, bot sich bei der Kreuzung die Bezeichnung Pinotage wie von selbst an.

Lange Jahre war der Ruf der Pinotage nicht immer der beste und man verband ihren relativen Erfolg auf dem Heimatmarkt oft mehr mit Patriotismus als mit überzeugender Klasse. Die Schuld an ihren Mängeln lag aber mehr bei verschleppten Viruskrankheiten und unzulänglicher Weinbereitung als einer inhärenten Minderwertigkeit der Sorte. Seitdem mit der politischen Öffnung des Landes auch die Möglichkeiten im Weinbergsmanagement und der Kellerwirtschaft auf den modernen Stand der restlichen Welt gebracht werden konnten, hat es auch bei der Pinotage einen Qualitätsquantensprung gegeben.

Dass die Sorte trotz dieser Fortschritte ihren Anteil von circa sechs Prozent der heimischen Rebfläche nicht erweitern konnte, ist auf die neue Konkurrenz von Trendsorten wie Cabernet Sauvignon und Syrah zurückzuführen. Deren Anbau war zuzeiten der politischen Abkapselung nicht erlaubt. Heute aber hält sie eine neue Generation von Winzern mit Blick auf die ausländischen Märkte für weitaus erfolgsversprechender als die dort so gut wie unbekannte Pinotage.

Die Mehrheit der Erzeuger sieht die moderne Rolle der Pinotage als Lieferant für leichte, fruchtige Rotweine zum frühen Konsum. Die traditionalistische Schule glaubt, dass nach der stattgefundenen Optimierung des Rebenmaterials auch Platz für eine auf die Eigenständigkeit der Sorte angelegte Interpretation mit sauberer dunkler Frucht, kräftigem Körper und betont würzigem Ausdruck ist.

LEITAROMEN
GRAPHIT
TORF
BLAUBEERE
GRANATAPFEL
BRAUNE ERDE

PROBEWEIN
KAAPZICHT ESTATE
2012 KAAPZICHT PINOTAGE

Dunkles Himbeerrot mit violetten Reflexen. Der Duft von Schwarzkirschen vermengt sich mit Aromen von Kohlestaub und Torf. Der Gaumen eröffnet mit der Frucht von Blaubeeren und Brombeeren, bevor feste Tannine und Holzausbau ihre Präsenz mit rauchigen, erdigen und graphitartigen Akzenten schmeck- und fühlbar machen.

PINOT NOIR/ SPÄTBURGUNDER

LEITAROMEN
HIMBEERE
SAUERKIRSCHE
HERBSTWALD
TOMATENSTAUDE

PROBEWEIN
WEINGUT MEYER-NÄKEL
2012 DERNAUER
PFARRWINGERT GG
VDP.GROSSE LAGE

Unter den ganz Großen der roten Rebsorten gilt der Pinot Noir als Diva mit hohen Ansprüchen an Klima und Boden. Während seine Rivalen Cabernet Sauvignon, Merlot und Syrah auch bei relativ heißen Bedingungen noch gut gedeihen, bevorzugt Pinot Noir die gemäßigten Temperaturen kühlerer Regionen, in denen er die vollkommene Harmonie zwischen dezenter Frucht, feinen Aromen und animierender Säure entwickeln kann.

Die wahre Heimat der Sorte ist schon seit vielen hundert Jahren das Burgund, was auch in ihrem deutschen Synonym Spätburgunder zum Ausdruck kommt. Dort setzt sie an den Hängen der Côte d'Or in Weilern mit solch klangvollen Namen wie Chambolle-Musigny, Gevrey-Chambertin und Vosne-Romanée den Maßstab, mit dem sich die Pinots aus Deutschland, Oregon, Kalifornien und Neuseeland messen lassen müssen. Dabei liegt der Vorteil immer noch beim Burgund, das seine lange Verbindung mit der Sorte dazu nutzen konnte, die Feinabstimmung zwischen Böden, Mikroklima und Traube für individuelle Lagen zu optimieren.

Auch in Deutschland kann der Spätburgunder auf eine lange Geschichte zurückblicken, aber die nördlicheren Breitengrade standen vor der globalen Erwärmung einem Vorstoß in die Spitzenklasse im Wege. Eine rühmliche Ausnahme davon bildet der Assmannshäuser Höllenberg von Kloster Eberbach, der bereits Anfang des 20. Jahrhunderts Spätburgunder auf Weltklasseniveau hervorbrachte.

Mit dem Jahrgang 1990 erfolgte dann der Urknall in Sachen Qualitätsverbesserung, der besonders in den Anbaugebieten Baden, Pfalz und an der Ahr Gehör fand. Heute gibt es eine beträchtliche Anzahl von Erzeugern, die mit dem richtigen Gespür für Reife, Harmonie und Holzeinsatz auch bei internationalen Pinot-Experten Beachtung finden, aber der Dank muss Pionieren wie Werner Näkel, Friedrich Becker, Bernhard Huber und Paul Fürst gelten, die als Erste die Möglichkeiten der Sorte in Deutschland aufzeigten.

Unterschlagen darf man nicht, dass der Pinot Noir auch bei einer ganz anderen Weinart eine wichtige Rolle spielt: In der Champagne ist er die meistangebaute Sorte, und als Weißwein vinifiziert erzeugt er im Verschnitt mit Chardonnay und Pinot Meunier das Gros der berühmtesten Schaumweine der Welt.

Granatrot mittlerer Dichte, mit rubinroten Reflexen. In der Nase zeigt sich eine komplexe Verbindung von fruchtigen, tomatigen und kompostartigen Aromen. Der Geschmack von saftigen Schattenmorellen lässt Frucht und Säure spielen, dazu kommen Akzente von Räucherspeck, Paprika und fein-staubiger Mineralik.

PORTUGIESER

Auch manchmal als blauer Portugieser bezeichnet, kann man trotz des Namens davon ausgehen, dass die Sorte ihren Ursprung nicht in Portugal, sondern wahrscheinlich in Österreich hat. In Deutschland ist sie mit ungefähr 3500 Hektar hinsichtlich der Rebfläche die drittwichtigste Rotweinsorte und wird hauptsächlich in der Pfalz sowie in Rheinhessen angebaut.

Was den Blauen Portugieser bei den Winzern beliebt macht, sind seine frühe Reife und hohen Erträge, mit denen sie zuverlässig Mengen von einfachen, süffigen Weinen auf die Flasche bringen können. Eine lebhafte Säure und generell niedrigere Alkoholwerte sorgen für Frische, die sich am besten im ersten Jahr nach der Ernte genießen lässt. Dazu kommt, dass die Traubenhäute weniger Tannine enthalten als die anderer Sorten. Aus diesem Grund wird der Portugieser auch häufig zur Erzeugung von Weißherbst oder Rosé benutzt.

Ausnahmen bestätigen die Regel, und natürlich gibt es auch Tüftler, die sich dazu herausgefordert fühlen, das volle Potenzial des Portugiesers auszuloten. Ertragsreduzierung und eine spätere Lese führen zu mehr Substanz, für die sogar ein feinfühliger Ausbau in Eichenfässern infrage kommt. Dabei lassen sich die Aromatik von Pflaumen und dunklen Beerenfrüchten mit dezenten Rauch- und Röstaromen zu einem Wein vereinen, der bei entsprechender Lagerung zu einem gut strukturierten, eleganten Gewächs heranreifen kann.

Eine Anbaufläche von über 2000 Hektar in Österreich verteilt sich hauptsächlich auf die Thermenregion und das Kamptal. In Ungarn, wo die Sorte auch als Kékoportó bekannt ist, findet man den größten Teil ihrer 1200 Hektar in den Weinbergen von Villány, Kunság und Eger.

LEITAROMEN
PFLAUME
BROMBEERE
ROTE BEERENFRÜCHTE
KRÄUTERSTRAUSS
PFEFFER

PROBEWEIN
WEINGUT
MARKUS SCHNEIDER
2013 EINZELSTÜCK

Kirschrot mittlerer Dichte, mit ziegelrotem Rand. Eröffnet mit einem Duft von Landluft, der dann auch Aromen von Sauerkirschen, Tomatenstauden und Lagerfeuerrauch zu offenbaren beginnt. Im Gaumen hält sich die Frucht zurück und lässt würzigen, rauchigen und kräuterigen Noten den Vortritt. Im Abgang setzt der Holzausbau einen markanten getoasteten Akzent.

SANGIOVESE

LEITAROMEN
KIRSCHE
VEILCHEN
HEUBLUME
SCHLEHENLIKÖR
LAKRITZE

PROBEWEIN
BADIA A PASSIGNANO
2011 CHIANTI CLASSICO
GRAN SELEZIONE

Sangiovese ist die hauptsächlich angepflanzte und bekannteste Rotweinsorte Italiens. Von einer Rebfläche von ungefähr 70 000 Hektar befindet sich die Mehrheit in der Toskana, wo die weltberühmten Weine von Chianti Classico und Brunello di Montalcino den Grundstein für ihren Ruhm gelegt haben. Früher wurde sie oft im Verschnitt mit anderen Sorten in Korbflaschen als Billig-Chianti angeboten, aber heute lassen sich nicht mehr viele Konsumenten mit solch anspruchslosen Tropfen locken.

Als in den 1970er-Jahren der Kult mit den sogenannten Super-Toskanern wie Sassicaia und Ornellaia aufkam, die sich hauptsächlich auf die französischen Starsorten Cabernet Sauvignon, Cabernet Franc und Merlot stützten, lief der Sangiovese Gefahr, auf eigenem Boden ins Hintertreffen zu geraten. Dagegen setzte Marchese Piero Antinori ein erstes Zeichen. Mit der Kreation des Tignanello bewies er, dass auch der Sangiovese das Zeug zum Super-Toskaner hat, wenn man nur bereit war, die erstarrte Tradition der Weinbereitung zu reformieren.

Bis vor zwanzig Jahren noch sah das offizielle italienische Wein-Reglement vor, dass ein sortenreiner Sangiovese nicht als Chianti bezeichnet werden durfte. Nach einer veralteten Formel aus dem 19. Jahrhundert musste er im Verschnitt nicht nur die Gesellschaft des Canaiolo Nero dulden, sondern sogar die der zwei weißen Allerweltssorten Trebbiano und Malvasia, die keinem anderen Zweck dienten als der Streckung der Menge. Seit 1996 kann Sangiovese allein oder mit auf zwanzig Prozent begrenzter Unterstützung von Canaiolo, Cabernet, Merlot und Syrah die Weine aus dem Chianti wieder ins Augenmerk der Weinliebhaber rücken.

Seitdem haben auch die frankophilen Super-Toskaner wieder besonders gegenüber den Riserva-Weinen aus Brunello di Montalcino und dem Chianti Classico an Boden verloren. Sangiovese in Hochform glänzt mit einer Eigenständigkeit, die sich auf eine komplexe Verbindung von saftigen Kirschen, feinen Gewürzen, Heublumen, getrockneten Kräutern und unterholzartigen Noten stützt. Außerhalb seiner Heimat hat der Sangiovese diese Form noch nicht erreichen können, was seine begrenzte Verbreitung in anderen Ländern erklären mag.

In der Farbe von Schwarzkirschen, mit großer Dichte, Rubinreflexe am Rand. Der Duft eines Korbs voller praller Kirschen umspielt die Nase und wird durch zarte Nuancen von Veilchen und Lakritze noch verführerischer. Auch im Gaumen gibt sich der Wein recht schmeichlerisch, mit viel Frucht, samtiger Textur und zurückhaltendenden Tanninen. Eine präsente Säure sorgt für Frische.

SYRAH/SHIRAZ

Neben Cabernet Sauvignon und Pinot Noir gehört Syrah zu dem Triumvirat aus roten Rebsorten, deren beste Weine absolute Weltklasse verkörpern. Hermitage und Côte Rôtie von Spitzenerzeugern der nördlichen Rhône sind bei Weinkennern genauso gefragt wie Château Lafite aus dem Bordeaux oder Romanée-Conti aus dem Burgund. In Australien bezeichnet man Syrah als Shiraz, und dort erzeugt die Traube mit Penfolds Grange oder Henschkes Hill of Grace ebenfalls Kreszenzen mit Kultstatus.

Dabei ist sie ein Abkömmling von zwei im Südosten Frankreichs beheimateten Sorten, die in der Weinwelt überhaupt keine Wertschätzung besitzen: der kaum noch angebauten Mondeuse Blanche aus den Savoyen und der so gut wie ausgestorbenen Dureza aus der Ardèche. Nichtsdestotrotz ist Syrah heute in Frankreich eine der am meisten verbreiteten roten Sorten, während Shiraz in Australien sogar die Hälfte der gesamten Rotweinproduktion des Landes ausmacht.

Viele Jahre im Anbau fast auf die obere Rhône beschränkt, gelegentlich auch Verwendung findend in den Cuvées von Châteauneuf-du-Pape, hat diese Rebsorte in den letzten Jahrzehnten einen wahren Siegeszug im mediterranen Klima des Languedoc-Roussillon angetreten. Dort wird sie für ihre Fähigkeit geschätzt, im Duft und Geschmack Komponenten von dunklen Beeren, Pfeffer, dezenten Gewürznoten und provenzalischen Kräutern zu vereinen, die durch gekonnten Holzeinsatz noch mit Nuancen von Vanille, Tabak und Leder verfeinert werden können. In Säure und Körper liegen die Weine meist im mittleren Bereich.

Shiraz aus Australien ist mehr für seine wuchtigen, körperreichen und fruchtbetonten Weine bekannt, bei denen häufig Schokolade und Eukalyptusnoten die sensorischen Höhepunkte setzen. Dieser Stil wurde zuerst in dem berühmten Anbaugebiet Barossa Valley geprägt, aber es gibt heute auch Alternativen aus kühleren Regionen, die mit saftiger Säure und dezenter Würzigkeit mehr auf Eleganz und Struktur setzen als auf geballte Kraft.

LEITAROMEN
BROMBEERE
REIFE SAUERKIRSCHE
ROHES DUNKLES FLEISCH
BUNTER PFEFFER
PFEIFENTABAK

PROBEWEIN
GUIGAL
2012 ERMITAGE ROUGE
»EX-VOTO«

Tiefdunkles Violett mit Purpurrand. Im Duft dominiert die Frucht von reifen Pflaumen und Sauerkirschen, dazu gesellen sich ein Hauch von Vanille und eine dezente Pfeffernote. Der Geschmack von saftigen Pflaumen, gepaart mit reifer Säure, lässt das Wasser im Mund zusammenlaufen. Die Tannine geben sich elegant, Nuancen von Tabak und Schwarztee begleiten das Finish.

TEMPRANILLO

LEITAROMEN
WALDERDBEERE
VANILLE
SÜSSHOLZ
LEDER
TABAKBLÄTTER

PROBEWEIN
GRUPO PESQUERA
2007 DEHESA LA GRANJA

Tempranillo ist die wichtigste rote Rebsorte Spaniens, was sich auch in einer Anbaufläche von über 200 000 Hektar ausdrückt. Ihren Ruf als eine der bedeutendsten Sorten der Welt hat sie mit den Rotweinen des Rioja etabliert, die in den 1970er- und 80er-Jahren die Exportmärkte der Welt als Alternative zu den preislich abhebenden Gewächsen aus dem Bordeaux eroberten. Genau wie diese waren und sind Riojas aber meist keine sortenreinen Weine. Tempranillo spielt als Qualitätsgarant bei ihnen dieselbe Rolle wie Cabernet Sauvignon im Bordeaux, wobei sich die Traube in den Cuvées ihrer nordspanischen Heimat auf die Garnacha Tinto/Grenache Noir als zuverlässigen Lieferanten von Alkohol und Körper stützt. Dazu kommen noch kleinere Anteile der heimischen Matadoren Graciano und Mazuelo.

Eine fast noch bedeutendere Rolle als im traditionellen Stammgebiet Rioja spielt Tempranillo heute in den Weinen des Ribera del Duero, einer wesentlich kleineren Region an den Ufern des Duero im nördlichen Hochland der Provinz Kastilien, wo sie als Tinta Fino bezeichnet wird. Lange Zeit war diese Gegend nur für den Ausnahmewein Vega Sicilia bekannt, in dem Tempranillo mit Cabernet Sauvignon, Merlot und Malbec gepaart wurde.

Unter der Führung des legendären Vorkämpfers Alejandro Fernández taten sich eine Handvoll von Winzern des Ribera del Duero in den 1980er-Jahren zusammen, um ihrer Region mehr Profil zu verschaffen. Diese Bemühungen wurden mit durchschlagendem Erfolg belohnt, nicht zuletzt wegen Fernández' Spitzengewächs Pesquera, dem ersten zu hundert Prozent aus Tempranillo gemachten Wein der Gegend. Mit etwas kühleren Temperaturen als dem Rioja bringt Tempranillo im Ribera del Duero Weine hervor, die von manchen Experten als eleganter und finessenreicher empfunden werden.

Unter dem Synonym Tinta Roriz wird die Sorte auch im Nachbarland Portugal angebaut, an den Hängen des Flusses Douro, der nichts anderes darstellt als eine Fortsetzung des Duero. Dort spielt die Rebe schon seit Hunderten von Jahren eine wichtige Rolle als Lieferant von Trauben für die weltweit bekannten Portweine. Auch im Süden Portugals ist Tempranillo in der Großregion Alentejo unter dem Namen Aragonez weitverbreitet. Selbst in dieser schon recht heißen Klimazone kann die Sorte noch mit Spitzenweinen aufwarten, solange sie in den kühleren Höhenlagen angebaut wird.

Dunkles Rubinrot, mit kirschrotem Rand. Ein intensiver Duft von Trockenobst, Feigen, auch sonnengetrockneten Tomaten, wird von Vanille und Lakritzearomen begleitet, die einen längeren Holzausbau zum Ausdruck bringen. Liebstöckel lässt den Einfluss von gesteuerter Mikrooxidation erkennen. Im Gaumen ergänzen rauchige und würzige Noten die konzentrierte süße Frucht.

TROLLINGER

Der Trollinger ist eine Spezialität des Anbaugebiets Württemberg, wo er die meistverbreitete Rotweinsorte darstellt. In den anderen Regionen Deutschlands spielt er keine Rolle. In Italien ist er in Südtirol, Alto Adige und Trentino, wechselweise als Großvernatsch oder Schiava Grossa bekannt. Dort stammt er auch her, wie seine ursprüngliche deutsche Bezeichnung Tirolinger verrät.

Noch beliebter als in der Weinbereitung ist die oft auch als Blauer Trollinger bezeichnete Sorte als Tafeltraube, die unter dem Synonym Black Hamburg weltweit, oft unter Gewächshausbedingungen, angebaut wird. Selbst die besten aus ihr gemachten Kreszenzen erheben keinen Anspruch auf einen Platz im Weinfirmament, aber als »Viertele« im offenen Ausschank haben sie sich im Schwabenland einen festen Platz in Herz und Gaumen der Einheimischen erobert. Da die Trauben sehr spät reifen, fällt die Säure meist relativ hoch aus, was ihren Weinen eine belebende Frische verleiht. Die beinahe vollständige Abwesenheit von Tanninen bedeutet, dass die meisten Trollinger mit ihrer fruchtigen und floralen Art sehr früh in ihrer Entwicklung das größte Trinkvergnügen bieten.

Natürlich gibt es auch Winzer, die mit viel Einfühlungsvermögen, erheblicher Ertragsreduzierung, alten Reben und gelungenem Holzeinsatz in vom Klima begünstigten Lagen mehr aus der Sorte herauszuholen vermögen als nur einen Schoppenwein. Solche Gewächse zeichnen sich durch saftige rote Beerenfrucht, dezente Kräuternoten, leicht rauchige Nuancen und einen Hauch von Schokolade aus.

LEITAROMEN
SAUERKIRSCHE
HIMBEERE
HAGEBUTTE
KARAMELL
FLORAL

PROBEWEIN
WEINGUT DAUTEL
2014 TROLLINGER
TERRASSENLAGE

Glänzend rubinrot von mittlerer Dichte, mit Purpurrand. Zu den frisch-fruchtigen Aromen von Erdbeeren und Himbeeren gesellt sich ein Hauch von Schokoladenstaub und der Duft herbstlicher Heckensträucher. Im Gaumen wird die dezente rote Beerenfrucht in diesem frühen Stadium etwas von trockenen Tanninen und einer leichten bitteren Kräuternote zurückgedrängt. Ein Wein mit Potenzial, der Zeit braucht, um seine Kanten abzuschleifen.

ZINFANDEL

LEITAROMEN
PFLAUMENKOMPOTT
BROMBEERE
ZIMT
LEBKUCHEN
MUSKATNUSS

PROBEWEIN
GALLO WINES
2013 GHOST PINES
ZINFANDEL

Der Zinfandel genießt einen Ruf als unbestrittener Weltmeister im Schwergewicht aller Rotweinklassen. Auf seinem Heimterritorium in Kalifornien kann er schon mal locker 16 Prozent Alkohol erreichen. Derartige Ungeheuer kommen meistens aus solch heißen Anbaugebieten wie dem San Joaquin Valley, aber sie geben keinen Einblick in die wahren Stärken der Sorte. Wer einmal einen gereiften Ridge Vineyards Zinfandel aus Sonoma getrunken hat, weiß, zu welcher Komplexität und kühler Eleganz die Sorte fähig ist. Nach Cabernet Sauvignon ist der »Zin« die am weitesten verbreitete rote Traube Kaliforniens, wobei aber der Großteil der Ernte zu als »Blush« bezeichnetem, süßlichen Rosé verarbeitet wird.

Dass der Zinfandel Anfang des 19. Jahrhunderts aus Europa gekommen sein muss, ist unbestritten. Unter diesem Namen war er auf dem Alten Kontinent nicht bekannt. Es sollte bis 1994 dauern, bis DNA-Technologie den unwiderlegbaren Beweis dafür liefern konnte, dass es sich bei der Sorte um keine andere handelt als den in Apulien weitläufig angebauten Primitivo. Eine weitere Verfolgung der Spur führte nach Kroatien in die Gegend von Split, wo man ein paar uralte Reben fand, deren Gen-Profil hundertprozentig identisch mit dem des Primitivo war. In ihrer kroatischen Heimat ist die Sorte schon seit dem 15. Jahrhundert unter dem Namen Tribidrag bekannt, wird dort heute aber nicht mehr kommerziell genutzt. Kalifornien mit über 20 000 Hektar Rebpflanzungen und Apulien mit circa 8000 Hektar sind die beiden einzigen Weinregionen der Welt, in denen die Sorte weitläufig angebaut wird.

In den kühleren Regionen wie dem Russian River Valley oder San Luis Obispo kann der Zinfandel elegante Weine mit tiefer Farbe, süßer Beerenfrucht, feiner Würze und saftiger Säure hervorbringen. Bei voller Reife fallen sie auch schon mal recht wuchtig aus, wobei die Frucht eine marmeladige Prägung annehmen kann, jedoch ist dieser Stil auf dem heimischen Markt nicht unbeliebt.

Natürlicherweise liegen die Primitivos aus Apulien, die vorwiegend von der Salento-Halbinsel kommen, wegen der heißen süditalienischen Sommer immer recht hoch im Alkohol, aber alte Reben in höheren und damit leicht kühleren Lagen können den Weinen eine attraktive, saftig-fruchtige Ausrichtung geben.

Dunkles Pflaumenviolett, mit Purpurrand. Ein Zinfandel, der sich in der Nase nicht nur durch eine reife dunkle Frucht auszeichnet, sondern mit Zimt, Nelke, Lebkuchengewürz und Muskatnuss eine starke, würzige Komponente aufweist. Der Gaumen wird durch Zwetschgenkompott und saftig-süße Brombeeren verwöhnt. Sanfte Tannine betonen die Vollmundigkeit des Weins.

Ursprung edler Champagner: Weinberg des Hauses Moët & Chandon

WEINAUSBAU

Wein. Das Buch.

Faßweinkeller der Marchesi Antinori

WEINAUSBAU

KRISTINE BÄDER

Nichts beeinflusst den Charakter und Stil des fertigen Weins mehr als der Ausbau. Holzfass, Stahltank, Tonamphore, sie alle geben dem fertigen Wein eine Stilrichtung und einen Charakter vor. Auch die Fähigkeit zu reifen wird davon beeinflusst. Außerdem ist nicht jeder Wein für jede Ausbauart geeignet. Ein Winzer muss sich also schon von Anfang an genau überlegen, welchen Wein er machen will.

Was genau versteht man nun aber unter dem Weinausbau? Im Prinzip beginnt dieser Prozess schon mit der Gärung und dauert an, bis der Wein in Flaschen gefüllt wird. Sobald die Gärung abgeschlossen ist, beginnt die Zeit der Reifung. Dazu wird der fertige Wein für eine bestimmte Zeit in einem Fass beziehungsweise Tank gelagert. Dadurch entwickelt er einen bestimmten Charakter, Stil, Struktur und Komplexität. Je nach gewünschtem Effekt kann diese Zeit des Ausbaus von wenigen Wochen bis zu mehreren Jahren dauern. Für bestimmte Weinarten, wie Port oder spanische Gran Riservas, gibt es auch eine Mindestdauer, für die der Wein im Fass gelagert werden muss.

Es gibt verschiedene Fässer für den Ausbau. Ihr unterschiedlicher Einfluss hat zunächst einmal mit der Menge des Luftkontakts zu tun, die sie dem Wein ermöglichen. Deshalb unterscheidet man grundsätzlich zwischen oxidativem und reduktivem Ausbau.

REDUKTIVER AUSBAU

Um einen Wein reduktiv auszubauen, wird er möglichst ohne Sauerstoffkontakt gelagert. Am besten eigenen sich dafür Edelstahltanks; in ihnen ist der Wein weder fremden Geschmackseinflüssen noch dem Kontakt mit Sauerstoff ausgesetzt. Auf diese Art werden frische, aromatische und fruchtbetonte Weine hergestellt. Etwas moderater ist der reduktive Ausbau in großen Holzfässern, die in überschaubarem Maße Sauerstoffkontakt zulassen und nicht ganz so jugendliche Weine hervorbringen. Rotweine werden grundsätzlich eher moderat reduktiv ausgebaut.

OXIDATIVER AUSBAU

Für den oxidativen Ausbau kommen sowohl Holzfässer als auch Tonamphoren in Frage. Der Effekt auf den Wein ist abhängig von der Länge des Ausbaus und der Menge des Sauerstoffs. Sauerstoff verändert die Farbe, den Geruch und den Geschmack des Weins. Weinspezialitäten wie Sherry und Portwein werden größtenteils oxidativ ausgebaut, oft auch Süßweine wie Banyuls oder Rancio, die dadurch erst ihre außergewöhnliche Aromatik entwickeln.

DIE AUSBAUMETHODEN

EDELSTAHLTANK

Es gibt Edelstahltanks in allen möglichen Größen. Der Ausbau im Edelstahl ist grundsätzlich reduktiv. Das führt zu einer hellen Farbe und einer von Primäraromen geprägten Aromatik, also Aromen, die schon in den Beeren zu finden und nicht vom Fass bzw. Tank beeinflusst sind. Deshalb werden in erster Linie Weißweine oder auch fruchtige Rotweine im Edelstahl ausgebaut.

GROSSES HOLZFASS

Holzfässer werden in der Regel aus Eichen- oder Kastanienholz hergestellt und können bei richtiger Pflege über viele Jahrzehnte benutzt werden. Die gängige Größe ist ein sogenanntes Stückfass mit einem Fassungsvermögen von 1200 Litern. Es gibt aber auch das Halbstück (600 Liter) und das Doppelstück (2400 Liter), die vor allem in der Pfalz und Rheinhessen üblich sind. An der Mosel findet man hingegen den Halbfuder (500 Liter) und den Fuder (1000 Liter) beziehungsweise den Zwei- bis Zehnfuder. Die Holzdauben der Fässer lassen nur wenig Sauerstoffkontakt zu, dessen Einfluss bei der großen Weinmenge gering, aber dennoch spürbar ist. Daher reifen die Weine langsam. Das Holz selbst gibt nur in den ersten Jahren Tannin an den Wein ab, danach ist kaum noch eine geschmackliche Beeinflussung zu spüren. Vor allem Rotweine und höherwertige Weißweine lagern in großen Holzfässern.

BARRIQUES

In Deutschland werden Barriques erst seit wenigen Jahrzehnten verwendet, deren Einfluss im Wein lange Zeit sogar als fehlerhaft galt. Das hat sich inzwischen zum Glück geändert. Die gängigen Barriques fassen 225 Liter und werden aus Eiche hergestellt. Der Einfluss des Sauerstoffkontakts ist aufgrund der geringeren Weinmenge deutlich höher, sodass die Weine schneller reifen. Außerdem spielt die Wahl des Holzes eine große Rolle. Als besonders fein gilt französische Limousin-Eiche, etwas deutlicher und süßlicher zeigen sich die großporigen amerikanischen Eichen im Wein. Darüber hinaus bestimmt das sogenannte Toasting den Einfluss des Holzes auf den Geschmack des Weins. Je mehr die Holzdauben bei der Verarbeitung durch Feuer „getoastet" werden, desto deutlicher sind im Wein anschließend Röst- und Holzaromen wahrnehmbar. Barriques werden je nach gewünschtem Einfluss nur drei bis fünf Jahre verwendet.

AMPHOREN

Tonamphoren erleben erst in jüngster Zeit eine Renaissance im Weinausbau. Zu Beginn der Weinbereitung vor achttausend Jahren waren sie das gängige Aufbewahrungsmittel. Traditionell werden die Amphoren im Boden eingegraben. Das garantiert eine stabile, niedrige Temperatur und stabilisiert außerdem die Amphoren. Es gibt aber inzwischen auch Amphoren, die im Keller, ohne sie einzugraben, eingesetzt werden. Die Trauben werden direkt in die Tonamphoren gegeben und vergären dort. Anschließend bleibt der vergorene Wein – egal, ob weiß oder rot – für mehrere Monate in der Amphore. Dass der Wein in der Amphore oxidativ reift, ist von Vorteil, da durch die Maischegärung auch bei Weißweinen viele Phenole in den Wein übergehen. Der oxidative Ausbau harmonisiert das wieder. Geschmacklich tendieren diese Weine oft in Richtung Sherry.

BETONEI

Noch neuer ist der noch sehr verhaltene Trend zur Verwendung eines sogenannten Betoneis. In Betonfässern werden auch heute noch auf platzsparende Weise große Mengen Wein gelagert. Allerdings sind diese dann innen verkleidet, sodass kein direkter Kontakt zwischen Beton und Wein besteht. Bei den modernen Betoneiern ist jedoch genau dies erwünscht, mit dem Ziel, durch größeren Sauerstoffkontakt den Wein schneller reifen zu lassen. In der Praxis erweist sich das als schwierig, da die Durchlässigkeit für Sauerstoff geringer ausfällt als erwartet. Außerdem greift der Wein mit seiner Säure die Oberfläche des Betons an und wird dadurch analytisch und auch geschmacklich beeinflusst. Die Methode ist bisher nicht sehr weit verbreitet, und es ist fraglich, ob sie sich langfristig durchsetzen und in großem Stil verbreiten wird.

Weiß, rot, rosé – Weine des sizilianischen Weinguts Tasca d'Almerita

GESCHICHTE

Wein. Das Buch.

EINE KURZE GESCHICHTE DES MODERNEN WEINS

STEFAN PEGATZKY

Wer Wein trinkt, will zu allererst Spaß haben, Spaß am Leben, mit Freunden, bei gutem Essen, in angenehmer Umgebung. Wein verschönert die Gegenwart.

Was uns an Altem beim Wein begegnet, altdeutsche Etiketten, Weinstuben mit Butzenscheiben, das akzeptieren wir eigentlich nur noch im Sinne von „Retro", der kleine Ausflug ins Gestern, um dann wieder möglichst bald im Heute anzukommen. Warum sollten wir uns also mit Weingeschichte beschäftigen?

Dabei ist Wein von allen Lebens- und Genussmitteln dasjenige, das am meisten Geschichte in sich trägt. Und das nicht deswegen, weil die Weinerzeugung selbst so alt ist, sondern weil der Mensch dem Wein schon früh einen historischen Stempel aufgedrückt hat: den Jahrgang, wie er seit den Römern bei den nennenswertesten Weinen auftaucht. Man könnte Weingeschichte als einen fortlaufenden Bericht über die Folge der unterschiedlichen Jahrgänge schreiben, über die Qualität der Weine und die Erntemengen der letzten hundert Jahre etwa. Aber das würde doch nur einen kleinen Ausschnitt der Weinhistorie bilden.

Tatsächlich setzt sich die Historie des Weins zusammen aus vielen einzelnen Kapiteln. Neben den Jahrgängen natürlich auch aus der Geschichte derer, die ihn erzeugen, ja, aus den Methoden seiner Erzeugung selbst, der Arbeit im Keller und im Weinberg, sogar der Geschichte der Trauben, aus denen er besteht. Aber nicht weniger wichtig sind die Geschichten der vielen Regionen, in denen er wächst, die Geschichte des Handels mit Wein und die wechselhafte Geschichte seiner Wertschätzung, natürlich auch des unterschiedlichen Schreibens über Wein.

All diese ineinander verwobenen, einzelnen Geschichten sind freilich selbst eingebettet in größere Geschichten: die des Klimas und seines Wandels, der Wirtschaft und Technologie, von Nationenbildung und Globalisierung. Es wurde einmal bemerkt, dass sich der Wein in den letzten fünfzig Jahren mehr verändert habe als in vielen tausend Jahren zuvor. Das ist sicher nicht unrichtig, aber die moderne Geschichte des Weins beginnt vor etwa einhundertfünfzig Jahren, durch neue Erkenntnisse in Chemie und Mikrobiologie, mit der Einführung der Kältetechnik, dem Ausbau der Verkehrsinfrastruktur und dem Beginn der Globalisierung sowie den Folgen der Reblauskrise. An dieser Stelle diese Geschichte vollständig zu erzählen, ist nicht möglich, mit dem Blick zurück jedoch soll dieses Kapitel einiges von dem verständlich machen, was den Wein heute ausmacht und ihn von früher unterscheidet. Nicht chronologisch, eher durch Schlaglichter auf wichtige Episoden und Aspekte, aus denen sich dann zumindest der Umriss einer allgemeinen Weingeschichte ergeben sollte.

DIE JAHRGÄNGE

Die Weinjahrgänge erzählen die Naturgeschichte des Weins, als Liste fortlaufender Jahreszahlen, Ernte nach Ernte. Dem Konsumenten signalisiert der Jahrgang zunächst das Alter eines Weins, dem Weinkenner überdies Güte und Eigenart. Große Jahrgänge erzielen hohe Preise, nicht so bedeutende Jahrgänge niedrigere Preise. Dementsprechend sind Bewertungen und Charakterisierungen von Jahrgängen gefragte Hilfsmittel. 1959, 1961, 1982, 1989, 1990, 1996, 2000, 2005, 2009, 2010, 2015 … Mehr Daten aus der Weingeschichte der letzten siebzig Jahre möchte mancher Sammler von großen roten Bordeaux-Weinen aus dem Médoc gar nicht wissen. 1970, 1977, 1985, 1994, 2000, 2003, 2007, 2011 sind dagegen etwa die Jahre, für die sich die Liebhaber von klassischem Vintage-Port interessieren. Die Weingeschichte als Geschichte der Jahrgänge ist hier ein Spiegel des Klimas oder genauer: des Klimas der Regionen, bis hinunter zum Mikroklima einzelner Ortschaften oder gar Lagen. Und insbesondere meint sie hier den jedes Jahr im Prinzip gleichen, aber doch von ganz unterschiedlichen Umständen begleiteten Entwicklungsverlauf der Rebe, von der Blüte bis zur Ernte. Nun hängt die Güte eines Weins natürlich nicht nur von der Natur ab, aber da das Wissen um die Jahrgänge doch eines der wichtigsten Orientierungspunkte beim Weinkauf ist, wird diese Form der Weingeschichte immer von großem Interesse sein.

Für den Winzer dagegen (und indirekt auch für den Handel) bedeuten die Jahrgänge ein elementares Ausgeliefertsein an die Launen der Natur. Ist die Ernte zu klein, ist der Verdienst am Ende des Jahres zu niedrig, ist sie zu groß, weiß er nicht, wie er den Wein verkaufen soll. Ist die Qualität sehr gut, ist dieser zum Sommer ausverkauft, und der Winzer kann nichts mehr anbieten, ist sie schlecht, bleibt er

Erntehelferin in Sachsen, 1946

auf seiner Ware sitzen. Tatsächlich lassen sich große Teile der Weinbaupolitik der letzten 150 Jahre, aber auch die Forschungsarbeit der Weinbauschulen und -akademien als Versuch begreifen, die Winzer von dieser Abhängigkeit von der Natur möglichst zu befreien. Die im 19. und frühen 20. Jahrhundert fast sprichwörtliche Winzernot wurde vielfach hervorgerufen durch die Aneinanderreihung katastrophaler Jahrgänge. Kamen dann noch weitere Unbilden der Natur hinzu, wie der Befall durch Rebschädlinge, konnten ganze Landstriche ins Elend fallen. Es war kaum ein Zufall, dass sich die revolutionäre Überzeugung des Trierers Karl Marx angesichts des desolaten Zustands der Moselaner Weinbauern bildete.

Nicht zuletzt die Erfahrungen schwerer sozialer Spannungen in den deutschen Weinregionen in den Jahren der Weimarer Republik ließen die Weinbaupolitik der jungen Bundesrepublik bereitwillig in das Fahrwasser von Genossenschafts- und Verbandsfunktionären einschwenken. Von dort kamen die Rezepte, die den Winzern zu Wohlstand und Unabhängigkeit von der Natur führen sollten: Ausweitung der Rebflächen, Erlaubnis bzw. Toleranz von Trocken- und Nasszuckerung, Einführung ertragreicher, frühreifer Neuzüchtungen, garantierte Destillation zu Hochpreisen bei Überproduktion. Der wirtschaftliche Aufschwung aber hatte einen hohen Preis: die Auflösung aller Qualitätsmaßstäbe, die der deutsche Weinbau bis dahin gekannt hatte.

Sichtbar zum Ausdruck kam dies im Weingesetz von 1971: Setzte es doch Prädikate für die Qualität der Weine ein, die an den Zuckergehalt des Mostes gekoppelt war. Diese Bindung an das sogenannte Mostgewicht war und ist umstritten; für viele ist die Qualität des Mostes von anderen Faktoren abhängig. Geradezu absurd war diese Regelung, als sie gleichermaßen für den spätreifen Riesling wie für frühreife und in hohem Maße zuckerbindungsfähige Neuzüchtungen wie Faber- oder Siegerrebe galt. Was vorher als weltweit geachtete Spitzenweine galt, wie die hochfeinen Spät- und Auslesen von der Mosel mit entsprechenden Preisen, war nun gesetzlich mit einer Huxelrebe-Auslese für 3 DM aus dem rheinhessischen Hinterland gleichgestellt, wo wenige Jahre zuvor noch Zuckerrüben geerntet worden waren. Und dem Winzer, der mit dem Riesling oft bis in die klimatisch heiklen Monate Oktober/November hatte warten müssen, waren durch die frühe Ernte der Neuzüchtungen entscheidende Monate geschenkt worden.

Den Wunsch, den Einfluss des Jahrgangs zu minimieren, gab es nicht nur bei finanziell wenig gesicherten Kleinwinzern. Bestimmte Weine waren von jeher durch die Art der Herstellung, wie etwa beim Sherry oder beim Standard-Champagner, jahrgangslos gewesen. Schon von frühauf hatten die Produzenten dieser Weine begriffen, dass der Verlust an Individualität und Geschichte mit enormen Vorteilen im Marketing verbunden waren. Der gleichbleibende Geschmack einer „Marke" war von einer Mehrheit der Konsumenten gewünscht und ließ sich daher besser verkaufen. Diese Lektion der eigentlichen Wein-Sonderfälle wie Champagner oder Sherry lernten die großen Weinkellereien für ihre Markenweine. Diese waren zwar, weil es als „Qualitätssignal" für klassischen Rot- oder Weißwein einfach dazugehörte, vielfach mit einem Jahrgang versehen. Durch die Tricks der Kellertechnik und durch eine – im Ausmaß je nach Region unterschiedlich erlaubte – Zugabe von Anteilen älterer Jahrgänge war aber tatsächlich der eigentliche Jahrgangseindruck der Weine zugunsten einer jahrgangslosen „Markenidentität" verwischt worden.

Der Drang, die Prägung durch die Jahrgänge zu minimieren, ging nicht allein vom Kunden aus, er war auch der Tatsache geschuldet, dass sich durch den wirtschaftlichen Erfolg vieler großer Marken nicht zuletzt auch die Identität der Unternehmen selbst veränderte. Diese waren eben nicht mehr einfach große „Weinbauern", sondern hatten sich in Wirtschaftsunternehmen verwandelt, deren Erfolg nach Geschäftsjahresergebnissen gemessen wurde und in denen vielfach das Marketing die Leitlinien für die Produktpolitik vorgab. Und dieser Welt sind die Risiken von Jahrgangsschwankungen prinzipiell entgegengesetzt.

Tatsächlich betraf diese Entwicklung nicht einfach nur den Massenmarkt. Durch die spektakulären Gewinnmargen, die seit Ende der neunziger Jahre mit Spitzenweinen, vor allem mit rotem Bordeaux, erzielt werden konnten, fand nämlich die Verwandlung von Weinbaubetrieben in Konzerne auch am oberen Ende der Qualitätspyramide statt. Entweder, indem ihre Strukturen konzernähnlicher wurden oder sie gleich von solchen aufgekauft wurden. Selbst wenn hier der Einfluss des Marketings geringer ist und dem oft prominenten „Weinmacher" viele Freiheiten gelassen werden, so stehen sie unter dem Druck der Zahlen: Cash-Flow, Renditeentwicklung und all den übrigen Kennzahlen, die auch einem Wirtschaftsunternehmen der Luxusbranche nur eine Richtung weisen – Wachstum. Dass hier der Einfluss von Natur und Jahrgängen minimiert werden muss, versteht sich von selbst. So zogen seit den neunziger Jahren all die Hightech-Apparaturen in die Keller vieler Spitzenweingüter ein: Nicht so sehr, um die Weinqualität zu verbessern, sondern in erster Linie – wie etwa bei der Umkehrosmose, die dem Most Wasser entzieht, oder aber einem Membranfilter, der Über- oder Untermengen von Säure ausgleicht –, um den Einfluss schlechter Jahre zu minimieren. Maßnahmen, die flankiert werden durch Arbeiten im Weinberg, etwa künstliche Bewässerung (wo erlaubt), Laubwand-Management oder Eisweinfolien.

Dass die Weinwelt, wie es so gerne heißt, „keine schlechten Jahrgänge" mehr kennt, liegt daher weniger am Klimawandel und der globalen Erwärmung, die Probleme ganz eigener Art mit sich bringen. Es liegt vielmehr daran, dass der Mensch auf den unterschiedlichsten Wegen versucht, den Einfluss der Natur auf den Wein zu kontrollieren.

DIE REBEN

Neben den Jahrgängen und ihren jeweiligen klimatischen Verläufen bildet die Weinrebe selbst den wichtigsten Teil der Naturgeschichte des Weins. Diese gehört aber seit der Kultivierung der Wildreben (Vitis sylvestris) zu Weinreben (Vitis vinifera) durch den Menschen zugleich zur Kulturgeschichte des Weinbaus. Ein buchstäbliches „Naturereignis" jedoch bildete in gewisser Weise den Beginn der modernen Weingeschichte, nämlich der bereits erwähnte Befall der Weinrebe durch die Reblaus, wie er erstmals 1863 in der Gegend von Arles aufgetreten ist. Die Phylloxera-Krise, in deren Verlauf nahezu der gesamte Rebbestand Europas und weite Teile der übrigen Welt befallen wurde, zwang die Winzer, von sogenannten wurzelechten Reben Abschied zu nehmen und auf Reben umzusteigen, bei denen die eigentliche Rebe auf reblausresistente Unterlagen „aufgepropft" wird.

Dieses Ereignis, dessen Auswirkungen die Winzer weltweit noch viele Jahrzehnte beschäftigen sollte, war deshalb von so großer Bedeutung, weil es einmal sozusagen „tabula rasa" im Weinberg machte, indem es jeden Weinbauern vor die Entscheidung stellte, ob er die gleichen (wenn auch „gepropften") Reben anpflanzen sollte wie zuvor oder ob er sich für neue Sorten entscheiden sollte. Für viele Regionen war die Krise, trotz der katastrophalen unmittelbaren Auswirkungen, mit einem segensreichen Neustart verbunden. Anteil daran hatten nicht zuletzt die angesichts der in diesen Jahren so vermehrt aufgetretenen Pflanzenkrankheiten – neben der Phylloxera massiv der echte und

Karikatur der Reblaus Phylloxera aus „Punch" vom 6. September 1890: „Die Phylloxera, ein echter Gourmet, findet die besten Weinberge und liebt die besten Weine."

der falsche Mehltau (Oidium und Peronospora) – sowie die gegründeten staatlichen weinbautechnischen Forschungsabteilungen. Diese rieten den Winzern vielfach zu rebsortenreinen Anpflanzungen anstelle der häufig noch in „gemischtem Satz" stehenden Weinberge oder empfahlen grundsätzlich standortgerechtere und qualitätsfördernde Reben. Tatsächlich wurde in der Folge viel von der Sortenvielfalt reduziert, die den europäischen Weinbau einmal ausgemacht hatte, und es formierten sich vielerorts Leitreben, die die weinbauliche Identität der Regionen in dem Sinne bestimmten, wie sie vielfach auch heute noch bestehen.

Da der Reblausbefall aber nicht an jedem Ort gleichzeitig ausbrach, sondern sozusagen von Weinregion zu Weinregion wanderte, schuf er, wie jede Krise, auch Gewinner. Das Bordelais etwa hatte sich zwischen 1860 und 1870 als das führende Rotweingebiet weltweit etablieren können; nach dem Einfall der Reblaus um 1870 brach die Produktion dramatisch zusammen. Für Ersatz sorgte bald das nahe Spanien, genauer das Rioja-Gebiet, dessen Qualitätsweinerzeugung noch in den Kinderschuhen steckte (die Pioniere Marqués de Riscal und Marqués de Murrieta hatten zwischen 1850 und 1860 mit der Produktion begonnen). Zunächst kauften die Franzosen den Wein, dann die Kellereien und schließlich importierten sie das Know-how. Vor allem aber wurden die Weine der Rioja-Region, die außerhalb Spaniens kaum jemand kannte, innerhalb weniger Jahre in die wichtigsten Weinmärkte der Welt katapultiert. Ähnlich erging es Chile, das Mitte des 19. Jahrhunderts durch die Düngemittelproduktion eines der reichsten Länder der Erde war. Auch hier hatten Salpeter-Barone erst wenige Jahre zuvor französische Reben angepflanzt (um 1860 waren Concha y Toro und Santa Rita gegründet worden), als der Einbruch des Bordeaux-Marktes durch die Reblaus zu einer enormen Nachfrage nach chilenischem Wein führte.

Die weltweite Gründungswelle von weinbaulichen Lehranstalten führte nicht nur zu einem wirksamen Schutz vor der Reblaus, sie war auch der Auslöser der modernen Rebenzüchtung. Als Katalysator wirkte die Wiederentdeckung der bereits 1866 publizierten „Veröffentlichung über Pflanzenhybride", in der Gregor Mendel seine Vererbungsgesetze formuliert hatte. Allerdings waren, der Not der Zeit geschuldet, die Zuchtziele gerade in den kühlen Weinbaugebieten zunächst überwiegend Widerstandsfähigkeit, Frühreife und Ertragsmenge – Ziele, die erst viel später durch eigentliche Qualitätseigenschaften ergänzt werden sollten. Als Resultat: Neben einer intensiven und heute unverändert fortgeführten Klonselektion bestehender Sorten entstanden ganz neue Sorten wie Müller-Thurgau (erste Züchtung 1882|Markteinführung 1956), Scheu-

Gewächshäuser der Königlichen Lehranstalt für Wein-, Obst- und Gartenbau Geisenheim, Anfang des 20. Jahrhunderts

rebe (1916|1956), Huxelrebe (1927|1968), Kerner (1929|1969) und Bacchus (1933|1972) für Weißwein und Zweigelt (1922|1975), Dornfelder (1955|1980) und Regent (1967|1995) für Rotwein. Die Neuzüchtungen sollten nach ihrer Markteinführung den Rebspiegel insbesondere in Deutschland vollständig verändern. So wurde der Müller-Thurgau nach seiner Zulassung (1956) und der Klassifikation als empfohlene Sorte für alle deutschen Weinbaugebiete (1970) bis 1975 die meistangebaute deutsche Rebsorte. Diese Verdrängung der klassischen Sorten sollte schließlich einer der Hauptgründe für den Zusammenbruch des Qualitätsimages deutschen Weins im In- wie im Ausland werden.

DIE WINZER

Auch noch zu Beginn des 21. Jahrhunderts zehrt der Wein von der quasi mythischen Rolle des Winzers, wie er gerne auch in der Werbung beschworen wird. Urwüchsig, mit dem eigenen von Generation zu Generation vererbten Betrieb und dem eigenen Stück Land, gleichsam der Mittler zwischen uns und der Natur, die ihm ihre kostbaren Gaben Jahr für Jahr aufs Neue schenkt. Aber dieses Modell, in dem der Eigentümer zugleich auch Produzent und möglichst auch noch Verkäufer ist, ist eine Vorstellung, die der aufgeklärt-bürgerlichen Ideenwelt des späten 18. Jahrhunderts entspringt, und – so sehr es vielfach auch heute noch in der Realität angetroffen werden kann – nur einen kleinen Ausschnitt des modernen Weinbaus bildet.

Tatsächlich ist der Einfluss von „klassischer" Geschichte auf den Weinbau an keiner Stelle so groß wie im Hinblick auf die Frage nach den in ihm herrschenden Eigentumsverhältnissen. Hessische Staatsweingüter Kloster Eberbach, die Fürst von Metternich-Winneburg'sche Domäne Schloss Johannisberg, Marchesi Antinori, Château Mouton Rothschild … in berühmten Namen wie diesen spiegelt sich die Realgeschichte in der Weingeschichte: die des Klerus, des Adels oder der modernen Ökonomie. Auch wenn sich diese Weingüter heutzutage als moderne Wirtschaftsunternehmen präsentieren, so ist doch offensichtlich, dass die Struktur vieler Weingüter durch vormoderne Gesellschaftsordnungen geprägt worden ist und bis heute geprägt wird, also sozusagen die Vergangenheit in das Heute ragt.

Für den westeuropäischen Weinbau (die Geschichte des osteuropäischen Weinbaus mit der Zwangskollektivierung nach 1945 und dem Neubeginn nach 1990 muss hier ausgeklammert bleiben) gibt es eine Reihe prägnater historischer Wegmarken, die für den modernen Weinbau entscheidend geworden sind. Als markantes Moment gelten die Französische Revolution und die Napoleonischen Kriege. Sie bildeten die erste historische Zäsur und einen dramatischen Wechsel der Eigentümerverhältnisse in den Weinbauregionen. Der Adel wurde vertrieben, der Klosterbesitz säkularisiert – und Letzteres nicht nur in Frankreich, sondern auch in den rechts- und linksrheinischen Gebieten des Deutschen Reiches –, aber eben nicht in Österreich-Ungarn, weswegen Kloster Eberbach heute eine Staatsdomäne ist, das Benediktinerstift Göttweig, das „österreichische Montecassino", jedoch immerhin noch Mitgesellschafter des Weinguts Stift Göttweig.

Nach der Restauration der französischen Monarchie kehrten in einigen Regionen die überlebenden Aristokraten in ihre Weingüter zurück, in anderen nur ganz vereinzelt. Dieses Verhalten ist bis heute eines der bestimmenden Strukturelemente des französischen Weinbaus. Im Burgund nämlich, das nach 1789 zudem die Zerschlagung großer klostereigenen Besitztümer gesehen hatte, kehrten nur ganz vereinzelt Adelsfamilien zurück. In der Folge blieben die Betriebsgrößen sehr klein, eine Tendenz, die sich durch das strikte Festhalten an dem in Napoleons Code Civile festgehaltenem Verbot der Erbfolge an den ältesten Sohn noch verschärfte, weil die Weingüter nun gleichmäßig an alle Erben verteilt wurden. Dadurch nahm die Betriebsgröße erheblich ab, was ein Hauptgrund für den immer noch „bäuerlichen" Charakter dieser Region ist. Im Bordeaux dagegen fingen viele adligen Emigranten wieder von vorne

Der 1868 gegründete Winzerverein Mayschoß ist eine der ältesten Winzergenossenschaften der Welt.

VOM VDNV ZUM VDP

Ob es ein letztes Echo des preußischen Erbes im deutschen Weinbau ist? Jedenfalls ist es schon eigenartig, dass es ausgerechnet in der so föderal organisierten Bundesrepublik eine zentrale Organisation wie den VDP gibt, den „Verband deutscher Prädikatsweingüter" – was vergleichsweise weder in Frankreich noch in Italien, ja überhaupt in keinem Weinbau produzierenden Land existiert.

Seinen Ursprung hat der VDP im sogenannten Verband der Naturweinversteigerer (VDNV), was sich zunächst einmal reichlich obskur anhört. Diese 1910 geschaffene Organisation wollte vier verschiedene regionale Vereine zusammenfassen, deren Mitglieder ihren Wein zum einen als Naturwein abfüllten und zum anderen in Versteigerungen verkauften. Das waren zu dieser Zeit die beiden wichtigsten Merkmale, an denen man festmachen konnte, ob ein Winzer zur Qualitätsspitze des deutschen Weinbaus zählte: Dabei standen „naturreine Weine" vor allem den nass oder trocken aufgezuckerten Weinen gegenüber, zu denen die im klimatischen Grenzbereich des Weinbaus arbeitenden Winzer an Rhein und Mosel gerne verführt wurden. Und die Versteigerung von „Originalabfüllungen" war die gegenläufige Praxis zur anonymen Abgabe der Weine als Fassware schon zu einer Zeit, in der es noch kaum nennenswerte Flaschenabfüllung der Winzerbetriebe gab. Denn wo die Fassware vom Handel noch mit zahlreichen anderen Partien verschnitten und nahezu unkontrolliert „verbessert" wurde, wurden die Originalabfüllungen nach der Reife im Fass unter Kontrolle der Produzenten abgefüllt.

Vor allem dem Schutz und der Propagierung des „Naturweins als Originalabfüllung" wollte sich der Verband widmen, schon im Gründungsjahr als echtes „Branding", mit Korkbrand: „abgefüllt im Keller des Weingutes …" Richtiges Marketing wurde daraus, als der Verband 1926 den Traubenadler als Nachweis der Verbandzugehörigkeit einführte. 1935 dem NS-Reichsnährstand eingegliedert, wurde der VDNV 1949 in schwieriger Zeit neu gegründet. Weiterhin führte der Verband den Kampf gegen „verbesserte" Weine, nach 1956 insbesondere gegen die „Süßwelle" der Wirtschaftswunderjahre, als zahlreiche Weine mit höchsten Prädikaten auf den Markt kamen, die den Verbrauchererwartungen nicht entsprachen. Doch als immer mehr Weine aus Traubenneuzüchtungen angeboten wurden, die die Anforderungen für die Prädikate Spätlese und Auslese spielend übertrafen, schien der Verband nur noch elitäre Sonderinteressen zu verkörpern. Ein Mitglied nach dem anderen trat aus.

Ein großes Problem war zudem, dass der Begriff „Naturwein" wegen der notwendigen Schwefelung der Weine juristisch nicht mehr zu halten war. Da auch die Weinversteigerungen kaum mehr eine Rolle spielten, schien der Verband am Ende. Doch gerade das umstrittene Weingesetz von 1971 mit der Einführung der „Qualitätsweine mit Prädikat" wies einen Ausweg, und so wurde der Verband im gleichen Jahr als „Verband der Deutschen Prädikatsweingüter" neu gegründet: als selbst ernannter Erbe der großen deutschen Weinbautraditionen und als Bollwerk gegen die drohende Dominanz der Winzergenossenschaften. Doch der Verband zermürbte sich dabei, die Antwort auf die Frage zu finden, was sie eigentlich anders, gar besser machen sollten als die anderen.

Nach der Wiedervereinigung fand der VDP zu seinem eigentlichen Projekt. 1994 wurde ein Entschluss zur Klassifikation der deutschen Weinbergslagen getroffen, um international vergleichbare „Grand Crus" zu schaffen – nicht wie in Frankreich kraft nationaler Gesetzgebung, sondern als verbandsinterne Klassifikation. Dass sich diese seit dem Erscheinen der ersten „Großen Gewächse" von 2002 durchgesetzt hat, zeigt, welche Bedeutung dieser Schritt hatte und wie wichtig der VDP auf Bundesebene ist. Darüber sollte man aber nicht vergessen, dass es das Versagen des Gesetzgebers und der Weinbaupolitik auf nationaler Ebene war, die diesen Schritt nötig gemacht hat.

an. Auch wenn ab den 1840er-Jahren immer mehr Pariser Bankiers in die Region drängten, so änderte das Bordelais nie seinen aristokratischen Charakter. Ganz im Gegenteil, kopierte der neue Geldadel während der Boom-Zeiten der 1860er-Jahre doch den alten Adel und überschwemmte die Region mit der bis heute vorherrschenden Herrenhausarchitektur.

Die, sei es durch Revolution, sei es infolge weniger einschneidender Demokratisierungstendenzen des 19. Jahrhunderts zu Besitz gekommenen Winzer mussten schnell erfahren, dass ihre kleinteiligen Rebflächen zum Leben zu wenig und zum Sterben zu viel waren. Um 1850 herum bildeten sich daher in Europa die ersten Genossenschaften, in Deutschland insbesondere inspiriert durch Friedrich Wilhelm Raiffeisen, den die Not der Landwirte nach der furchtbaren Ernte 1846, als die Durchschnittstemperaturen durch die Vulkanausbrüche des Fonualei und des Merapi mit monatelangen Ascheausstoß erheblich gesunken waren, stark beeindruckt hatte. 1855 wurde in Neckarsulm die erste Weingärtnergenossenschaft der Welt gegründet, 1857 folgte die Fellbacher Weingärtnergesellschaft. In der Hoch-Zeit des Genossenschaftswesens im deutschen Weinbau zu Anfang der 1980er-Jahre vermarkteten 342 Genossenschaften mit über 66 000 Mitgliedern mehr als ein Drittel der einheimischen Weinproduktion. Durch Verbandsvertreter und Lobbyisten bilden sie bis heute zudem einen erheblichen Druck auf die deutsche Weinbaupolitik aus.

Durch die Anteile an der Gesellschaft waren die Mitglieder quasi Miteigentümer, was die Genossenschaftsidee für viele in die Nähe des weithin verteufelten Sozialismus rückte. Zudem blieb man als Winzer auf die Rolle des Traubenfabrikanten beschränkt. Wem deshalb der genossenschaftliche Weg zu unheimlich war, musste seinen Wein – und zwar als Fasswein, die Flaschenabfüllung selbstvermarktender Winzer kam erst viel später in Mode – an die Händler der Region verkaufen. Diese Händler lagerten den Wein, bevor sie ihn vermarkteten, entweder noch im Fass oder, in der zweiten Hälfte des 19. Jahrhunderts, zunehmend in der Flasche (in Großbritannien war es erst nach dem Grocer's Licensing Act von 1860 erlaubt, Wein in kleinen Einheiten, also auch flaschenweise zu verkaufen). Dieser Handel war ein einträgliches, internationales Geschäft und ließ große Häuser entstehen, mit Hunderten von Vertragswinzern, den Vorläufern der großen Weinkellereien von heute.

Tatsächlich war ein großer Teil des deutschen Weinhandels vor 1933 in jüdischer Hand. Die Zerschlagung dieser Unternehmen durch die Nationalsozialisten hatte zur Folge, dass wichtige internationale Exportverbindungen verlorengingen. Erst mit dem Wirtschaftswunder in den fünfziger Jahren gediehen auch die Handelsstrukturen wieder. Heute wird ein Drittel der deutschen Weinproduktion von Handelskellereien abgefüllt, in manchen Regionen wie Rheinland-Pfalz sogar zwei Drittel – von 75 Prozent der Winzerbetriebe der Region. Der Marktbedeutung entsprechend wuchs auch der politische Einfluss.

Der Flaschen abfüllende Winzerbetrieb ist dagegen ein relativ neues Phänomen. Mit dem überragenden Jahrgang 1921 ging etwa die damalige Spitze der deutschen Winzerschaft, der 1910 gegründete Verband der deutschen Naturweinversteigerer (und spätere VDP), dazu über, den Wein selbst in Flaschen zu füllen. Im Burgund hatte die Domaine de la Romanée-Conti schon im 19. Jahrhundert selbst abgefüllt, aber tatsächliches Vorbild für die Region war erst in den 1930er-Jahren das Trio Henri Gouges, Marquis d'Angerville und Jean Grivot. Viele der großen Châteaus im Bordeaux begannen damit sogar erst um 1970.

In Deutschland hatten sich vor 1933 die selbst abfüllenden Betriebe traditionell aus adligen Gütern, den Staatsdomänen oder kirchlichen Stiftungen rekrutiert. Große bürgerliche Weingüter, die Spitzenweine produzierten, waren noch bis Anfang der 1980er-Jahre in der Minderheit. Darunter gab es vereinzelt Familien, die aufgrund ihrer Verdienste bereits im 17. Jahrhundert herrschaftliche Hofgüter übernommen hatten, oder wohlhabende Emigranten, wie die Familie Jordan, die aus Savoyen eingewandert war und 1718 die Keimzelle des heutigen Weinguts Bassermann-Jordan bildete. Und natürlich gab es viele Besitztümer, die erst im 19. Jahrhundert gegründet worden waren, entweder von wohlhabenden Kaufleuten, hochrangigen politischen Beamten oder sogar von Professoren und Juristen, wie etwa das Weingut Dr. Robert Weil.

Es war zum einen die Stabilisierung der wirtschaftlichen Situation, aber auch die wachsende Unzufriedenheit mit der Situation als Kellereizulieferer oder als Genossenschaftsmitglied, wo der einzelne Winzer keinerlei Einfluss auf die eigentliche Weinzubereitung hatte, die seit den 1960er-Jahren immer mehr bäuerliche Winzerbetriebe in Europa zur – zumindest teilweisen – eigenen Flaschenabfüllung und Selbstvermarktung drängten. Dabei halfen nicht zuletzt günstige Kreditbedingungen und eine immer qualifiziertere Ausbildung der Jungwinzer. Es sollte allerdings mehrere Jahrzehnte dauern, bis die Konsequenzen auch an der Spitze der Qualitätspyramide deutlich wurden. Als seinerzeit die trockenen Riesling Spätlesen des großen Jahrgangs 1990 vorgestellt wurden und die Weinzeitschrift „Alles über Wein" von der „Revolution der Bürgerlichen" sprach, markierte das tatsächlich ein neues Zeitalter des deutschen Weinbaus. Im aktuellen Gault & Millau 2016 Weinguide Deutschland gibt es unter den höchstklassifizierten 5 oder 4+ Reben-Weingütern kein einziges in adligem oder kirchlichem Besitz – und selbstredend auch keine Genossenschaft oder Kellerei.

Das viel beschworene „deutsche Weinwunder" war eine große Erfolgsgeschichte und machte auch internationale Konzerne und institutionelle Investoren aufmerksam. Das Ringen um höchste Qualität hatte viel Geld gekostet, und bei manchem Betrieb standen die Banken mit ihren Forderungen sprichwörtlich „bis unters Dach". In einer solchen Situation war die Kapitalbeteiligung durch einen starken Partner einem Verkauf immer vorzuziehen. In Deutsch-

Weingut Dr. Robert Weil in Kiedrich/Rheingau um 1910

land gab es erhebliche Unruhe, als der japanische Getränkekonzern Suntory sich an prominenten Weingütern im Rheingau und in der Pfalz beteiligte. Dabei wurde an anderen Orten viel weniger des Federlesens gemacht; Giganten wie Constellation Brands in den USA oder die australische Foster's Group (deren Weinsparte 2011 unter dem Namen „Treasury Wine Estates" abgespalten wurde) verwandelten dutzende renommierter Weinbetriebe in konzerneigene „Brands".

Es war die – ökonomisch gesehen – geringe internationale Bedeutung der deutschen Spitzenweinerzeugung, die den Qualitätsweinbau hierzulande im toten Winkel von Konzerninteressen belassen hatte. Dagegen standen natürlich französische Regionen wie das Bordelais, das Burgund oder die Champagne ganz anders im Fokus. Dabei verhinderte der starke wirtschaftliche Protektionismus den Verkauf renommierter Domänen oder Châteaus ins Ausland. Aber innerhalb der „Grande Nation" hatten sich schon früh große „Häuser" zu Konzernen entwickelt, die mehr und mehr dazu übergingen, in ihr Portfolio nicht nur Betriebe aus ihrer Herkunftsregion zu integrieren, sondern auch aus anderen Gegenden in Frankreich – und seit den 1980er-Jahren auch weltweit.

Die Vorreiterrolle spielten hier Handelshäuser aus Bordeaux, burgundische Négociants oder große Champagnermarken. Beispielhaft ist hier die Entwicklung von Moët & Chandon, die 1963 das Champagnerhaus Mercier und 1971 dann Ruinart übernommen hatte, im selben Jahr mit dem Cognacproduzenten Hennessey fusioniert war und sich 16 Jahre später mit Louis Vuitton, dem seinerseits die Champagnergüter Veuve Cliquot und Krug gehörten, zum weltweit größten Luxusgüterkonzern LVMH (Louis Vuitton Moët Hennessey) zusammengeschlossen hatte. Dessen Portfolio wird ergänzt durch einen umfangreichen Besitz von Weingütern zwischen Südamerika bis Neuseeland, der bis auf 1959 zurückgeht, als das Haus Moët & Chandon auf der Suche nach neuen Rebflächen für hochwertigen Schaumwein Chandon Argentina gründete.

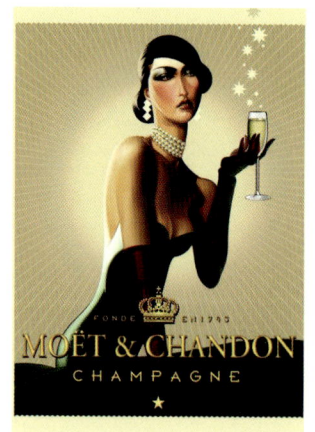 

Moët & Chandon Artwork von Vince McIndoe 1979

Ob Suntory oder LVMH – hier handelte es sich doch immerhin um Konzerne, die Erfahrung mit Wein hatten und eng mit den Zielgruppen vertraut waren. Eine neue Stufe der Entwicklung zeigte sich, als der Versicherungskonzern AXA 1987 mit Château Pichon-Baron im Bordelais und der Domaine l'Arlot im Burgund begann, Spitzenweinerzeuger zu erwerben – heute gehören neben weiteren französischen Weingütern auch solche in Portugal und Ungarn dazu. Das war ein Investment zum richtigen Zeitpunkt, und die Unternehmenssparte wurde von den richtigen Männern gemanagt. Aber dass ein institutioneller Anleger aus Renditeerwägungen eine Weinsparte eröffnet, veränderte die verhältnismäßig geschlossene Weinwelt Frankreichs. Es war noch einzusehen, dass einfacher Landwein Gegenstand von Konzernspekulationen sein konnte wie andere einfache Lebensmittel auch. Hier jedoch handelte es sich um Grand Crus im wahrsten Sinne, über die jetzt die vermeintlich „grauen Männer" einer Versicherung herrschten.

Anscheinend aufregender, aber ebenso ambivalent, war ein neuer Winzertyp, der zuerst seit den 1970er-Jahren in Erscheinung getreten war, und dessen Auftritt nach 2000 immer häufiger wurde: der reiche Aussteiger. Streng genommen hatte es diesen Typus schon um 1840 in Frankreich gegeben, nachdem wohlhabende Pariser Bankiers die Bordelaiser Châteaus gleichermaßen als Ruhesitz auf dem Lande wie als Kapitalanlage entdeckt hatten. Im 20.

Jahrhundert gab es vor allem zwei Regionen mit einer verführerischen Anziehungskraft für vinophile Aussteiger: die Toskana und Kalifornien. In der Toskana verschwand in den 1960er-Jahren die Mezzadria, das System der Halbpacht, wo die Wein- und Obstbauern ihren Pächtern 50 Prozent der Ernte in Naturalien zu zahlen hatten. Die nun selbstständigen Winzer waren aber mit den Kosten der Bewirtschaftung überfordert, dazu war der Weinkonsum im Italien dieser Jahre dramatisch rückläufig. Die Folge: eine dramatische Landflucht. Viele der traditionsreichen und berückend schönen Fattorien im Chianti-Gebiet standen mit einem Mal zum Verkauf. Das war die Stunde stadtmüder Florentiner, Römer oder Mailänder und natürlich von italiensehnsüchtigen Engländern, Schweizern oder Deutschen.

Kalifornien hatte Ende der 1950er-Jahre kaum mehr eine Erinnerung an seine große Weintradition vor der Zeit der Prohibition (1920 bis 1933). Aber in diesen Jahren begannen Winzer mit kleinen französischen Eichenfässern (Barriques) zu experimentieren, und fast über Nacht wurde der ganzen Region deutlich: Es ist möglich, den französischen Stil zu imitieren. „Man kann alles lernen" wurde der Leitspruch einer Region, in der es plötzlich schick war, als Quereinsteiger eine kleine Boutique Winery zu gründen. Diese sehr amerikanische Einstellung steigerte sich dann noch einmal um ein Vielfaches nach 2000 in der Ära der modernen Weinberater. Nun schien es möglich, das entsprechende Taschengeld vorausgesetzt, nicht nur einfach ein Weingut aus dem Nichts aufzubauen, sondern es auch innerhalb kürzester Zeit an die Weltspitze zu führen. Wofür klassische Weingüter in Europa Jahrzehnte benötigt hatten – sich eine Reputation aufzubauen und diese über die Zeit hinweg zu verteidigen –, das ließ sich mit dem richtigen Know-how und dem richtigen Spirit eben auch in wenigen Jahren realisieren. Ein Rezept, das mittlerweile überall auf der Welt Nachahmer gefunden hat.

DER KELLER UND DIE WEINBERGE

Weinbergsarbeit und Kellerwirtschaft sind die beiden komplementären Aufgabenbereiche des Winzers. In vormoderner Zeit wurde an beiden Orten gleichsam naturwüchsig gearbeitet, bedingt durch regionale Methoden graduell unterschiedlich, wie bei der Erziehung der Reben oder dem lokal üblichen Fassungsvermögen der Fässer. Aber im Grunde „ereignete" sich der Wein einfach, er wurde nicht gemacht nach einer bestimmten Idee, wie er schmecken sollte.

Sowohl für den Weinberg als auch im Keller gab es dann aber, zu ganz unterschiedlichen Zeiten, Phasen, in denen versucht wurde, die Resultate durch zielgerichtete Interventionen zu verbessern. Vom frühen 19. bis tief hinein ins 20. Jahrhundert war etwa in Deutschland das Ziel, dem Winzer die Arbeit in den teilweise enorm parzellierten Weinbergen zu erleichtern: durch Verbesserung von Zufahrtswegen, Einrichtung von Regenwasserabflüssen und durch die Zusammenlegung von Rebflächen. Gerade die großen preußischen Domänen wirkten hier als Vorbild – und im Fall der Königlich Preußischen Domäne Niederhausen, in der über 100 Hektar zusammenhängender Rebflächen durch Felssprengungen und Aufschüttungen von Mutterboden völlig neu angelegt wurden, sogar als Pionier. Auch im Nationalsozialismus waren Flurbereinigungen ein wichtiges weinbaupolitisches Ziel, galt es doch, aus den Tausenden von Kleinstbetrieben überlebensfähige „Erbhöfe" zu schaffen, die für die landwirtschaftlichen „Erzeugungsschlachten" des Dritten Reiches gerüstet waren.

Auch in der jungen Bundesrepublik waren Flurbereinigungen ein großes Thema, insbesondere nach den Römischen Verträgen 1957, die zur Gründung der EWG, der Vorläuferin der heutigen EU, führten und der damit verbundenen Schaffung eines gemeinsamen Agrarmarktes. Für die Politik, insbesondere in Deutschland und Frankreich, bedeutete dies das Startsignal für die „Modernisierung der Agrarstrukturen", was unter anderem auch zur

Eine der berühmtesten Lagen Deutschlands: Grauer Schiefer prägt den Scharzhofberg in der Region Mosel.

"Ausräumung" von Landschaften und im Weinbau zu intensiven Flurbereinigungen führte, um großflächige industrielle, das heißt maschinenunterstützte Landnutzung zu ermöglichen. Mit am deutlichsten sichtbar wurde dies etwa in der völligen Umgestaltung des Ihringer Winklerberges am Kaiserstuhl in den 1960er- und 1970er-Jahren, in deren Folge ganze Hänge abgetragen und neu modelliert wurden – mit erheblichen klimatischen Auswirkungen und negativen Folgen für die Vielfalt der dortigen Flora und Fauna.

Ein weiterer nahezu flächendeckender Eingriff in die Rebberge war die Erweiterung der Pflanzdichte der Rebstöcke, um die Bewirtschaftung mit maschinellen Vollerntern zu ermöglichen, eine grundsätzlich qualitätsmindernde Maßnahme, da die Wurzeln der Rebe bei zu großem Abstand zur Nachbarrebe keine Nährstoffkonkurrenz mehr hat und nicht gezwungen wird, in tiefere Regionen zu wurzeln. Dazu kam eine extensive Düngung und intensiver Pestizideinsatz, insbesondere in den 1970er-Jahren. In der Champagne wurden noch zu Beginn der 1990er-Jahre viele Rebberge mit Kompost „gedüngt", der aus dem Müll verschiedener Großstädte erzeugt worden war, was für damalige Weinfunktionäre allenfalls ein „ästhetisches Problem" darstellte.

Rationalisierung und Mechanisierung waren bis weit in die 1980er-Jahre die Schlüsselworte für den Umgang mit dem Weinberg. Denn der Wein selbst wurde nach damaliger Auffassung vor allem im Keller gemacht. „Stalin im Weinberg, aber Stradivari im Keller", dieses Bonmot des Weinpublizisten Andrew Jefford kennzeichnete damals viele auch

Flurbereinigung an der Ahr, zwischen den 1950er- und 1970er-Jahren

sich selbst als Spitzenerzeuger verstehende Winzer. Begonnen hatte das eigentliche „Weinmachen" im Sinne der modernen Önologie mit der Entdeckung der Wirkweise der Hefen bei der Weingärung durch Louis Pasteur im Jahre 1860. Bis dahin war die Verwandlung von Zucker zu Alkohol bei der Fermentation ein Mysterium gewesen. Pasteur gelang es nicht nur, die Weine durch Erhitzung zu „pasteurisieren", also die Hefen zu töten und zu verhindern, dass der Wein durch verbliebene Resthefen eine weitere Gärung durchläuft – ein geläufiges Problem im 19. Jahrhundert, insbesondere bei süßen Weinen. Er lieferte durch seine Arbeiten vor allem die Grundlagen für eine kontrollierte Vergärung des Weins, etwa durch Temperatursteuerung, Prozessdauer oder Zuckerbeigabe. Was früher ein Naturereignis war, wurde nun Gegenstand exakter Planung.

Technische Revolution und zunehmendes Wissen um biochemische Vorgänge begannen allmählich, die Kellerarbeit zu verändern. In Deutschland wurde 1922 der erste Schichtenfilter als „Entkeimungsapparat" vorgeführt, mit dessen Hilfe natursüßer Wein stabil gehalten werden sollte – ohne ihn zu pasteurisieren oder übermäßig zu schwefeln. Das war damals noch ein Experiment, aber als sich nach dem Zweiten Weltkrieg der deutsche Weinexport wieder erholt hatte, waren die steril-gefilterten deutschen Weißweine mit einem Schlag der neue Standard der weltweiten Weißweinzubereitung. Der fruchtige, kein bisschen oxidative Stil von Sichels Liebfraumilch-Auslese „Blue Nun" etwa änderte die Welt, wie sich der Önologe Clark Smith erinnert, so wie es die Einführung des Farbfernsehens getan hatte. Kein Wunder, dass „Blue Nun" mit über zwei Millionen weltweit verkauften Kisten in den 1960er-Jahren einer der erfolgreichsten internationalen Weinmarken war, bevor die Marke durch Überproduktion und Qualitätssenkung überstrapaziert wurde und in den 1980er-Jahren den Niedergang der deutschen Weinkultur symbolisierte.

Im Bordelais war es seit den 1950er-Jahren der Önologe Émile Peynaud, der die Weinbereitung auf ein neues Niveau hob. Er predigte die Wichtigkeit der Hygiene im Keller und führte für Weißweine Behälter aus rostfreiem Stahl für die erste Gärung ein sowie für die Rotweine ungebrauchte Barriques. Er erkannte die entscheidende Funktion der sogenannten malolaktischen Gärung, der zweiten Gärung nach der Umwandlung von Zucker in Alkohol, bei der aus der harten Weinsäure mildere Apfelsäure entsteht. Nachdrücklich wies er auf die wichtige Rolle der Reife der Reben bei der Ernte hin und gab den Rat, einzelne Parzellen von größeren Weinbergen separat auszubauen. Mit dem Vorschlag, neben der eigentlichen Château-Abfüllung „Zweitweine" einzuführen, wurde die Qualität der Hauptweine erhöht. Natürlich hatte es auch zuvor schon, mit etwas Glück und großen Jahrgängen, große Bordeaux-Weine gegeben, nun aber gab es klare Regeln, um zum Erfolg zu kommen. Und Peynaud war kein Akademiker im Elfenbeinturm, sondern setzte sich aufs Fahrrad und besuchte Hunderte von Weingütern, um sie von der Wirksamkeit seiner Ideen zu überzeugen.

Die Bordeaux-Weine sollten in den 1980er-Jahren nicht zuletzt dank Émile Peynaud ein glanzvolles Jahrzehnt feiern. So machte sein Beispiel Schule. In der Toskana war der Erfolg der Region und insbesondere seiner neuen, vielfach am französischen Beispiel geschulten „Super Tuscans" vor

Deutschlands Weinexport Nummer 1: Liebfraumilch „Blue Nun"

allem das Resultat von gut ausgebildeten Önologen wie Giacomo Tachis, der sich eng an Peynaud orientierte und vom dem er etwa den Rat annahm, in toskanischen Rotweinen auf die traditionelle Zugabe von weißen Trauben zu verzichten. Nach der Toskana fragten andere, weniger traditionsreiche Regionen bei Tachis & Co. an, und nun entstanden Spitzenweine in Sizilien, Kampanien oder den Marken.

Doch externe Weinberatung wurde nicht nur auf High-End-Niveau üblich. Es war etwa eine neue, gut ausgebildete Generation australischer Önologen, die 1987 begonnen hatten, das Languedoc aus seinem Dornröschenschlaf zu erwecken. Absolute Sauberkeit im Keller, Sorgfalt hinsichtlich aller Parameter bei der Weinbereitung und moderne Ausrüstung bildeten die Grundlage ihrer Arbeit, dazu kam eine genaue Idee von den Weinen, die sie produzieren wollten. Auch der Erfolg dieser sogenannten „Flying Winemaker" sprach sich herum, und sie wurden engagiert, ihn in Chile und Argentinien zu wiederholen.

MODERNE TECHNIK

Ende der 1980er-/Anfang der 1990er-Jahre begann zudem die Zeit der neuen Techniken im Weinkeller. Im Piemont tauchten 1990 erstmals futuristische Rotofermenter auf, querliegende trommelförmige Gärbehälter, die für eine hohe Farb- und Extraktausbeute bei der Rotweinvergärung sorgen und diese deutlich beschleunigen. Aus Australien kamen Schleuderkegelkolonnen, mit denen man dem Wein durch physikalische Fraktionierung Wasser entziehen oder Aromen konzentrieren konnte. Auch dafür brauchte es hochspezialisierte Berater, und die Männer, die sie empfahlen, hatten klare Vorstellungen von den Weinen, die man daraus erzeugen wollte.

Entsprechend dem Geschmack der 1990er-Jahre war das „sexy stuff", mächtiger, extrem konzentrierter Wein, der in den Bewertungen durch die führende internationale Weinpresse höchste Anerkennung erfuhr. Je mehr Punkte, desto größer der Erfolg: Das Labor des wichtigsten Weinberaters weltweit, Michel Rolland, beschäftigte 2006 acht Vollzeittechniker, die im Jahr Proben von etwa 800 Weingütern analysierten. Wo man Rolland aber immer noch eine eigene Idee des Weinmachens zugestehen kann, geht es Beratungslaboren wie dem kalifornischen Enologix lediglich darum, Weine mit hohen Bewertungen im Keller gleichsam nachzukonstruieren.

Insgesamt hob die moderne Kellerwirtschaft die Qualität des Weins weltweit beträchtlich an. Selbst wenn man über die Wege dorthin und die Stilistik streiten mag, gibt es mittlerweile kaum noch fehlerhafte Weine – gerade auch im Lebensmitteleinzelhandel, wo solche Fehler tatsächlich zumeist nicht mehr im ursprünglichen Produkt liegen, sondern erst durch eine falsche Lager- und Transportlogistik entstehen. Aber die moderne Önologie hat den Winzer nicht nur gelehrt, die Weinqualität zu erhöhen und Fehler zu minimieren, sie hat ihm auch Instrumente in die Hand gegeben, um den Wein und seinen Geschmack zu formen.

Mitte der 1980er-Jahre stellte Ann C. Noble von der kalifornischen Weinbauuniversität in Davis das sogenannte Aromenrad vor, das alle Aromen im Wein nach Verwandtschaftsgruppen unterteilt abbildete. Dies stellte zum einen ein hervorragendes Analyseinstrument für die Weinsensorik dar, zum anderen wurde es zum Kompass bei der Weinherstellung großer Markenweine. Mittlerweile gab es Gärenzyme und Reinzuchthefen, die geeignet waren, bei der Vergärung bestimmter Rebsorten eindeutige Aromaprofile zu erzeugen – wie auch viele Fassanbieter, die Hölzer nun nach Aromaprofilen geordnet anboten. Das mündete direkt in die Gegenwart, wo das „flavour shaping", die Formung des Aromas durch önologische Mittel, ein großes Thema nicht nur der Weinkonzerne und Handelsmarken ist.

Diese Entwicklung hat zu einer nie gekannten Standardisierung der globalen Weinwelt geführt. Dementsprechend heftig war die Gegenbewegung, die die Grundlagen für große Weine in der Weinbergsarbeit sah und für den Keller eine „minimalinvasive" Haltung forderte. Tatsächlich waren spätestens in den frühen 1980er-Jahren die verheerenden Auswirkungen offensichtlich, die die mechanische Bearbeitung sowie massiver Pestizid- und Düngereinsatz auf die Weinberge hatten. Dennoch schien die Entscheidung für naturnahen, biologischen oder gar biodynamischen Weinbau eine bloße ideologische Entscheidung des einzelnen Winzers zu sein.

Für ein grundlegendes Umdenken sorgte die Arbeit des Ehepaars Lydia und Claude Bourguignon,

Deutschlands Spitzenwinzer Klaus-Peter Keller prüft die Traubenqualität in seinem Weinbergprojekt in Kristiansand/Norwegen.

die sich der mikrobiologischen Aktivität europäischer Humusböden widmeten. In einer viel beachteten Grundsatzrede im Burgund erklärte Claude Bourguignon, dass die dortigen Weinbergsböden die gleiche mikrobiologische Aktivität aufwiesen wie die Böden der Sahara – mit dramatischen Folgen für die Weinqualität. Diesem Appell zu einer Renaturisierung der Böden folgten viele Spitzenwinzer, zunächst in Burgund und später auch andernorts. Die Auswirkungen auf die Qualität waren tatsächlich verblüffend, auch wenn das Verhältnis zwischen Weinbergsböden und -qualität wissenschaftlich noch alles andere als erforscht ist.

Heute ist das Credo, dass große Weine im Weinberg entstehen, ein so oft wiederholtes Winzer-Mantra geworden, dass man sich schon beinahe wundern muss. Natürlich hat der Anteil an naturnah oder biologisch arbeitenden Betrieben im Qualitätsweinanbau deutlich zugenommen. Allen Aspekten der Reben- und Weinbergsbewirtschaftung wie Klon- und Standortwahl, Pflanzdichte, Nährstoffversorgung, Laubwand-Management und Traubenreifebestimmung wird eine hohe Aufmerksamkeit zuteil. Und nicht zuletzt ist es das, was der Konsument selbstverständlich am liebsten hören möchte, weil es seine Idee von Wein als „Naturgetränk" am ehesten unterstützt.

Tatsächlich sind durch die globale Erwärmung viele der aromakonzentrierenden und wasserfraktionierenden Hightech-Helfer überflüssig geworden. Der Klimawandel wiederum stellt dafür die Winzer weltweit vor völlig neue Aufgaben: Überreife, zu hohe Alkoholgrade, neue Schädlinge und Fäulnis durch Phasen ergiebiger Niederschläge mitten in der Reifeperiode, um nur einige zu nennen. Tatsächlich wird der Weinanbau in immer kühlere Regionen gedrängt (Dänemark, Schweden …) und die klassischen Spitzenlagen verlieren ihre Ausnahmestellung. Waren es in den zwei Jahrzehnten zuvor Apparaturen, die auch in Europa dicke, konzentrierte Weine nach Übersee-Art produziert haben, werden nun High-End-Anlagen im Keller getestet, um den eleganteren, „europäischen" Charakter unserer Weine auch in Zukunft zu bewahren. Die ersteren haben Traditionalisten verteufelt. Aber wie stehen wir zu den letzteren? Würde sie der Verbraucher akzeptieren?

DER HANDEL

Es gehört vielleicht nicht zu den Faktoren, die beim Weinliebhaber das höchste Interesse hervorrufen: Nichtsdestotrotz, auch die Wege, auf denen die Flaschen vom Winzer zum Konsumenten kommen, sind vielfältig und haben ihre eigene Geschichte – selbst wenn manche, wie die Hausbesuche der Weinhandelsvertreter, die Loriot in seinem Sketch mit Frau Hoppenstedt und dem schluckfreudigen Vertreter von Pahlhuber & Söhne verewigt hat, kaum mehr eine Bedeutung haben. Dennoch: Die heutige Popularität verschiedener Weinregionen hängt ganz wesentlich mit der Frage zusammen, wie erreichbar deren Produkte in der Vergangenheit gewesen sind, ob die Wege zum Konsumenten offen waren oder ob Schranken der unterschiedlichsten Art diese verschlossen haben.

So blieben viele Weine schon aus dem Grund jahrhundertelang rein regionale Produkte, weil sie aus Kleinstaaten mit hohen Zollschranken zu den Nachbarstaaten kamen. Bis in die heutige Zeit (man denke an die Diskussion um TTIP) bestimmen Fragen um Freihandelszonen und Importerleichterungen wesentlich Erfolg und Misserfolg einer Weinregion. Hinzu kamen vielfach Embargos, Konflikte und Kriege, die Warenströme von einem in ein anderes Land jahrelang unterbanden. Eine Grundvoraussetzung Frankreichs auf dem Weg zur wichtigsten Agrarnation Europas war dagegen die frühe Nationalstaatsbildung und die Schaffung eines möglichst einheitlichen Wirtschaftsraumes. In diesem wurden seit dem 16. Jahrhundert inländische Handelsbarrieren wie Inlandszölle möglichst mini-

NÉGOCIANTS

Ein Négociant im weiteren Sinne ist einfach ein Händler, lateinisch „negotium": Geschäft. Aber unter einem Négociant de vin versteht man je nach Region in Frankreich wesentlich mehr als nur einen Weinhändler. In seiner einfachsten Bedeutung meint es heute zunächst einen Großhändler (also kein Geschäft für Endkunden, das „Magasin de vin"), der mit Weinflaschen handelt, also diese vom eigentlichen Erzeuger aufkauft und an den Einzelhandel, die Gastronomie oder Importeure weiterverkauft. Werden dagegen Trauben oder Fasswein vom Händler aufgekauft und unter eigenem Namen ausgebaut und verkauft, spricht man vom Négociant-Éléveur. Unter diesen sollten insbesondere die aus dem Bordelais, der burgundischen Côte d'Or und der Champagne eine herausragende und ganz eigene Funktion einnehmen.

Im Bordelais hatte der Weinhandel schon deshalb so früh eine so dominierende Rolle, weil die Region durch seine Hafenanbindung frühzeitig an ausländische Märkte angebunden war, was dann vor allem in der Zeit von Bedeutung sein sollte, in der die Gascogne zu England gehörte (von 1259 bis 1453) und die Weinhändlergilden höchste Privilegien genossen. Die in Bordeaux ansässigen, aber häufig aus dem Ausland stammenden Négociants nahmen frühzeitig die gesamte Produktion der Châteaus ab, ursprünglich als Fassware, die noch vor dem Verkauf „bearbeitet" wurde. Nachdem die großen Schlösser, um den Ruf ihrer Produkte zu schützen, zunehmend zu Eigenabfüllungen übergingen, erwarben die Négociants die Weine dann als Flaschenware. Daneben kauften viele die Négociants-Éléveurs weiter Fassweine oder Trauben von nicht selbst vermarktenden Winzern, die als Handelsmarken unter eigenem Namen veräußert wurden, teilweise auch von Weinbergen in eigenem Besitz. Da das Verhältnis von Château-Besitzern („Propriétaires") und Négociants nie ohne Konflikte war, vor allem, da der Handel mit großen Bordeaux-Weinen zeitweise ein Selbstläufer war und die Négociants große Reichtümer erwarben, entwickelte sich die Zwischenschicht der Courtiers, der Weinmakler, die den eigentlichen Wein von den Besitzern kauften und an die Négociants weiterverkauften. Dieses hoch komplizierte Geflecht, das hier sehr verkürzt dargestellt ist, nennt sich noch heute „Place de Bordeaux".

Im Herzstück des Burgunds, der Côte d'Or, etablierten sich die ersten großen Handelshäuser im 18. Jahrhundert und entfalteten im 19. Jahrhundert ihre ganze wirtschaftliche Macht, bevor dann im 20. Jahrhundert mehr und mehr Winzer dazu übergingen, selbst abzufüllen und die Weine zu vermarkten. Anders als im Chablis oder auch im Chalonnais gab es hier keine Genossenschaften, in denen sich die Winzer organisierten, sondern wurde die Weinernte traditionell fast vollständig an die Négociants verkauft. Von Anfang an aber füllten diese unter ihrem eigenen Etikett, ebenfalls als Négociants-Éléveurs – in der Champagne als Négociants-Manipulants – und schufen einen ganz besonderen Stil des Hauses, weshalb die großen Häuser bei den Konsumenten bekannter sind als ihre Kollegen aus dem Bordelais. Auch hier waren zwischen Winzer und Handelshaus frühzeitig die Courtiers getreten, die vor allem darauf zu achten hatte, dass der Wein oder die Trauben, die sie einkauften, zum Stil und Angebot des jeweiligen Hauses passen mussten. Viele der heute 115 Négociants in Burgund haben auch eigenen Weinbergbesitz – der Wein, den sie hieraus erzeugen, darf dann aber als „Domänen-Abfüllung" verkauft werden.

miert, die Verkehrsinfrastruktur verbessert, Maße und Gewichte vereinheitlicht und Zölle auf ausländische Fertigwaren erhöht. Im kleinstaatlichen Deutschland kam es, noch vor der eigentlichen Gründung des Deutschen Reiches, Ende der 1820er-Jahre zur Gründung der ersten Zollvereine, die 1833 im Deutschen Zollverein aufgehen sollten. Italien dagegen erlangte viele Jahrzehnte später seine politische sowie wirtschaftliche Unabhängigkeit und erst mit der Angliederung der Regionen Venetien und Friaul 1866 seine ungefähre heutige Gestalt.

Frankreich nutzte seinen Vorsprung, insbesondere durch die Förderung des von Natur aus begünstigten Handelsplatzes Bordeaux, nicht weit vom Atlantik an einem Seitenarm der Gironde gelegen. Hier konnten die Schiffe aller Herren Länder Rohstoffe bis vor die Kontore an den Quais der Stadt bringen und den Wein der Region, der bis in die Vororte der Stadt angepflanzt wurde, im Gegenzug aufnehmen. Bald entwickelte sich ein einzigartiges System aus Zwischenhändlern (Négociants und Courtiers), der „Place de Bordeaux". Hier wurde mit Wein nach Art der Londoner Börse gehandelt, also etwa mit Termingeschäften, die sich „Abonnements" nannten und bei denen den Winzern für fünf bis neun, gelegentlich mehr Jahre ein Festpreis für den Wein gezahlt wurde. Ein System, das erst nach dem grandiosen 1961er-Jahrgang ausstarb, als viele Château-Besitzer tief bereuten, den Jahrgang vorab verkauft zu haben. Danach veräußerten die Winzer ihre Weine erst nach der Ernte, aber immer noch ausschließlich an die Négociants, nicht an Endverbraucher.

Völlig anders sah die Situation in den deutschen Weinbaugebieten aus. Die üblichen Betriebsgrößen der dortigen Winzer waren, vor allem nach der Zerschlagung der klösterlichen Weingüter, viel kleiner als im Bordelais. Speziell an der Mosel, wo man nach der Gründung des Deutschen Zollvereins nicht mehr den Schutz der preußischen Handelsschranken genießen konnte, verschärften sich die Probleme. Ohne die Möglichkeiten, Rücklagen zu bilden, waren die meisten Weinbauern den Launen der Natur und den wirtschaftlichen Rahmenbedingungen stark ausgeliefert. Viele Händler profitierten von der Situation, kauften bankrotte Winzerbetriebe auf und begannen mit dem Bau großer

Postkarte von den Wein-Anlegeplätzen in Bordeaux

Kellereien, ab den 1870er- und 1880er-Jahren in Bernkastel und Traben-Trarbach, wo um die Jahrhundertwende mehr Wein gehandelt werden sollte als in Bordeaux, später auch in Trier. Der Weinqualität war das nicht unbedingt förderlich, zumal die Unsitte der Zuckerung der Weine um sich griff. So kam es zur Gründung erst verschiedener regionaler und schließlich 1910 dann des Verbandes Deutscher Naturweinversteigerer, VDNV, aus dem später der Verband Deutscher Prädikatsweingüter, VDP, hervorging, und bei dem die bis heute andauernde Sitte der Spitzenweinversteigerungen für deutschen Wein begründet wurde.

Ein zentraler Moment in der Weinhandelsgeschichte war die Umstellung des Fassweinhandels auf den Handel mit Flaschenweinen, die zu bestimmten Einheiten konfektioniert waren (12er-Holzkiste oder 6er-Pappkarton zum Beispiel). Wie bereits

Die legendäre Moseltalbahn – im Volksmund „Saufbähnchen" genannt – verkehrte 65 Jahre lang zwischen Mosel und Bullay.

erwähnt, war in Großbritannien erst ab 1860 der Handel mit Einzelflaschen erlaubt. In Deutschland hatten die großen Güter schon lange die Tradition gepflegt, einen kleinen Teil ihrer Spitzenweine selbst abzufüllen und im „Cabinet"-Keller zu lagern. Auch wenn in Deutschland schon früh leidenschaftlich um den Begriff „Originalabfüllung" gekämpft wurde, so verkauften alle Weingüter Jungweine im Fass. Selbst bei den Versteigerungen des VDNV war es bis zum legendären Jahrgang 1921 üblich, den Wein fassweise aufzurufen (ein Brauch, der noch heute bei den burgundischen Weinversteigerungen, etwa in den Hospices de Beaune, gepflegt wird). Es war natürlich von Vorteil, sich um Füllung und Lagerung nicht kümmern zu müssen, aber man gab eben im Gegenzug die Kontrolle über den fertigen Wein aus den Händen. Und selbstverständlich gab es viele seriöse Händler, aber auch eine Unzahl schwarzer Schafe,

die guten Wein mit minderen Qualitäten streckten, von anderen „Behandlungen" ganz zu schweigen.

Der Handel mit Flaschenwein war ein großer Schritt auf dem Weg zur Selbstvermarktung der Produktion durch die Winzer. Jedoch: Selbst im Bordelais sollte es bis zum Beginn der 1970er-Jahre dauern, bis die Flaschenabfüllung komplett auf den Châteaus vorgenommen wurde. Noch länger zog es sich im Burgund. Dort war es jahrhundertelang üblich gewesen, dass die Négociants den Wein komplett unter eigenem Namen verkauften. Nach den ersten Domänen-Abfüllungen der 1930er-Jahre wurden noch vom 1969er-Jahrgang nur 5 Prozent (aber immerhin ein Viertel der Premier- und Grand-Cru-Weine) von den Winzern abgefüllt und vermarktet, 1978 dann aber bereits die Hälfte; heute sind es etwa 80 Prozent der Ernte. Die Krise des Handels sowie die bessere Ausbildung der Jungwinzer und ein gesteigertes Selbstbewusstsein machten dies möglich – eine Entwicklung, die in der Tendenz in diesen Jahren in vielen Regionen Europas eingesetzt hat. In Touristenregionen war es dabei leichter: An der Mosel gab es schon in den 1960er-Jahren mit 25 Prozent (heute etwa 30 Prozent) einen hohen Anteil von Selbstvermarktern. Heute sind es vor allem die kleineren Weinbaugebiete wie die Ahr, Franken, die Nahe und der Rheingau, die die höchsten Direktvermarktungsanteile besitzen.

Die Selbstvermarktung von Flaschenweinen bedeutete für fast alle Winzer von Anfang an das Bespielen einer ganzen Klaviatur von Vertriebswegen: die Direktvermarktung ab Hof und seit dem Siegeszug des Internets womöglich auf der weinguteigenen Homepage, die Belieferung der regionalen und überregionale Gastronomie, des klassischen Fachhandels und neuerdings der Internet-Shops, aber auch des Lebensmitteleinzelhandels. All diese Wege haben ihre ganz eigene (Wirtschafts-)Geschichte. So war Direktvermarktung vor dem 19. Jahrhundert vor allem städtischen Weingütern möglich, später profitierten Regionen mit einem Anschluss ans Eisenbahnnetz – etwa die Mosel durch den Bau der Moseltalbahn zwischen

Koblenz und Trier 1905, dem berühmt-berüchtigten „Saufbähnchen". Erst das Aufkommen des Automobils sowie der Ausbau des Straßenverkehrsnetzes, und damit der eigentliche Beginn des ländlichen, regionalen Tourismus, erschloss den Weinregionen als begehrte Naherholungsziele in ganz Europa in großem Maßstab neue Kundenschichten.

Auch für die Gastronomie auf dem Lande begann mit der automobilen Erschließung der Provinz eine völlig neue Zeit. Dass heute allerdings in so mancher Gastwirtschaft keine regional typischen Weine mehr angeboten werden, liegt nicht nur an der Übermacht des Bierkonsums, sondern eher an den exklusiven Verträgen zwischen Gastwirtschaft und Brauerei, in deren Schlepptau zumeist ein standardisiertes Minimal-Weinangebot auf die Getränkekarte wandert. Die Auswahl der Spitzengastronomie hing dagegen von jeher sowohl von der Qualität der Weine als auch von den spezifischen Vorlieben und Moden tatsächlicher und selbsternannter Kenner ab.

Im Ostküsten-Amerika der ersten Nachkriegsjahrzehnte war es etwa unter der Würde der dortigen Feinschmecker, „domestic wines", also etwa solche aus Kalifornien, zu trinken. Auch in den gehobenen Restaurants Nachkriegsdeutschlands trank man vor allem „französisch", was sich zunächst selbst dann nicht änderte, als nach 1971 das deutsche Küchenwunder begann – ungeachtet der Tatsache, dass deutsche Spitzenweine vor den Weltkriegen auf sämtlichen Weinkarten der internationalen Grande Cuisine zu finden waren. Dank der ersten Sommeliers des Landes, wie beispielsweise Ralf Frenzel in der Wiesbadener „Ente von Lehel", die eng mit der neuen Generation von Spitzenköchen in Deutschland in den frühen 1980er-Jahren zusammenarbeiteten, eroberte sich heimischer Spitzenwein allmählich wieder seinen angemessenen Platz auf den Weinkarten zurück.

Von der Geschichte des Weins im Fachhandel spielt sich gerade ein einschneidendes Kapitel, die Verlagerung des Verkaufs vom stationären Handel in das Internet, gleichsam vor unseren Augen ab. Selbst der dreigeteilte Lebensmitteleinzelhandel, wie wir ihn heute kennen, also Discounter, Verbraucher- und Supermärkte, ist noch gar nicht so alt. Lange Zeit galt der Vertrieb über den Lebensmitteleinzelhandel für Spitzenweingüter als anrüchig, nicht nur, weil damit das eigene Image beschädigt zu werden drohte, sondern vor allem, weil damit der traditionell bevorzugte Fachhandel düpiert wurde, der aus Kalkulationsgründen die gleichen Weine zumeist teurer anbieten musste. Großflächige Betriebe sahen in den „hochdrehenden" Flächenmärkten die einzige Möglichkeit, ihre Mengen unterzubringen. Als 2008 zum ersten Mal ein Winzer aus dem VDP Wein beim Discounter Aldi anbot, war das für manche Schlagzeile gut. Mittlerweile druckt Konkurrent Lidl eigene Weinkataloge, in denen ein echter Master of Wine, sozusagen ein Professor der Weinwelt, seine Bewertungen vorstellt, was journalistische Unabhängigkeit vortäuschen soll, aber doch letztlich reines Marketing ist.

Beratung und Sortimentsqualität waren und sind die Vorteile des Fachhandels, aber zugleich

Das Wappen der Londoner Vintners' Company

auch dessen Achillesferse. In London geht die noch existierende Weinhändlerzunft, „The Vintners' Company", wohl auf das 12. Jahrhundert zurück, der wohl renommierteste Händler der Stadt, Berry Bros. & Rudd, auf das Jahr 1698. Weingenuss, und das bedeutete in erster Linie der von Bordeaux und Port, war hier jahrhundertelang gekoppelt an das sehr britische Klassenbewusstsein. Genau das schlug sich nur allzu sehr im Habitus der Händler nieder. Einfachen Kunden, die eine seltenere Flasche Wein erwarben, erschien es vielfach, als sei ihnen eine besondere Gunst erwiesen worden.

Als dann in den späten 1990er-Jahren Spitzen-Bordeaux auch für die interessant wurde, die zwar viel Geld besaßen, aber eben keine Eton-Krawatte trugen, sprangen neu gegründete Händler wie Bordeaux Index in die Bresche. Diese machten es den Leuten leicht, teure Weine zu kaufen, indem sie die Schwellenängste deutlich senkten: „Sie sind kein Stammkunde. Sie wollen keine 12 Kisten Pétrus kaufen. Und Sie rudern nicht für Cambridge", lockte Bordeaux Index in seiner ersten Werbeanzeige die neue Käuferschicht. In der Bundesrepublik, in dem Klassenunterschiede weitgehend nivelliert worden waren, war dagegen ein gewisser Neo-Snobismus im Weinhandel durch die Weinhandlungsgründungen vieler akademischer Quereinsteiger in den 1970er- und 80er-Jahren entstanden. Für sie war Wein nicht nur ein Geschäft, sondern Weltanschauung – die der Kunde möglichst zu teilen hatte. Es war die Strategie, den Weineinkauf möglichst einfach und vom Überbau dieser Art frei zu machen, auf dem schließlich der Siegeszug der Online-Versender beruhte.

DIE REGIONEN

Vielen Weinfreunden erscheint heute die Weinwelt wie ein wunderbar bunter Teppich vielfältigster Weinregionen, in die er als Konsument nur einzutauchen braucht, um die herrlichsten Flaschen in seinen Weinkeller zu holen: alles gleich genussreich, alles gleich „unmittelbar zu Gott", wie der Historiker Ranke das einmal nannte. Aber dieser Eindruck täuscht. Noch immer akzeptieren fast alle Weinregionen in der Weinwelt unausgesprochen eine verborgene Hierarchie, und noch immer gibt es eine Kompassnadel, die allerdings nicht nach Norden, sondern nach Frankreich ausgerichtet ist, und deren Südpol für jede Weinregion das je Eigene, die einheimischen Reben und lokalen Methoden bedeutet. Dies im Hinterkopf, kann eine Geschichte der Weinregionen nicht einfach als eine Aneinanderreihung mehr oder weniger zusammenhangloser Einzelgeschichten erzählt werden. Eine umfangreichere Weingeschichte müsste den Versuch machen, von Frankreich, dem Zentrum, auszugehen und dann die Geschichte der übrigen Regionen begreifen als jeweils unterschiedliche Versuche, sich diesem Vorbild anzugleichen und es möglicherweise sogar zu überflügeln – oder sich von diesem zu emanzipieren. Dazu ist in diesem Weinbuch nicht der Platz vorhanden, dennoch soll hier neben dem Fokus auf Frankreich zumindest ein kurzer Blick auch auf Spanien und Italien sowie Kalifornien geworfen werden – und selbstverständlich auf Deutschland.

Aber warum Frankreich? Das liegt zum einen an seiner Pionierfunktion, zum anderen, indem es ganz unterschiedliche, sogar einander widersprechende Qualitätsmodelle anbietet und es verstanden hat, in der ganzen Welt als Referenz für das jeweilige Modell akzeptiert zu werden. Zwar war es Portugal gewesen, das für 1756 für die Weine des Duoro die ersten gesetzlich festgelegten Grenzen definiert hatte. Aber es war Frankreich, das weltweit Schule machen sollte durch seine frühzeitige Einführung geschützter Herkunftsbezeichnungen, an der es seit Anfang des 20. Jahrhunderts gearbeitet hatte, und wie es schließlich im System der Appellations d'Origine Contrôlées (AOC) von 1935 auch gesetzlich festgelegt worden war. Dieses System bedeutete gleichsam eine Verneigung des Gesetzgebers vor der enormen Vielfalt der Erscheinungsformen des

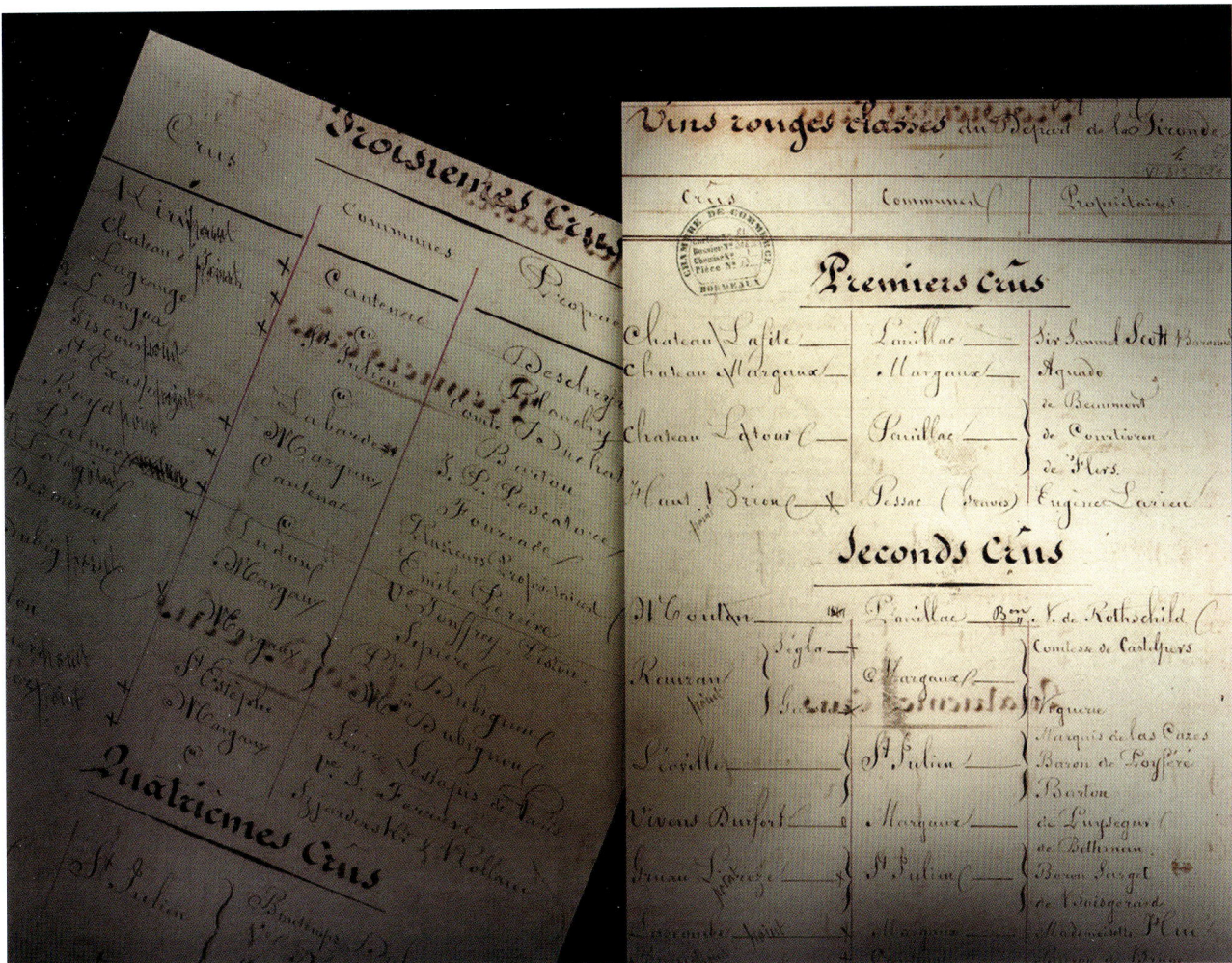

Klassifikation der Grand-Cru-Weingüter des Bordelais von 1855

französischen Weins. Überwacht wurde es durch das im selben Jahr ins Leben gerufene Comité National des Appellations d'origine, CNAO, (nach 1945: Institut national de l'Origine et de la qualité, INAO), das als zentralistische Behörde mit wesentlich stärkeren Befugnissen ausgestattet war als entsprechende Institutionen in föderalistisch organisierten Staatsgebilden wie etwa der Bundrepublik.

GESCHÜTZTE HERKUNFT

Innerhalb dieser Vielzahl an Appellationen stachen drei Regionen nicht nur aufgrund ihrer weingeschichtlichen Bedeutung heraus, sondern weil diese über die geschützte Herkunftsbezeichnung hinaus eigene vertiefende Klassifikationen beziehungsweise Qualitätsmodelle etabliert hatten. Im Bordelais kursierte bis Mitte des Jahrhunderts eine ganze Reihe von durch Händler erstellte Klassifizierungen der Châteaus des Departments Gironde, die zumeist einfach nach den Marktpreisen der Weine sortiert waren. Mit Blick auf die Pariser Weltausstellung und auf ausdrücklichen Wunsch von Kaiser Napoleon III. wurde nun aber von einer Kommission eine Liste mit fünf Rangstufen und 56 Weingütern erarbeitet. Diese Klassifikation sollte nur eine Momentaufnahme darstellen. Als jedoch zur Londoner Weltausstellung 1862 Bordeaux-Weine erneut ausstellen sollten, wurde die gleiche Liste geschickt – und so wurde sie bis heute nahezu unverändert beibehalten (lediglich Château Cantemerle wurde wenige Monate nach der Pariser Weltausstellung noch ergänzt, und 1973 wurde Château Mouton-Rothschild vom 2ième zum 1ier Grand Cru Classé „befördert").

Die Bordeaux-Klassifikation von 1855 ist bis heute häufig angegriffen, und es sind unzählige Versuche gemacht worden, ihr eine aktualisierte Fassung an die Seite zu stellen. Am schwersten wiegen die Vorwürfe, dass der Wein von 1855 mit dem von heute schon von der Rebzusammensetzung nicht zu vergleichen sei und dass auch der Weinbergbesitz der Güter von damals nicht mehr dem heutigen entspricht, von der wechselhaften Geschichte der Güter selbst und ihren Besitzern gar nicht zu reden. Aber das Modell der Klassifizierung einer Region nach Gütern war damit in der Welt. Es ist hierarchisch und leicht verständlich – und damit ideal für den Handel, insbesondere in prosperierenden Schwellenländern, die selbst hierarchisch organisiert sind, wie etwa China, wo teurer Bordeaux nach 2008 zum Kult-Getränk von Parteieliten und Wirtschaftsführern wurde. Allerdings zeigt die Diskussion um die Klassifikation auch, dass diese überhaupt noch relevant ist. So hat ein Statistiker zeigen können, dass Robert Parkers Weinbeurteilungen die Klassifikation von 1855 eher bestätigen als verwerfen würden.

Bordeaux-Wein, insbesondere aus dem Médoc und den Graves, ist einzigartig, nicht nur wegen seiner Klassifikation. Cabernet Sauvignon, der in seinen Cuvées zumeist dominiert, ist die international bestimmende Leitrebe für Qualitätsrotwein geworden. Die Weine sind betörend dunkelfruchtig in der Aromatik, bei guter Säure hervorragend strukturiert und langlebig durch das Tannin. Zudem ist die Rebe bei geringem Ertrag leicht in der Pflege, das Holz winterhart, und die Beeren sind sehr robust – geeignet für den Anbau in den unterschiedlichsten Regionen der Welt, vom Bekaa-Tal im Libanon bis in die Höhenlagen Tibets. Aber auch die zentralen Methoden, um aus ihr einen Spitzenwein zu formen, sind im Bordelais entwickelt worden, etwa der Ausbau in neuen Barriques und die Kontrolle der malolaktischen Gärung, sind von Önologen fast missionarisch in die übrigen Weinregionen der Welt verpflanzt worden.

Und natürlich ist es auch die Struktur des Handelsplatzes Bordeaux und die jahrhundertelange engste Bindung an den englischen Weinhandel. Diese Achse, zu der gemeinsame Präsentationen der Jungweine und das Primeur-System gehören, wie die Fine-Wine-Auktionen von Christie's und Sotheby's, bildet noch immer das immaterielle Zentrum der modernen Weinwelt. Über nichts wird so viel geschrieben, und an keiner anderen Stelle lässt sich der Puls des globalen Weinhandles so gut erfühlen wie hier. Deshalb ist es kein Wunder, dass sich auch heute noch der führende globale Preisindex von Spitzenwein, der sogenannte Liv-ex Index, fast ausschließlich aus den Preisen von Bordeaux-Weinen zusammensetzt.

Dazu bildet das Burgund, speziell dessen Herz, die Côte d'Or, in vielerlei Hinsicht einen Gegenentwurf. Hier – und zunächst nirgendwo sonst – erst 1975 sollte die Grand-Cru-Klassifizierung des Elsass folgen – hatte der französische Gesetzgeber in das System der AOCs von 1935 mit den Grands und Premiers Crus ausdrücklich ein hierarchisches Lagenprinzip eingebettet. Denn in den besten Lagen des Burgunds war der Beweis herausragender Qualität gegenüber minderen Lagen über die Zeit hinweg erbracht worden, unabhängig von einzelnen Jahrgängen. So klassifizierte der Gesetzgeber hier das Qualitätspotential einer Lage, aber wie der Weinautor Oz Clarke es ausdrückte: Die Klassifikation war nicht mehr als ein geografisches Versprechen, das jeder Winzer auf seine Weise einzulösen hatte. Der Klassifizierung war eine minutiöse geologische Untersuchung aller entsprechenden Weinbergsböden vorausgegangen und beanspruchte wissenschaftliche Objektivität. Doch sie garantierte nicht die Qualität in der Flasche.

GESCHICHTE

In Zeiten, in denen die Négociants fast die gesamte Produktion vermarkteten, war das Burgund, trotz seiner großen Lagenvielfalt noch recht überschaubar gewesen. Doch als in den 1970er-Jahren der Anteil der Selbstvermarktung durch die kleineren Domänen sprunghaft anstieg, wurde die zweite große Differenz zum Bordelais deutlich, die enorme Fragmentierung. In einzelnen Grand Crus, aus denen in manchen Fällen nur wenige Fässer produziert werden können, gibt es heute bis zu 80 unterschiedliche Abfüller. Aus der Spitzenlage Romanée-Conti kommen gerade einmal 5600 Flaschen, während die fünf Premiers Grands Cru des Bordelais 1,2 Millionen Flaschen liefern können. Zudem ist die Rotweinrebe Pinot Noir, aus der roter Burgunder zu 100 Prozent besteht, ziemlich kapriziös. Lagen und Jahrgänge vermag sie getreu abzubilden. Ihre Klasse zeigen die – viel unregelmäßigeren, hellfarbigeren und anspruchsvolleren – Weine vor allem in der Finesse. Damit stellen sie den Handel und den Konsumenten vor ungleich größere Schwierigkeiten als Bordeaux-Weine. Da die wirklich großen Burgunder in der Spitze aber kaum erreicht werden, hat sich in den letzten Jahren auch ihr Preis in astronomische Höhen entwickelt, und es spielt sich derzeit eine wahre Schlacht beim Verkauf guter Weinbergparzellen in der Region ab. Dennoch besitzt das burgundische Lagenprinzip als das zweite große Qualitätskonzept neben dem Château-Modell weltweiten Vorbildcharakter.

Das dritte ganz klassische Weingebiet Frankreichs ist die Champagne. Diese bildet, auch wenn sie verschiedene Unterregionen kennt, nur eine einzige Appellation. Sie erinnert an das Burgund in den 1960er-Jahren, selbst wenn sie keine gesetzliche Lagenklassifikation kennt. Hier dominieren noch immer die großen Négociants, die bei ihren Vertragswinzern die Grundweine einkaufen. Nach einem Klassifizierungssystem übrigens, das 1911 als „échelle des crus" eingeführt worden war. Es sah eine Bezahlung der Trauben bezogen auf einen jährlich festgesetzten Fixpreis vor, nämlich nach Prozentstaffeln, je nachdem, welchem Ort die Trauben entstammten: Bei den als Grand Cru klassifizierten Dörfern waren es 100 Prozent, bei den Premier Cru 99 bis 90 Prozent, bei den übrigen darunter. Der überwiegende Anteil der Produktion eines Hauses wandert dabei in die sogenannte „Brut sans année", die nach außen so etwas wie das Gesicht des Betriebes bildet. So mischen sich hier Prinzipien der Lagenklassifizierung mit der Markenbildung, wie es sie bei den klassifizierten Gewächsen des Bordelais gegeben hat. Aber unter den drei französischen Klassikern ist die Champagne am meisten in Bewegung. Immer mehr Winzer füllen separat ab, neue Unter-Appellationen sind in der Diskussion, und immer häufiger wird in Einzellagen-Champagnern das große Terroir der Champagne gesucht.

Demgegenüber stehen die übrigen Regionen Frankreichs bestenfalls in der zweiten Reihe. An der Rhône, wo schon die antiken Griechen Wein angebaut hatten, hatte die Reblauskrise den Weinbau in vielen Regionen fast zum Erliegen gebracht. Dort, wo noch produziert wurde, wanderte der Wein anschlie-

Postkarten aus dem alten Burgund: Château-Corton-Latour [vormals: Grancey, links] sowie Weinernte im Clos de la Commaraine vor dem Château Pommard

Das Château Margaux in Bordeaux erzeugt einen der berühmtesten Weine der Welt. Seit 1855 trägt Château Margaux den Titel Premier Grand Cru.

ßend in den Norden oder Westen zum Verschneiden. Erst in den 1970er-Jahren ereignete sich eine Renaissance, und nachdem Robert Parker einer Reihe von Weinen des Winzers Marcel Guigal die magischen 100 Punkte verliehen hatte, waren Côte-Rôtie, später auch Hermitage und Châteauneuf-du-Pape, in aller Munde. An dieser Wertschätzung hat sich wenig geändert, die Qualitätsbreite ist noch größer geworden und große Syrah- (und Grenache-)Weine von der Rhone sind wieder der weltweite Benchmark für Premiumweine aus dieser Rebe geworden. Dennoch ist es, jedenfalls in der Spitze, ein kleiner Markt für Kenner. Obwohl die Weine sehr alt werden können und über viel Tiefe verfügen, erwecken sie bei konservativeren Trinkern Vorurteile wegen des hohen Alkohols, der niedrigeren Säure und leicht entstehenden Überreife.

Aber gerade im Süden Frankreichs hat sich ein fundamentaler Wandel vollzogen. Auch hier gibt es traditionsreiche Appellationen, im Languedoc etwa oder in der Provence, neben einer Vielzahl bekannter Landweine, den Vins de Pays. Sie alle waren Produkt ihrer Herkunft und besaßen eine Identität, die im AOC-Gesetz fest umrissen wurde: die Zubereitung „unter Verwendung von Trauben, die durch loyalen, alteingeführten, örtlichen Brauch geheiligt sind", ergänzt durch all das, was das Terroir ausmacht, wie die lokalen Reberziehungssysteme und die Kellertechniken. Doch in den 1980er-Jahren kamen rebsortenreine Weine in Mode. Frank Schoonmaker hatte im Kalifornien der 1930er-Jahre zuerst für Sortenabfüllungen geworben; Australien und Neuseeland starteten Anfang der 1980er-Jahre mit diesem Konzept durch: „Wer bin ich, wo komme ich her, und welche Traube ist im Wein." Punkt. Mehr Informationen auf dem Etikett brauche kein Konsument. Mit dem Trio Lindemann's Bin 65 Chardonnay, Montana Sauvignon und Penfolds Bin 28 Shiraz sollte sich, wie sich der Weinjournalist Oz Clarke erinnert, die Trinkkultur Nordeuropas für immer ändern. Aber eben auch die Weinwelt Südeuropas. Denn nun kamen australische „Flying Winemaker" ins Languedoc und verpflanzten das

Die Bodega Rioja Santiago in Haro, vermutlich um 1910

Rebsortenkonzept ausgerechnet nach Frankreich. Wer heute im Supermarkt einmal die Reihen französischer Weine überfliegt, wird feststellen, wie weit das Sortenabfüllungskonzept der Neuen Welt das französische Appellationen-System in den unteren Preissegmenten bereits verdrängt hat.

Es war Spanien, das zur ersten Filial-Region des französischen Weinbaus werden sollte, eine Region, die bis in die Mitte des 19. Jahrhunderts noch unglaublich archaische Kellermethoden kannte. Ausgelöst durch die Reblauskrise, profitierte zunächst die Rioja-Region am meisten. Aber auch wenn die ersten „modernen" Bodegas wie Murrieta und Riscal um 1860 mit Cabernet Sauvignon begonnen hatten und mit kleinen Fässern experimentierten, der Rioja wurde, bei allem französischen Einfluss, zunächst erst einmal ein spanischer Wein, durch den oxidativen Ausbau in zumeist amerikanischen Fässern, das nach Reifedauer gestaffelte Klassifizierungssystem (Crianza/Reserva/Gran Reserva) und die Rebzusammensetzung mit der dominierenden Tempranillo-Traube unter Beteiligung weißer Trauben. Das eigentliche Aushängeschild des spanischen Weinbaus jedoch, der Vega Sicilia, war (und ist) ein Wein, der auf 18 000 Setzlinge Cabernet Sauvignon, Merlot und andere Reben zurückgeht, die die Besitzer 1864 im Bordelais gekauft hatten, und in dem immer noch der Cabernet eine entscheidende Rolle spielt.

FRANZÖSISCHER EINFLUSS

Der erste Weinrevolutionär in Nachkriegsspanien, Miguel Torres, der im burgundischen Dijon studiert hatte, pflanzte ebenfalls in den 1960er-Jahren im katalonischen Penedès vor allem Rebsorten wie Cabernet und Chardonnay. So brachte er den großen Weinen des Bordelais wie Château Latour mit dem von Cabernet dominierten Gran Coronas Reserva aus der Lage „Mas de la Plana" (die erst einige Jahre später auf dem Etikett erscheinen sollte) 1979 auf der Weinolympiade des Gault & Millau in Paris eine schwere Niederlage bei.

Doch gab es andere spanische Winzer, die sich auf einheimische Rebsorten konzentrierten, insbesondere den Tempranillo. Im Ribera del Duero schuf Alejandro Fernández mit der „Tinta del Paíz", wie die lokale Varietät des Tempranillo hier hieß, den Tinto Pesquera, dessen 1982er Gran Reserva Robert Parker mit den größten Weinen aus dem Bordelais verglich. Die Folge waren enorme Investitionen in der Region und schließlich 1995 die Gründung der Dominio de Pingus, wo der dänische Investor Peter Sisseck aus uralten Tempranillo-Reben einen sehr limitierten ultrateuren „Kultwein" produziert. Und im Priorat entdeckte eine Gruppe von Winzern, was für grandiose Weine die Garnacha (die französische Grenache-Rebe) auf dem geeigneten Terroir hervorbringen konnte.

Die meisten dieser Weine wären ohne französischen Einfluss auf die Stilistik kaum denkbar. In der Rioja-Region wurden ab 1980 wie französische Châteaus geführte Weinbetriebe gegründet, die Trauben aus eigenem, lokal genau abgegrenzten Weinbergbesitz verarbeiteten. Das war eine ganz andere Betriebsphilosophie als die der klassischen Produzenten, die man eher mit den großen Champagnerhäusern vergleichen könnte und die Trauben aus dem ganzen Anbaugebiet zukauften. In der Ribera del Duero werden zunehmend Einzellagenweine, sogenannte Pagos, nach burgundischem Vorbild produziert. Die stilistische Vielfalt wuchs enorm, mancherorts ist sie heute fast irritierend hoch. Sehr erfreulich ist dabei, dass sich in den letzten zehn bis fünfzehn Jahren eine Wiederentdeckung der großen Weißweine Spaniens aus einheimischen Rebsorten ereignet hat.

In Italien war die Entwicklung durchaus vergleichbar. Hier bilden die Nebbiolo-Traube im Piemont und der Sangiovese in der Toskana die Protagonisten, wenn es um einheimische Spitzenweine geht. Der Geburtsstunde des modernen Chianti ging dabei ein sehr sorgfältiges Abwägen der Vor- und Nachteile einheimischer beziehungsweise französischer Rebsorten voraus. Unzufrieden mit der Qualität der toskanischen Weinerzeugung hatte Baron Bettino Ricasoli auf Castello di Brolio 1872, nach ausgiebigen Inspektionsreisen in Frankreich und Spanien und nach 25 Jahren Experimentierens, die Chianti-Formel gefunden, die den Wein fortan bestimmen sollte: als Hauptsorte Sangiovese, ein gewisser Anteil Canaiolo und für Weine, die nicht gelagert werden sollten, auch weiße Trauben wie Malvasia. Doch sollten die Jahrzehnte nach dem Zweiten Weltkrieg einen deutlichen Qualitätsverfall des Chianti sehen, hervorgerufen nicht zuletzt durch Überproduktion und Preisverfall. Der Anteil weißer Trauben wurde schleichend erhöht und der hochwertige Malvasia durch den Massenträger Trebbiano ersetzt.

Es war die Familie Antinori, seit 1385 Mitglied der Weinhändler-Gilde von Florenz, die in den 1960er-Jahren am entschiedensten gegensteuerte. Sie engagierten den eingangs genannten Önologen Giacomo Tachis, der als Schüler von Émile Peynaud die moderne französische Önologie in die Toskana brachte. Erstes herausragendes Beispiel war der 1971er Tignanello aus Sangiovese, Canaiolo und nur ganz wenig Malvasia, ausgebaut in jungen französischen Barriques. Der Wein stammte aus dem Chianti-Gebiet, aber er durfte sich nicht so nennen und wurde als einfacher Vino da Tavola ausgebaut, der erste in einer Reihe von Weinen, die man später „Super-Tuscans" nennen sollte. Diesen Weg, die weißen Trauben zu verbannen und den

Wein im kleinen Holzfass auszubauen, beschritten bald viele. Dazu wurden die Ergänzungstrauben zum Sangiovese bald durch französische Rebsorten wie Merlot, Syrah oder Cabernet ersetzt, auch beim Tignanello selbst. Diese hatten den Vorteil, dass sie früher reiften als der Sangiovese, was in den Höhenlagen einiger Chianti-Kommunen durchaus von Vorteil war, auch wenn sich der aromatische Charakter der Weine nachdrücklich veränderte. Zunächst wurden diese Weine nach dem Vorbild des Tignanello als Vini da Tavola abgefüllt; nach einer Änderung der Chianti-Statuten tragen viele von ihnen heute aber wieder die Appellation Chianti Classico.

Auf ganz andere Weise zum Thema wurde ein Anteil französischer Trauben in der renommiertesten Appellation der Toskana, dem Brunello di Montalcino: Hier hatte 1864 Ferruccio Biondi-Santi den ersten Brunello aus 100 Prozent speziell selektierter Sangiovese-Trauben gekeltert und bewiesen, dass es möglich ist, einen großen Wein aus reinem Sangiovese zu produzieren. Doch gab es im 19. Jahrhundert nur wenige Güter, die Biondi-Santi folgten. Erst in den 1960er-Jahren, als die Toskana auf der Suche nach einem Ausweg aus der Weinkrise war, wurde auch der Brunello wieder populärer, und der Wein eine Anregung für viele Spitzenwinzer im Chianti Classico. Doch der Erfolg, gerade in Übersee, veränderte den Brunello. In den 1990er-Jahren wurde es immer deutlicher, dass es ausgedehnte Merlot-Anpflanzungen in der Produktionszone des Brunello gab. 2008 kam es dann zum „Brunellogate", wie die Ermittlungen unter dem Verdacht der Lebensmittelfälschung gegen eine Reihe von (durchaus prominenten) Erzeugern in der Presse genannt wurden, und der schließlich zu einem US-Importstopp von Brunello führte. Über eine künftige „Internationalisierung" und „Liberalisierung" der Produktionsbedingungen wurde in der Folge heftig diskutiert, letztlich aber von den Winzern mit überwältigender Mehrheit beschlossen, dass der Brunello auch in Zukunft zu 100 Prozent aus Sangiovese bestehen soll.

STREITFALL MODERNE UND TRADITION

Die entschiedenste Gegenposition wurde mitten im Zweiten Weltkrieg an der toskanischen Küste geboren. Dort litt Marchese Mario Incisa della Rocchetta an dem kriegsbedingten Mangel an französischem Bordeaux, und so beschloss er, selbst welchen anzupflanzen. Aus einem Wein zum Privatgebrauch wurde über die Jahre ein zunehmend beachtenswerter Wein. Als er 1968 unter der Bezeichnung Sassicaia zum ersten Mal kommerzialisiert wurde, erregte er bald nationales und internationales Aufsehen. Der 1985er-Jahrgang erreichte die magischen 100-Parker-Punkte und zeigte, dass auch Italien in der Lage war, großen Cabernet Sauvignon zu produzieren. In den 1980er- und 1990er-Jahren wurde die Toskana dann zum Weinlabor, in dem sich experimentierfreudige Önologen in alle Richtungen austoben konnten, nicht nur zur Freude der Konsumenten, die nun manchen toskanischen Wein kaum mehr von einem Kalifornier unterscheiden konnten. Erst in den letzten Jahren ist verstärkt eine Hinwendung zum Herkunftsgedanken in der Region zu spüren.

In der zweiten großen Qualitätsregion Italiens, im Piemont, verlief die Spannung zwischen „einheimisch" und „französisch" beziehungsweise „international" anders, nämlich als Streit zwischen „Modernisten" und „Traditionalisten". Zwar hatte auch an der Wiege der modernen Barolos und Barbarescos, den beiden zu 100 Prozent aus Nebbiolo ausgebauten Weinen der Region, französisches Weinwissen gestanden – der französische Önologe Louis Oudart, so heißt es jedenfalls in den meisten Darstellungen, war ab 1850 für verschiedene Betriebe Wegweiser für den trockenen Ausbau des Nebbiolo durch kontrollierte, kühle Gärführung. Doch de facto blieben Barolo und Barbaresco sehr eigenwillige, in großen Holzfässern ausgebaute tanningeprägte Weine von zumeist recht heller Farbe. In Barbaresco revolutionierte Angelo Gaja, der in Montpellier studiert hatte, die Appellation, indem er moderne önologische Methoden einführte und ab 1975/76 kleine Barriques verwendete. Wohl nach burgundischem Vorbild führte er bereits 1967 die erste Einzellagen-Abfüllung ein und deklassierte zur allgemeinen Verblüffung seit der 1996er-Ernte seine Barbarescos und Barolos zu „Langhe Nebbiolo", um ihnen einen kleinen Anteil französische Rebsorten zuzufügen, die gegebenenfalls die Säure korrigieren.

Was man aber bei Gaja tolerierte, dessen immensem weltweiten Erfolg die Region viel verdankte und der allein schon durch seine Preispolitik in einer ganz eigenen Liga spielte, war bei den Winzern ein paar Kilometer südlich Gegenstand heftigster Kontroversen quer durch die Generationen. Die Modernisten riefen zum Sturm auf das klassisch-herbe Tannin des Barolo. Dies taten sie mithilfe von französischen Barriques, Maischeerhitzung und superkurzer Mazeration, die etwa mit modernster Technik aus Übersee, den zuerst in Australien eingesetzten Rotofermentern, erfolgte. Weine, die ihre Größe erst nach vielen Jahren zeigen sollten, wurden von heute auf morgen grundlegend verändert. Und so wiederholte sich auch hier das klassische Entwicklungsmuster einer „jungen" Qualitätsweinbauregion: Revolution gleich spektakuläre Erfolge, nächste Stufe der Revolution gleich zunehmende Irritationen. Tatsächlich sind die im Piemont sehr weltanschaulich ausgetragenen Konflikte heute etwas abgeebbt, und viele Winzer arbeiten an einem Hybridstil, einer Mischung aus alten und modernen Methoden.

Ausgerechnet in den USA war zum ersten Mal versucht worden, die Erzeugung französischer Spitzenweine zu imitieren. Thomas Jefferson, der dritte Präsident der Vereinigten Staaten, hatte bereits zu Beginn des 19. Jahrhunderts in seinem Ruhestand auf seinem Landgut Monticello vergeblich versucht, Reben aus dem Bordelais anzubauen. Mehr Erfolg hatte man in der zweiten Hälfte des Jahrhunderts in Kalifornien, das durch spanische Missionen aus Mexiko für den Weinbau erschlossen worden war. Allmählich brachten Einwanderer aus Europa nahezu den kompletten Rebspiegel der Alten in die Neue Welt mit. Aber die großen Erfolge ergaben sich doch nach französischem Vorbild, etwa auf Inglenook. Hier ließ der finnischstämmige Gustave Niebaum eine Winery, die den modernsten Anlagen der Zeit, wie der nach dem Gravitationsprinzip konstruierte Weinkeller von Château Corton-Grancey aus dem Burgund, nachempfunden war.

Das erste goldene Zeitalter des kalifornischen Weinbaus ging in den Jahrzehnten der Prohibition verloren, und was nach den Jahren der Depression übrigblieb, war eine Region, die sich auf Tafeltrauben und Massenweine ausgerichtet hatte. Es war der russische, in Frankreich ausgebildete Önologe André Tschelischeff, der fast im Alleingang vom Weingut Beaulieu aus wieder mit dem Ausbau von Spitzenweinen beginnen sollte. Mit dem „1936er Georges de Latour Private Reserve" aus Cabernet Sauvignon schuf er den ersten modernen Spitzenwein des Napa Valley, und nach dem Krieg sollte er über 80 Weingüter beraten. Beim Weißwein war es ein Pionier aus dem Sonoma County: James David Zellerbach. Während seiner Reisen durch Europa hatte der ehemalige italienische Botschafter insbesondere die Kellerwirtschaft im Burgund studiert. Auf Hanzell Vineyards schuf er Ende der 1950er-Jahre die ersten kalifornischen Chardonnays im burgundischen Stil, ganz in französischer Eiche, ein Stil, der Kaliforniens Weißweine in den 1960er-Jahren revolutionierte.

Nachdem Kalifornien bis Anfang 1970 einen Gründungsboom qualitätsorientierter Weingüter erlebte, vor allem nach dem Bau von Robert Mondavis gleichnamigen Weingut von 1966, war es ein einziges Ereignis, das die Weine der Region in den Fokus der Weltöffentlichkeit rückte: Das sogenannte „Judgement of Paris" von 1976, das Ergebnis einer Weinverkostung, in der vier berühmte Châteaus aus dem Bordeaux gegen sechs kalifornische Cabernets und vier große weiße Burgunder gegen sechs kalifornische Chardonnays angetreten waren. In beiden Fällen siegten die Vertreter Kaliforniens, und die beiden Gewinner „1973er Stag's Leap SLV" und „1973 Château

Das legendäre „Paris Tasting" am 24. Mai 1976 im Pariser Hotel Intercontinental

Montelena Chardonnay" sind heute in der Dauerausstellung des Smithsonian Museums in Washington zu sehen als „101 Objects That Made America".

Im Ergebnis wurde die Anbaufläche des Cabernet mehr als verdoppelt, die des Chardonnay fast versiebenfacht. Die Investitionen, die insbesondere ins Napa Valley flossen, gingen ins Unermessliche. Doch Frankreich hatte den Wettbewerb schnell angenommen. 1977 wechselte Château Margaux den Besitzer, und es flossen gewaltige Mittel in den Weinkeller. 1982 erntete das Bordelais einen üppigen Jahrgang, der weltweite Begeisterung auslöste, und bald „kalifornisch" genannt wurde, obwohl die dortigen Weine aus den 1970er-Jahren wesentlich schlanker und säurebetonter waren als heute. Erst in den 1980er-Jahren bewegten sich dann insbesondere die Weine des Napa Valley in die Richtung des „Big Flavour", wie er dann vor allem durch die Kult-Cabernets seit den neunziger Jahren – extrem konzentriert, ultrateuer und äußerst selten – verkörpert wurde. Heute scheint es, als seien die Exzesse der „Winemaker" vorbei, und die Region ist auf der Suche nach einer neuen Balance. Als Leitmotiv gilt nun die Formel des Weinkritikers Matt Kramer von der „somewhereness" der besten Weine, die Idee von Herkunft, die jeder große Wein auszudrücken habe. Was natürlich nur die amerikanische Formulierung eines französischen Konzeptes ist: des Terroirs.

DEUTSCHE EIGENSTÄNDIGKEIT

Deutschland dagegen ist wohl die Weinnation, die den von französischen Traditionen unabhängigsten Weinbau pflegt – auch wenn in einzelnen Regionen Prägungen einer aus Frankreich stammenden klösterlichen Weinkultur noch sichtbar sind, wie etwa der nach burgundischem „Clos"-Vorbild errichteten Steinberg im Rheingau. Aber der moderne Weinbau in Deutschland beginnt mit der – nicht zuletzt klimatisch bedingten – Durchsetzung des Rieslings als Leitrebe im 18. Jahrhundert und damit der impliziten Selbstbeschränkung als Weißweinerzeuger. Das hatte eine ganze Reihe von Konsequenzen, die man sich besonders vor der Folie der klassischen französischen Weißwein-Leitrebe, des Chardonnay, vergegenwärtigen muss: der Verzicht auf den Ausbau im neuen Holz, die Fokussierung auf die Balance aus Fruchtigkeit, Säure und Restzucker, eine auf Boytritisbildung in den erntereifen Trauben beruhende Süßweinkultur und ein Prädikatssystem, das auf dem Gehalt des in der Traube gemessen Zuckers beruht. Es waren Weine, die verhältnismäßig selten zum Essen getrunken wurden, eher „in geselliger Runde" danach.

Das ließ deutschen Wein oberhalb der weltweiten Erfolge der Markenweine wie Liebfraumilch international zu einem Nischenprodukt werden. Sicherlich gab es treue Märkte in nicht-weinerzeugenden (und zumeist protestantischen) Ländern wie Skandinavien und Holland sowie in Japan. Und sein Renommee verdankte er zum Gutteil der Tatsache, dass er trotz aller historischer Verwerfungen in der englischen Weinpresse sehr angesehen war, zumal in dem Teil, der noch der klassischen englischen Oberschicht entstammte. Aber in dem Maße, in dem die deutsche Weinpolitik und Teile der Winzerschaft die Qualität des deutschen Weins demontierte, sich der Weinmarkt mit dem Auftritt der Neuen-Welt-Weine globalisierte und das Zentrum der Weinkritik von England nach Amerika wanderte, drohte der deutsche Qualitätswein ins Abseits zu geraten.

Deutschlands führende Winzer reagierten ab Mitte der 1980er-Jahre zunehmend mit der Produktion von trockenen Weinen. Das war insbesondere beim Riesling ein Wagnis. Sicher hatte es eine Vorkriegstradition trockener Rieslinge gegeben, aber niemand wusste ernsthaft zu sagen, wie diese Weine geschmeckt hatten. Diese Tradition war verschüttet, vergleichbar mit den kalifornischen Spitzenweinen vor der Prohibition. Im Bereich trockener Weine war Deutschland international gesehen ein neuer Marktteilnehmer, aber anders als vielen anderen „Neueinsteigern" gelangen Deutschland keine spektakulären Verkostungserfolge. Schon gar nicht konnten hiesige Weine im Ausland durch ein besonders gutes Preis-Leistungs-Verhältnis überzeugen. Deutschlands Weine wurden immer besser, aber ihr Erfolg war im Wesentlichen auf den heimischen Markt beschränkt.

Zudem stand die Kennzeichnung deutscher trockener Spitzenweine dem eigentlichen Sinn des deutschen Weingesetzes von 1971 entgegen. Trockene Spätlesen oder Auslesen widersprachen im Prinzip dem „Geist" ihres Prädikates. Daher war es nur folgerichtig, dass man im wichtigsten Verband für Qualitätsweinerzeugung, dem VDP, über alternative Qualitätsweinkennzeichnungen nachdachte. 1994 wurde im VDP ein Beschluss über die Klassifikation der deutschen Weinbergslagen gefasst – was bedeutete, dass man im Prinzip dem französisch-burgundischen Modell folgen wollte. Statt Premiers und Grands Crus haben wir heute (mit Ausnahme des Rheingaus, wo der Gesetzgeber ein „Erstes Gewächs" kodifizierte) die Ersten Lagen und die Großen Gewächse. Auch erste nachhaltige internationale Erfolge haben sich eingestellt, aber noch ist die stilistische Vielfalt immens groß, und es gibt eine ganze Reihe an Antworten auf die Frage, was wir unter einem trockenen Großen Gewächs zu verstehen haben. Und auch wenn die heimischen Weinliebhaber für die faszinierenden Trockenen der neuen Generation schwärmen, bleibt abzuwarten, ob auch das Ausland die Frage, ob trockene Rieslinge wirklich die Größe ihrer fruchtigen oder edelsüßen Verwandten erlangen können, mit „Ja" beurteilen wird.

Enger an Frankreich orientiert ist die deutsche Entwicklung beim Rotwein. Denn der Spätburgunder oder Pinot Noir ist nun einmal, anders als der Riesling, eine französische Traube, die von Mönchen aus Frankreich hierzulande eingeführt wurde. Natürlich lässt sich einwenden, dass sich deutscher Spätburgunder und burgundischer Pinot Noir in fast allem voneinander unterscheiden: in den Böden, im Klima, durch die verwendeten Klone, durch die Erziehungsform der Reben, in den Methoden der Kellermeister. Aber es waren weniger das Klima und die Böden als eine unheilige Allianz aus allzu geschäftstüchtigen Winzern und Kellereien sowie den Verbraucherwünschen nach dem Wirtschaftswunder der 1950er Jahre, die für einen nationalen Sonderweg gesorgt hatten: Innovationen im Keller (etwa die Maischeerhitzung, die die Fermentation erheblich abkürzt und eine deutlich stärkere Farbausbeute bei wesentlich weniger Tanninextraktion erreicht) wie im Weinberg (Selektionen auf stark tragendes, großbeeriges Klonmaterial sowie der zunehmende Einsatz von Vollerntemaschinen), und insbesondere die Verbrauchersehnsucht nach preiswerten süßen Weinen schufen vielerorts massenkompatible „bonbonige" Burgunder-Karikaturen. Sicher verkauften sich diese dünn-süßlichen Weine ohne strukturierenden Holzeinsatz national hervorragend und wurden sogar von den Weinprüfungsämtern als „gebietstypisch" kanonisiert. Dennoch war der deutsche Spätburgunder in den 1980er-Jahren stilistisch in einer Sackgasse gelandet.

Mit einer gewissen Verspätung zur Qualitätsrevolution bei den Weißweinen begannen in verschiedenen deutschen Anbaugebieten, zunächst vor allem in Württemberg und in Baden, an der Ahr und in der Pfalz, dann auch im Rheingau und in Franken, vereinzelte Winzer an der Neudefinition des deutschen Spätburgunders zu arbeiten, und das bedeutete für viele: die Orientierung an einem eher französischen Burgunderverständnis. Das machte nach ersten spektakulären Erfolgen trotz mancher Irrwege schnell Schule, selbst wenn Qualität selten eine gemeinsame Charakteristik von einzelnen Regionen ist, sondern eher eine Frage des jeweiligen Produzentenstils. Im Mai 2016 titelte der englische Decanter auf dem Cover mit einem Spätburgunter Alte Reben vom Weingut Jean Stodden, der eine weltweite Verkostung der besten nicht-burgundischen Pinot Noirs gewonnen hatte. In Deutschland wurde das kaum zur Kenntnis genommen, aber international war die Resonanz gewaltig. Vielleicht wird man das hierzulande einmal in der Bedeutung so hoch einschätzen wie das „Judgement of Paris" von 1976 für die Weine Kaliforniens.

WEINSKANDAL 1985

Manchmal muss etwas Schlimmes passieren, damit Dinge besser werden. Weinskandale hat es gegeben, solange Wein produziert wird. Deutsche Wörterbücher kennen das Wort „panschen" schon um 1800 (frz. „panacher": etwas mischen), und die Weinpanscher gehörten in früherer Zeit zu den am meisten verachteten Personen; sie wurden bei Nachweis ihres Tuns hart bestraft. Nach der von Kaiser Josef II. erlassenen österreichischen Markt- und Weinordnung von 1770 wurden Weinhändler und Wirte, die wiederholt Weine verfälscht hatten, »auf die Schandbühne gestellt", sie erhielten Berufsverbot und wurden auf bis zu drei Jahre zum öffentlichen Gassenkehren verurteilt.

Der Glykol-Skandal von 1985 war, verglichen etwa mit dem italienischen Methanol-Weinskandal in Italien im Jahr darauf mit 22 Toten, eigentlich keine große Sache. 1984 hatte es im österreichischen Burgenland erste Verdachtsmomente über eine bisher unbekannte Substanz im Wein gegeben. Nach Analysen erwies sich der Stoff als Diethylenglykol, eine Alkoholart, die eigentlich als Frostschutzmittel Verwendung fand: eine farblose, leicht süßliche Flüssigkeit von sirupartiger Konsistenz, die hier weniger dazu dienen sollte, den Wein süßer zu machen, als den Extraktreichtum zu erhöhen und eine bessere Qualität der Weine vorzutäuschen. Es stellte sich heraus, dass dieser verbotene, nur mäßig toxische Zusatzstoff insbesondere in für den Export nach Deutschland vorgesehenen Süßweinen benutzt wurde, die seinerzeit in ganzen Tanklasterladungen die Grenze passierten. Folge einer brutalen Wettbewerbssituation, in der die Käufer, zumeist deutsche Weinkellereien, niedrige Preise diktierten und sich um Qualitätskontrolle wenig scherten, und Winzer bzw. Großhändler keinen anderen Weg sahen, als den eigenen Betrieb oder das Unternehmen durch Betrug am Leben zu erhalten – bei gleichzeitigem Versagen der staatlichen Weinaufsicht.

Für Österreich hatte der Skandal zunächst die Folge eines zeitweise nahezu kompletten Zusammenbruchs der Weinmärkte und schließlich das wohl schärfste Weingesetz der Welt. In Deutschland nahm der Skandal eine ganz eigene Wende. Zunächst geriet die Weinbürokratie in Rheinland-Pfalz, die in erster Linie zuständig war, weil die Importeure des Glykol-Weins vor allem in diesem Land saßen, wegen schwerer Kommunikationspannen unter den Generalverdacht der politischen Vetternwirtschaft: Standen doch die regierende CDU und wichtige Protagonisten der betroffenen Großkellereien einander politisch nahe. Aus dem österreichischen Skandal war ein rheinhessischer geworden. Es erwies sich, dass österreichischer Wein hierzulande in großem Maßstab mit heimischen Wein vermischt wurde, der dann als deutscher Wein zu Discountpreisen angeboten wurde. Für den „fassungslosen Weintrinker", so der Spiegel, wurde erkennbar, „wie Weine gänzlich unterschiedlicher Herkunft zusammengeschüttet werden" und sich „Weinströme ohne effektive Kontrolle über alle Grenzen ergießen".

Selbst wenn es kaum gesundheitliche Beeinträchtigungen oder Vergiftungsanzeichen bei Verbrauchern gegeben hatte, blieb die Sache für die bundesrepublikanische Öffentlichkeit ein ungeheurer Skandal, auch wegen der sich über Jahre hinziehenden juristischen Aufarbeitung. Das Vertrauen in den deutschen Wein war erschüttert, aber genau das war dann auch der ideale Moment zum Aufbruch. Auch wenn es kein grundlegend neues Weingesetz wie in Österreich gab, hatten sich die Themen Verbraucherschutz und Qualitätssicherung tief im deutschen Weinbau verankert. Der Konsument entwickelte geradezu eine Allergie gegen fruchtige oder gar süße Weine und schwenkte ins „Trocken-Lager" um, wo ihn eine junge Winzergeneration und die neue deutsche Küche mit offenen Armen erwarteten.

Wie ein Amphitheater öffnet sich die einzigartige Lage Westhofener Kirchspiel nach Südosten.

MENTALITÄTEN UND KRITIK

Abgesehen von den materiellen Voraussetzungen ist die Geschichte des Weins in hohem Maße davon abhängig gewesen, wie sich Gesellschaften über Wein verständigt haben, welchen Stellenwert er in ihrer Kultur besessen hat und wie über ihn nachgedacht worden ist.

Bekanntlich wird der Wein-Enthusiasmus der westlichen Welt nicht überall geteilt. In islamischen Ländern fällt der Wein unter das generelle Alkoholverbot. Das hat dafür gesorgt, dass in vielen Regionen, in denen es in der Antike oder im Mittelalter eine blühende Weinkultur gab, Anbau und Konsum mehr oder weniger vollständig eingestellt wurden. Aber auch die modernen westlichen Gesellschaften haben alkoholfeindliche Bewegungen hervorgebracht. Während in Europa Ende des 19. und Anfang des 20. Jahrhunderts die „Temperenzler" (von lat. „Mäßigung") im Wesentlichen die sozialpolitische Stoßrichtung hatten, die Arbeiterschaft vor dem damals stark verbreiteten Alkoholismus zu bewahren – und die durch die in dieser Hinsicht segensreichen Änderung der Trinkgewohnheiten durchaus Erfolge erzielen konnte – hatte sich in Nordamerika aus der Verbindung von tugendhafter Frauenbewegung und radikalem religiösen Puritanismus eine echte Abstinenzbewegung entwickelt. Resultat war die Prohibition, die 1919 beschlossen und 1920 als 18. Zusatzartikel zur Verfassung der Vereinigten Staaten in Kraft getreten und erst 1933 wieder aufgehoben wurde (allerdings darf bis heute kein Alkohol auf der Straße ausgeschenkt und getrunken werden – weshalb es auf Weihnachtsmärkten und Straßenfesten nur alkoholfreie Getränke gibt).

„The Noble Experiment", wie die Prohibition auch genannt wurde, war ein entsetzlicher Fehlschlag, vor allem hinsichtlich des Entstehens und der Blüte des organisierten Verbrechens, aus weingeschichtlicher Sicht wegen der Zerstörung aller qualitätsweinfördernden Strukturen in den amerikanischen Weinbauregionen, speziell in Kalifornien, von denen sich die Branche erst drei Jahrzehnte später erholen sollte. Auch wenn immer wieder neo-prohibitive Wellen, etwa Ende der 1980er-Jahre aufflammen, dürften, zumal in Zeiten der Freigabe weicher Drogen, allgemeine Alkoholverbote (also jenseits von Autofahren, Mutterschaft, Berufstätigkeit etc.), die sich gegen die berauschenden Eigenschaften von Alkohol richten, vorerst nicht aktuell sein. Wenn man sich aber die politische Durchsetzungskraft von gesundheitlich motivierten Kampagnen, etwa gegen das Nikotin und jetzt zunehmend auch gegen Zucker, vergegenwärtigt, dann mag man sich vorstellen, dass in nicht allzu ferner Zukunft Alkohol, inklusive Wein, wieder Gegenstand von Regulierungen oder Verboten werden könnte. Selbstverständlich ausschließlich zum Wohle des Verbrauchers. Andererseits verdankt der Wein einen seiner größten Populationsschübe der letzten Jahrzehnte, gerade in den USA, seiner Rolle als Bestandteil der Mittelmeer-Diät bzw. dem French Paradox genannten Phänomen, dass Franzosen trotz höheren Fleisch- und Alkoholkonsums länger leben als Amerikaner oder auch Deutsche.

Wein unter dem Blickwinkel der Moral zu betrachten, musste sich aber nicht auf den Alkoholgehalt konzentrieren. Vergleichbar mit dem „Reinheitsgebot" beim Bier, gab es gerade in Deutschland und Frankreich schon früh einen Kampf um „naturreine Weine". Bei unseren Nachbarn zogen die südfranzösischen Winzer im Krisenjahr 1907 mit dem

Zur Zeit der Prohibition im Jahr 1932 entsorgen staatliche Behörden in Orange County, Kalifornien illegalen Alkohol.

Schlachtruf „Vive le vin naturel" und „Nieder mit den Giftmischern" zu Hunderttausenden gegen die Praxis des reblausgeschädigten Nordens zu Felde, den Wein mit Zucker und Wasser zu verbessern – während sie selbst ihren infolge Überproduktion dünnen Wein mit stärkerem algerischen verschnitten. Hierzulande spielte die Kategorie „naturrein", wie eingangs beschrieben, die bestimmende Rolle bei der Bildung der ersten Vereinigung von Qualitätsweinerzeugern 1910, des Verbandes Deutscher Naturweinversteigerer, VDNV. Nachdem aber schließlich 1959 die Allgemeine Fremdstoffverordnung in das deutsche Lebensmittelrecht aufgenommen wurde, musste die Bezeichnung „Naturwein" aufgegeben werden, da der (zu seiner Zeit als absolut notwendig erachtete) Schwefelzusatz zur Stabilisierung der Weine nicht anders denn als Fremdstoff betrachtet werden konnte.

Während der VDNV spätestens nach Inkrafttreten des Weingesetzes von 1971 und der Ersetzung des „Naturweins" im Namen durch „Prädikatswein" seinen Frieden mit dieser Verordnung gemacht hatte, sollte dreißig Jahre später „Naturwein" (auch „Natural Wine" oder „Vin natural") ein weltanschaulich aufgeladener Kampfbegriff innerhalb der Weinwelt werden, in dem sich eine biologisch oder möglichst biodynamische Arbeit im Weinberg mit einer radikal nicht-interventionistischen, das heißt möglichst passiven Haltung im Keller verband – bis hin zur Ablehnung der Schwefelung des Weins. Was auch, selbst bei der Menge an schlicht fehlerhaften Weinen, eigentlich kein großes Problem darstellen würde, jedoch durch die missionarische Aufladung des Naturwein-Gedankens, etwa bei Autoren wie Alice Feiring, die mit ihrem Buch mit dem sprechenden Titel „The Naked Wine" einen der Stichwortgeber der Szene formuliert hat, viele ansonsten offene Beobachter irritiert. Da insgesamt die moderne Ernährung wie nie zuvor geradezu ein Schlachtfeld von Moralisierungen, Verboten und Ratschlägen geworden ist und die Sinnsuche der jungen Generation besonders heftig um den eigenen Körper und seine Optimierung kreist, wird die Debatte um den Naturwein auch nicht das letzte Phänomen einer ethischen Problematisierung von Wein gewesen sein.

STATUSSYMBOL WEIN

Natürlich war und ist Wein für viele schlicht nur der Stellvertreter für etwas ganz anderes, der Ausweis neu erworbenen Reichtums etwa. In Kriegszeiten vermag der Wein eines Landes in ganz besonderer Weise für den Gegner einzustehen: Er ist nicht nur ein „Kind des Bodens" dieses Landes, er steht auch mit seinem ganzen Auftritt für ihn ein, jedenfalls vor der allgemeinen Globalisierung von Flaschenformen und Etiketten, etwa beim klassischen deutschen Weinetikett, wie es bis weit in die 1980er-Jahre häufig benutzt wurde und gelegentlich heute immer noch: Schrift in Fraktur, unaussprechliche Lagennamen und unverständliche Prädikate und dazu noch die Abbildung feister barocker Mönche oder Nonnen oder schlimmer, des preußischen Adlers. Da fiel Engländern und Amerikanern ein Embargo zu Kriegszeiten noch einmal so leicht. Enttäuschte politische Allianzen können sich ebenfalls schnell zu Absatzkrisen auswachsen: So brach der Export französischen Weins nach der nicht erfolgten Unterstützung durch Frankreich während des zweiten Irakkriegs der USA und der „Koalition der Willigen" deutlich ein. Der Erfolg des italienischen Weinbaus seit den späten 1970er-Jahren wurde dagegen auch mit ermöglicht durch den Siegeszug der italienischen Lebensart, die in den 1980er- und 1990er-Jahren zur herrschenden Leitkultur der westlichen Welt werden sollte. Das unkomplizierte und nahezu voraussetzungslose „dolce vita" bei Cappuccino, Caprese und Prosecco formte eine Mentalität insbesondere in Akademikerschichten, für die auch bei den Weinen Italien unbedingte erste Wahl war, ohne dass die meisten hätten sagen können, was diese denn so einzig macht.

Das wiederum war und ist prinzipiell die Aufgabe von Weinliteratur und Weinbewertungen. Populäres, nicht-landwirtschaftlich-botanisches Schrifttum über Wein hatte es vor dem 20. Jahrhundert nur recht spärlich gegeben. Der Weinbau an Rhein und Mosel war gelegentlich Gegenstand von in- und ausländischen, überwiegend britischen Reiseschriftstellern. Vieles blieb Literatur von Kennern für Kenner, so wie sich der Genuss hochwertiger Weine im Vorkriegseuropa eben in sozial recht engen Grenzen abspielte. Es war die amerikanische und englische Weinliteratur nach 1945, mit der die eigentliche Popularisierung des Genres begann. Ein Segen für den deutschen Weinbau, dass einer der populärsten Autoren, Frank Schoonmaker, bereits in den 1930er-Jahren ein glühender Verfechter deutscher Weine war und trotz des Krieges keinen Anlass sah, seiner Leidenschaft zu entsagen. Sein „German Wines" von 1957 besaß einen großen Anteil am Exporterfolg von deutschem Wein in diesen Jahren. Emigrierte jüdische Weinhändler wie O. W. Loeb, S. F. Hallgarten oder Alfred Langenbach publizierten ebenfalls engagierte und viel gelesene Weinbücher zum Thema deutscher Wein.

ORIENTIERUNG DURCH PUNKTE

Erfolge bescherten neue Publikationsformen, wie sie Mitchell Beazley, der englische Verleger von Ratgebertiteln, gemeinsam mit Hugh Johnson erfand und weltweit lizenzierte („The World Atlas of Wine", 1971, „Hugh Johnson's Pocket Wine Book", seit 1977 jährlich aktualisiert, und viele andere), und natürlich die kundige und engagierte Präsentation angesagter Trends aus dem Ausland, wie etwa Jens Priewe mit „Italiens große Weine" (1983) – zumal wenn sie die Unterstützung durch den Magazinabdruck genossen wie die „Flaschenpost aus …"-Reihe von Horst Dohm (ab 1987). Der deutsche Wein wiederum wurde dem heimischen Publikum am erfolgreichsten durch den Briten Stuart Pigott nahegebracht (etwa „Die großen deutschen Rieslingweine", 1995).

Eine ganz eigene weinspezifische Publikationsform entstand durch die Zusammenfassung von Trinkerfahrungen und Weinbewertungen. Weil Wein zuallererst ein Nahrungsmittel ist, entwickelte sich die Begrifflichkeit der Degustation zunächst im Umkreis von Landwirtschaftskammern und den entsprechenden agrarwissenschaftlichen und weinbautechnischen Fakultäten. Dieser naturwissenschaftlichen Herkunft verdankt sich der Anspruch, Degustation als objektive Methode zu begreifen. In Deutschland nahm dieser „objektive" Verkoster, insbesondere nach der Verabschiedung des Weingesetzes von 1971, eine zentrale Stellung ein. Denn mit der Einführung des Qualitätsweins war die sogenannte Qualitätsweinprüfung verbunden (in Frankreich wurde ab 1974 die Degustation und Analyse all jener Weine in die Wege geleitet, die als AOC, Appellation d'Origine Contrôlée, verkauft werden wollten; allerdings erfolgte die Prüfung nur stichprobenartig und nicht flächendeckend). Der sensorisch geschulte Gaumen des Weinprüfers, der den Wein auf einen ganz bestimmten Kriterienkatalog (wie Rebsorten- und Gebietstypik) hin checkte, wurde dabei unterstützt durch eine immer ausgefeiltere produktspezifische Messtechnik.

Andernorts entwickelten sich alternative Modelle. In England war der Weinhandel der entscheidende Impulsgeber. Harry Waugh (1904–2001) war nach Kriegsende zu Harvey's of Bristol gestoßen und wurde bald der leitende Weinein- und -verkäufer. In den 1950er-Jahren begann er bei all seinen Weinreisen Probenotizen anzufertigen und nach 1966 in zahlreichen Publikationen, darunter zehn Bände Wein-Tagebücher, zu veröffentlichen. Diese „schnörkellosen" Notizen, „ungezwungen, instinktiv und untrüglich", wie sie sein Schüler Michael Broadbent nannte, hatten einen enormen Einfluss auf die Weinliteratur, gerade in Großbritannien. In Frankreich begründete der französische Önologe Émile Peynaud die Degustation in den frühen 1980er-Jahren neu als hohe Schule der Entschlüsselung von Geschmackseindrücken, bei der der Kenner einen Wein so lesen solle „wie eine Zeitung, eine Schlagzeile, ein Werbeschild".

Zugleich emanzipierte sich auch in Deutschland die subjektiv-bewertende Weinbeurteilung gegenüber der „objektiven" Verkostung, insbesondere vonseiten der Weinpublizistik. Deren Bewertungen bezogen sich zwar äußerlich zunächst noch auf die auch in amtlichen Weinprüfungen benutzen Bewertungsbögen. Tatsächlich wurden sie aber desto mehr ignoriert, je deutlicher sich der Wein anschickte, zum Lifestyle-Thema zu avancieren. Für den Konsumenten war das dennoch eine enorme Hilfeleistung, denn bis zum Beginn einer eigentlichen publizistischen Weinkritik durch Publikumsmagazine wie „Vinum" und „Alles über Wein" in den frühen 1980er-Jahren waren für den normalen Weintrinker in Deutschland die inflationär benutzten Siegel, Medaillen und Münzen der verschiedenen amtlichen Weinprämierungen gemeinsam mit dem in Abhängigkeit zum Öchslegewicht der Trauben verliehenen Prädikate der Weine (wie Kabinett, Spätlese, Auslese) die einzigen Qualitätsmaßstäbe, an denen er sich orientieren konnte.

Zur Karriere der bewertenden Degustation aber gehörte auch, dass Weine zunehmend durch Punkte benotet wurden. Das war erforderlich geworden, als hochwertiger Wein Gegenstand eines relevanten ökonomischen Interesses wurde und höhere Anforderungen an die Vergleichbarkeit von bewertenden Degustationen gestellt werden mussten. 1967 begann Michael Broadbent in London mit den Auktionen von „rarest wines" für Christie's und schuf damit den Markt für alte Weine neu. Anfang der 1970er-Jahre etablierte sich im Bordelais das Primeur-System, also der Verkauf von Weinen ein halbes Jahr nach der Ernte und etwa eineinhalb Jahre vor der eigentlichen Füllung – ein System, das dem Winzer einen raschen Cashflow garantiert und dem Sammler die Hoffnung auf vermeintliche Schnäppchen gibt.

Es stellte sich rasch heraus, dass diese Form des quasi blinden Weineinkaufs einen starken Beratungsbedarf hervorrief, gerade nach so desaströsen

Robert Parker, Begründer des 100-Punkte-Systems

Jahrgängen wie 1972. Zunächst übernahmen diese Aufgabe die (zumeist britischen) Weinhändler und Importeure selbst. Aber so gute Fachleute es im Handel auch gab – sie waren nicht unabhängig. In dieser Situation betrat 1978 mit dem amerikanischen Juristen Robert Parker jun. ein völlig neuer Typ des Weinkritikers die Bühne. Er war unabhängig und sah sich als Verbraucherschützer. Als einer von wenigen erkannte er das grandiose Potential des 1982er-Jahrgangs. Jahr um Jahr wuchs die Zahl seiner Treffer. Zudem schien sein 100-Punkte-System wissenschaftlicher und präziser als die traditionellen staatlichen Bewertungsschemata zu sein. 1981 tauchen dann auch die ersten benoteten Verkostungen in der französischen Weinzeitschrift „La Revue du Vin de France" auf. Der moderne Weinjournalismus hatte begonnen.

DEMOKRATIE ODER EINHEITSBREI?

Aber so sehr die „Parker-Punkte" ihren Einfluss darauf hatten, wie über Wein gesprochen wurde, war es doch weniger dieses System, das die Weinwelt veränderte, als die Art und Weise, wie Robert Parker seine Bewertungen vornahm. Tatsächlich waren etwa die jährlichen Primeur-Verkostungen im Bordeaux der siebziger Jahre offene Proben gewesen, denn den Handel interessierte selten, ob der eine Wein einen Tick besser war als der andere, sondern ob der Händler von dem Wein, von dem er die letzten Jahrgänge geordert hatte, auch in diesem Jahr etwas kaufen sollte. Mit Robert Parker hielt die Blindprobe Einzug in die Weinwelt. Proben wurden nun immer häufiger Wettbewerbsveranstaltungen, bei denen die Weine „scoren" sollten, also möglichst hohe Punkte erzielen. In Parkers Tests erhielten dabei häufig Weine aus der Neuen Welt höhere Bewertungen als ihre (in der Regel teureren) europäischen Vorbilder.

Was die einen als radikal „demokratisches" Beurteilen rühmen, kritisieren die anderen als Gleichmacherei des Ungleichen. Doch der Verbraucher rieb sich die Augen, probierte und merkte, dass Parker in vielen Fällen recht hatte. Dabei muss man sich allerdings vor Augen halten, dass eine Punkte-Bewertung immer nur ein Augenblicksurteil darstellt, denn das lebendige Getränk Wein steht ja ganz wesentlich für die Entwicklung seiner Aromen im Laufe der Zeit.

Die Publikation von Punkten und Weinbewertungen jedenfalls begründete ganz eigene Magazin- und Buchformate. Sie sind integraler oder ausschließlicher Bestandteil von Zeitschriften wie Robert Parkers „Wine Advocate" und dem gleichfalls amerikanischen „Wine Spectator", der französischen „La Revue du Vin de France", dem englischen „Decanter" und dem deutschen „FINE-Das Weinmagazin" – und übten vor allem in Buchform großen Einfluss auf die Weinszene des jeweils porträtierten Gebietes aus, insbesondere in Italien durch den Pionier Luigi Veronelli und seinen „Catalogo dei Vini d'Italia" (ab 1969) sowie den Führer „Vini d'Italia" (seit 1988) aus dem Verlag Gambero Rosso, die Buchausgaben von Robert Parker (z. B. „Bordeaux" ab 1985), der französische Guide Hachette (ab 1985) und der deutsche Gault & Millau Weinguide (ab 1993). Die große Konkurrenz hierzu erscheint nicht auf Papier: Heute buhlen mehr und mehr private Weinblogger im Internet um Aufmerksamkeit. Die Bewertungen der Fachautoren erklären sie für bedeutungslos. Die Likes der Freunde ersetzen die Punkte der (Wein-)Päpste.

Terrassierter Weinberg in der Weinregion Nahe

WEINPROBE

Wein. Das Buch.

Große Blauburgunder-Probe in Südtirol

Spätburgunder aus Deutschland – Probe im Weingut Rudolf Fürst in Bürgstadt

WEINPROBE

CARO MAURER

Für einen Weinprofi mag eine Weinverkostung Arbeit sein. Die private Weinprobe zu Hause sollte jedoch allen Spaß bereiten. Die Gäste möchten die Weine nicht unbedingt akribisch auseinandernehmen und analysieren, sie möchten schon gar keine Weinprüfung ablegen. Sie möchten probieren und vielleicht diskutieren, sie möchten vor allen Dingen aber genießen. Doch dieser Genuss sollte gut geplant und vorbereitet sein, damit alle davon profitieren – auch der Gastgeber.

DAS THEMA

Für einen geselligen Abend würde es ausreichen, wenn jeder einfach eine Flasche seines Lieblingsweins mitbringt. So eine beliebige Mischung ergibt allerdings auch ein ziemliches Durcheinander, das wohl eher in einem feuchtfröhlichen Abend endet, aber nicht in einer Verkostung. Eine Weinprobe sollte deshalb am besten unter ein bestimmtes Thema gestellt werden.

Eine Region oder ein Land: Sich auf eines davon zu konzentrieren, schafft einen überschaubaren Rahmen. Das kann ein naheliegendes Weinbaugebiet sein wie beispielsweise Rheinhessen, wo Rebsorten von Silvaner über Riesling bis Spätburgunder wachsen – vertraute Weine. Es kann aber auch ein Land sein, mit dessen Weinen die Teilnehmer der Probe nicht so vertraut sind, wie Australien. So wird aus der Probe eine Art Entdeckungsreise.

Eine Rebsorte: Diese hat oft viele Facetten und reflektiert in den besten Fällen ihre Heimat auf unverkennbare Weise. Zum Beispiel Riesling, eine Rebsorte, die in fast allen Regionen Deutschlands angebaut wird. So könnte man die Gewächse von Mosel, Nahe und Rheingau miteinander vergleichen. Doch Riesling wächst heute nicht nur in Deutschland, sondern in vielen Ländern der Welt. Da bietet sich auch ein Vergleich deutscher Weine mit Gewächsen aus Österreich, dem Elsass oder Australien an.

Eine vertikale Probe: Dabei werden Weine eines bestimmten Weinguts aus verschiedenen Jahrgängen verglichen. Klassiker wie Bordeaux oder Burgund sind dafür geeignet, um die Entwicklung eines Weins nachvollziehen zu können. Mancher private Sammler hat sich über die Jahre eine solche Kollektion zugelegt und würde das Erlebnis vielleicht gern teilen.

Blindprobe: Eine Blindprobe ist für jeden die größte Herausforderung. Niemand – außer dem Organisator – weiß, was ihn im Glas erwartet. Das ließe sich noch zusätzlich erschweren durch schwarze Gläser, sodass sich nicht einmal mehr die Farbe eines Weines erkennen lässt. Hier sollte der Gastgeber vorher ganz genau überlegen, was zu beurteilen ist: ob es um die Einschätzung von Qualität oder vielleicht das Erkennen von Rebsorten oder aber Herkunft geht.

Semiblinde Probe: Ein solches Format ist nicht nur einfacher als eine komplette Blindprobe, sondern oft auch sehr viel sinnvoller. Semiblind bedeutet, dass ein oder zwei Parameter der Probe bekannt sind. Zum Beispiel, dass es sich um Rotwein aus Bordeaux, Spanien oder dem Chianti handelt, den man blind probiert, um nicht von berühmten Namen auf dem Etikett beeinflusst zu werden.

ANZAHL DER GÄSTE

Die reine Logistik bestimmt meist die Anzahl der Gäste. Es sind einfache Fragen, die der Gastgeber vorher berücksichtigen sollte: Wie viele Personen haben Platz rund um den Tisch? Wie viele Gläser stehen zur Verfügung? Dabei ist zu berücksichtigen, dass jeder Wein für alle möglichst in das gleiche Glas ausgeschenkt werden sollte. Denn die Form eines Glases nimmt Einfluss auf den Duft eines Weins, manchmal sogar auf seinen Geschmack. Alle Teilnehmer können so den gleichen Eindruck gewinnen.

Natürlich spielt – vor allem unter Berücksichtigung der Kosten – auch die Menge des Weins eine Rolle. Eine Flasche reicht problemlos für 12 bis 15 Personen, wenn mehrere Weine verkostet werden. Ansonsten müssten zwei Flaschen eingekauft werden.

EINKAUF

Es genügen sechs bis zehn verschiedene Weine, die dann aber bewusst und thematisch (siehe oben) ausgesucht werden.

Gibt es eine feste Weinliste, hilft oft die Internetrecherche. Vorteil: Bei Internethändlern findet man rare Weine oder Weine aus der Neuen Welt. Nachteil: Die Versandkosten kommen zum Preis dazu.

Gibt es ein Thema, aber keine konkreten Weine, empfiehlt sich der Fachhändler als Ansprechpartner. Es gibt Spezialisten für Weinländer. Alternativ bietet sich die Weinabteilung von größeren Warenhäusern an. Der Lebensmitteleinzelhandel oder der Discounter sind in diesem Fall wegen der mangelnden Beratung weniger geeignet.

GLÄSER

Werden die Weine jeweils allein für sich oder in Flights probiert? Dementsprechend viele Gläser werden bei einer Verkostung benötigt, und dementsprechend viele Gläser müssen anschließend auch gereinigt werden. Deshalb lässt man bei einer größeren Weinprobe die teuren mundgeblasenen Stücke besser im Schrank und nimmt die robusten maschinengefertigten mit kurzem Stiel, weil diese auch in die Spülmaschine passen und nicht so leicht kaputtgehen.

Ein Glas oder ein Set Gläser reicht für mehrere Weißweine; man braucht die Gläser nur auszuleeren oder auszutrinken und muss sie nicht einmal mit Wasser ausspülen. Das Glas gilt als aviniert, und somit genügt es, ins geleerte Glas den nächsten Wein einzuschenken. Selbst der Wechsel von Weiß- auf Rotwein lässt sich mit ein und demselben Glas bewerkstelligen. Nur andersherum funktioniert es nicht. Folgt auf einen Rotwein ein Weißwein, sollte man die Gläser austauschen. Selbst wenn man sie mit Wasser ausspült, zeigt der Weißwein hinterher oft einen Rosé-Schimmer, der nicht zu ihm gehört.

SPUCKNÄPFE

Bei einer professionellen Weinprobe wird gespuckt, damit man bis zum letzten Wein einen klaren Kopf behält. Das wird von vielen Weinliebhabern als Verschwendung und außerdem als unappetitlich empfunden. Es muss auch nicht unbedingt sein, wenn es sich um eine gesellige Weinrunde handelt. Doch es ist eine höfliche Geste, zumindest die Möglichkeit anzubieten. Die einfachste Variante sind große, blickdichte Plastik- oder Pappbecher aus dem Supermarkt, die anschließend im Mülleimer landen. Aber auf alle Fälle gehört immer ein großer Behälter mitten auf den Tisch, in den sich beim Weinwechsel die Gläser leeren lassen. Keiner sollte gezwungen sein, sein Glas auszutrinken. Da passt am besten ein Weinkühler; eine attraktive Vase tut es gegebenenfalls aber auch.

PRAKTISCHE NEBENSÄCHLICHKEITEN

Neben einem guten Korkenzieher ist ein Kapselschneider ein praktisches Instrument. Er beugt Verletzungen vor, denn bei einer Metallkapsel bilden sich leicht scharfe Kanten. Außerdem sieht ein runder glatter Schnitt um die Kapsel immer attraktiver aus. Zudem sind Dropstops sinnvoll, das sind kleine silberne oder farbige Folien, die zusammengerollt einen Weinausgießer ergeben, den man in den Flaschenhals steckt. So können Tropfen beim Einschenken vermieden werden. Dennoch ist es immer besser, Servietten parat zu haben – wenngleich auch nur, um den Glasrand abzuwischen, wenn man das Glas entleert hat und wiederverwenden möchte. So lassen sich klebrige Stiele vermeiden. Im Falle einer Blindprobe müssen die Flaschen verkleidet werden. Es gibt professionelle Lösungen, meist in Sack- oder Strumpfform, auf denen Nummern aufgedruckt sind. Es funktioniert aber auch, wenn man die Flaschen einfach in Alufolie einwickelt.

ANORDNUNG DER FLASCHEN UND FLIGHTS

Von weiß nach rot, von jung bis alt, von leicht bis schwer, von trocken bis süß, von tanninarm bis Tanninbombe – das sind die generellen Richtlinien für eine Reihenfolge bei einer Degustation. Diese sollten auch berücksichtigt werden, wenn man einzelne Flights zusammenstellt. Das sind mehrere Weine, die parallel zueinander probiert werden. Oft werden zwei oder drei Weine kombiniert, um einen Länder- oder Rebsortenvergleich besser nachvollziehen zu können. Im Allgemeinen probiert man Flights immer von links nach rechts.

TEMPERATUR

Speziell bei einer Weinprobe ist die Temperatur eine „Grad-Wanderung". Sie kann den Eindruck eines Weines entscheidend beeinflussen. Die Grundregeln sind simpel: je kühler der Wein, desto zurückhaltender der Duft. Dafür treten Säure und Tannin umso deutlicher hervor. Je wärmer der Wein, desto stärker der Duft. Dafür treten Säure und Tannin in den Hintergrund, der Alkohol gerät allerdings in den Vordergrund. Die beste Temperatur für eine Weinprobe liegt dazwischen. Der Wein sollte offen und zugänglich sein, also nicht zu kalt, aber auch nicht zu warm, um den Alkohol nicht allzu sehr zu betonen.

MIT ALLEN SINNEN

Es mag auf den einen oder anderen befremdlich wirken, aber bei der Einladung sollte darauf hingewiesen werden, dass alle Gäste bitte auf Haarspray, Rasierwasser, Parfum oder (stark riechendes) Deo verzichten mögen, um eine Duftkulisse zu vermeiden, die mit den Weinen konkurriert. Und niemand sollte sich die Zähne kurz davor putzen, denn auch der frische Nachgeschmack von Zahnpasta verfälscht den Eindruck. Profis verzichten zudem auf die Tasse Kaffee davor, der im Mund einen recht langen und penetranten Nachgeschmack hinterlässt.

HINSCHAUEN

Eine Weinprobe im kuscheligen Dämmerlicht mag romantisch sein, aber ein bisschen mehr Beleuchtung darf schon sein, um auch ausreichend sehen zu können. Denn die Farbe eines Weins erzählt von der Rebsorte, vom Alter und am Rande auch manchmal von der Qualität. Von der Mitte aus betrachtet erst die Farbtiefe beurteilen, dann Klarheit und Glanz, am Glasrand Konzentration und Reife. Weißweine werden in der Regel mit zunehmendem Alter dunkler (je älter, desto goldener), Rotweine hellen auf und werden bräunlicher. Schwenkt man das Glas, bildet der herunterfließende Wein sogenannte »Kirchenfenster« – engere (gotische) deuten auf höheren Alkohol und Extrakt als breitere (romanische).

DIE NASE

Der wichtigste Moment bei einer Weinprobe ist nicht das Kosten selbst, sondern das Riechen. Denn der Mensch riecht viel mehr, als er schmeckt. Bei zugehaltener Nase lassen sich selbst Marmelade und Leberwurst im Mund kaum voneinander unterscheiden. Weil die flüchtigen Duftstoffe des Weins von der Oberfläche aufsteigen, sollte die möglichst groß sein – durch Schwenken des Glases erhöht man sie. Und dann konzentriert schnuppern. Hunderte von Duftnuancen fluten die Nase. Über Nerven melden

deren Geruchsrezeptoren die Reize ans Hirn – und das bedient sich zur Beschreibung dann einfachheitshalber meist der Erinnerung. Der Duft im Wein erinnert also an Omas Apfelkuchen oder an Zimtgebäck? Durchaus. Duft und Geschmack werden im Gehirn unmittelbar im limbischen System erfasst, genau dort, wo die Gefühle verarbeitet werden. Düfte und Gerüche werden mit zeitgleichen Erlebnissen verknüpft. In unserer Erinnerung existiert also eine Art Datenbank, die einen Duft mit einer Erinnerung verbindet, zum Beispiel an die saftigen Kirschen, die man einst selbst vom Baum gepflückt hat.

AROMEN

Aroma ist ein ziemlich ungenauer Begriff, weil er unterschiedlich angewendet wird. Die einen unterscheiden zwischen dem Aroma jungen Weins und dem Bukett als komplexerem Duft – eine recht offene Deutung. Andere unterteilen Aroma in drei Stufen:

Primäraromen sind die typischen Traubenaromen: fruchtig, blumig, bisweilen auch leicht würzig.

Sekundäraromen sind solche, die durch Gärung dazukommen, wie Toast, buttrige Töne, hefige Noten oder Marmelade.

Tertiäraromen entstehen durch Reife, etwa balsamische, ledrige oder würzige Noten.

PROBIEREN

Ganz aufs Kosten zu verzichten, geht aber selbst bei der Profi-Probe nicht. Wein enthält auch nichtflüchtige Geschmacksstoffe wie Zucker, Säure und Phenole wie das Tannin, die tatsächlich geschmeckt werden müssen. Die Zunge übernimmt die Beurteilung von süß, sauer, salzig und bitter. Die Schleimhaut reagiert auf Tannin durch Zusammenziehen, und ihr taktiler Sinn registriert den Körper (von schlank bis fett) und die Textur (von samtig bis rau). Als fünfter Sinn gilt inzwischen Umami, was so viel bedeutet wie herzhaft oder vollmundig. Außerdem nimmt man mit jedem Schluck auch immer etwas Luft auf, die wiederum die flüchtigen Stoffe erneut in die Nase steigen lässt.

FEHLERSUCHE

Nicht alles, was an einem Wein stören kann, ist auch ein Fehler. Es gibt durchaus ungewohnte Töne, die vielleicht nicht jedem behagen, aber tatsächlich zum eigenwilligen Charakter einer Sorte oder eines Terroirs gehören.

Dann gibt es Fehltöne, die sich durch ausreichendes Lüften des Weins, durch Dekantieren beispielsweise, austreiben lassen wie bestimmte Böckser oder reduktive Noten, die einen kleinen »Stinker« reinbringen.

Häufige Fehler, die Wein nachhaltig verderben, sind:

Trübungen, die nicht mit Weinstein oder Depot verwechselt werden sollten. Schleier oder milchige Verfärbungen werden von Hefen und Bakterien bewirkt.

Korkgeschmack, der durch 2,4,6-Trichloranisol verursacht wird. Dies bildet sich meist, wenn ein natürliches Phenol im Korken auf eine chlorhaltige Substanz chemisch reagiert hat, wie sie beispielsweise in Reinigungsmitteln vorkommt. Der Wein riecht und schmeckt dann muffig, schimmelig und dreckig. Korkgeschmack hat jedoch nichts mit Korkbröseln im Wein zu tun, die nur durch nachlässiges Hantieren mit dem Korkenzieher entstanden sind.

Flüchtige Säure, die sich durch einen leicht scharfen Geruch bemerkbar macht, etwa wie Nagellack. Sie entsteht durch die Aktivitäten von Essigbakterien. Sie wird allerdings nicht immer als fehlerhaft empfunden, sondern auch als typisch bei edelsüßen Weinen oder manchen körperreichen roten wie dem südaustralischen Penfolds Grange oder Portwein.

Fehltöne, die noch so viel Sauerstoff nicht rausbringt: Schwefelböckser, der durch zu viel Schwefeldioxid entsteht und leicht faulig riecht, Mufftöne von alten, unsauberen Holzfässern, Geranienduft, der sich durch bakterielle Abbauprodukte von Sorbinsäure entwickelt, Brettanomyces – kurz Brett genannt –, eine Reaktion mit wilden Hefen, die im Bukett Eindrücke von Kuhstall, Pferdeschweiß oder Gummi hinterlässt.

ANALYSE

Woran erkennt man guten Wein? Schmeckt mir oder schmeckt mir nicht – das reicht nicht aus als Qualitätsmaßstab. Zwar bietet diese Einschätzung eine erste Orientierung und jeder sollte sich auch trauen zu sagen, dieser Wein schmeckt ihm nicht, auch wenn er den allerbesten Namen trägt. Dennoch gilt die Regel: Je mehr man von Wein versteht, desto besser kann man ihn in seiner Charakteristik und Qualität beurteilen – und letztlich auch genießen.

Am besten folgt man bei der Qualitätsbeurteilung dem BILK-System:

B wie Balance: das heißt, wenn alle Komponenten des Weins, die für sich allein schmeckbar und ansprechbar sind wie Säure, Tannin oder Frucht, sich im Gleichgewicht miteinander befinden.

I wie Intensität: wenn ein Wein nicht nur oberflächlich und en passant verschwindet, sondern eindringlich ist und Aufmerksamkeit einfordert.

L wie Länge am Gaumen: wenn ein Wein nicht nur einen Augenblick vermittelt, sondern wenn man ihn lange spürt und ihm nachsinnen kann.

K wie Komplexität: wenn ein Wein mehr zu bieten hat als primäre, frische und fruchtige Aromen. Wenn er durch seine Entwicklung weitere Aromen ausgeprägt hat und viele verschiedene Eindrücke hinterlässt. Wenn er mit jedem Schnuppern und mit jedem Schluck immer wieder neue Wahrnehmungen ermöglicht.

Dem lassen sich noch viele weitere Kriterien hinzufügen: wie Reifepotenzial und damit die Fähigkeit, sich weiterzuentwickeln. Ein großer Wein hat die Stärke, immer neue Komponenten zu entfalten. Oder die Typizität: wenn ein Wein einen klassischen und unverkennbaren oder unkopierbaren Stil repräsentiert, wie beispielsweise ein Kabinett von der Mosel.

BESPRECHUNG

Eine verständliche Degustationsnotiz geht chronologisch von Farbe bis Qualität vor.

Bei der **Farbe** beschreibt sie Tiefe (von sehr blass bis undurchsichtig), Tönung (von purpur bis mahagonirot oder von grünlichen Reflexen bis tiefgold) und Klarheit (von glänzend bis trüb).

Bei der **Nase** schildert sie Zustand (sauber, unsauber), Frucht (fruchtig, weinig), Entwicklungsstadium (verschlossen bis überreif), Qualitätseindruck (von ausdrucksschwach bis komplex).

Beim **Geschmack** charakterisiert sie Trockenheit- oder Süßegrad (von sehr trocken bis sehr süß), Körper (sehr leicht bis schwer), Säure (weich bis spitz), Tannin nur bei Roten (weich bis ausgeprägt), Frucht (beschreibend in Vergleichen), Besonderheiten (Holzaromatik, Würze), Entwicklung (von grün oder jung bis sehr reif), Harmonie (ausgewogen, unausgewogen), Abgang (kurz, lang).

Weinlagerung, Weingut Planeta, Sizilien

WEINGLÄSER

Wein. Das Buch.

WEINGLÄSERKUNDE

KRISTINE BÄDER

Es ist in jeder Hinsicht eine Frage des Geschmacks, dass man Wein nicht aus irgendeinem Glas trinkt. Die Ästhetik eines guten Glases ist nicht nur optisch ansprechend, sie erhöht auch den Genuss. Tatsächlich haben Form und Beschaffenheit einen tieferen Sinn und beeinflussen Geruch und Geschmack entscheidend.

Sie bezweifeln, dass solche Äußerlichkeiten für den Geschmack des Weins wichtig sind? Dann machen Sie einfach einen Test: Nehmen Sie ein Wasserglas, und schenken Sie einen guten Rotwein ein. Versuchen Sie nun, den Duft des Weins und seinen Geschmack zu erfassen. Dann nehmen Sie den gleichen Rotwein und schenken ihn in ein hochwertiges Rotweinglas. Beim Riechen werden Sie feststellen, dass die Aromenvielfalt deutlich besser wahrnehmbar ist. Ganz zu schweigen davon, dass man den Wein im Wasserglas gar nicht richtig schwenken kann. Das Glas macht also tatsächlich den Unterschied. Aber welches ist das richtige? Und wie viele verschiedene Gläser benötigt man?

Es liegt auf der Hand, dass erst mit Erfindung der Glasherstellung auch spezielle Trinkgefäße geformt werden konnten. Das älteste bekannte Glasgefäß stammt aus der Zeit um 1450 vor Christus, und man geht davon aus, dass die Glasherstellung um 2000 vor Christus in Ägypten, Mesopotamien oder an der Levanteküste erfunden wurde. Noch bis zu Beginn des 20. Jahrhunderts war die Form eines Weinglases in erster Linie von Zeitgeschmack, Tradition und später dann auch von der gängigen Tischkultur bestimmt. Gravuren, vergoldete oder geätzte Verzierungen oder geschliffene Gläser entsprachen dem ästhetischen Anspruch der Zeit. Erst die Art-déco-Bewegung mit ihrer gestalterischen Verbindung von Eleganz, kostbaren Materialien sowie einer klaren und schlichten Formensprache bei der Gestaltung von Alltagsgegenständen legte den Grundstein für die Beschäftigung mit der Form eines Glases und deren Auswirkung auf die sensorische Wahrnehmung.

Das Geheimnis eines guten Weinglases beruht auf dem Zusammenspiel von Kelch (Kuppa), Stiel und Fuß. Die perfekte Balance dieser drei Elemente sorgt dafür, dass das Glas fest auf dem Tisch steht und ordentlich in der Hand liegt. Der Stiel hat mehr als nur ästhetische Funktion, er verhindert, dass sich der Wein durch die Hand erwärmt. Entscheidend für die sensorische Wahrnehmung ist jedoch die Form und Beschaffenheit des Kelchs.

Einer der ersten, der sich mit dem Zusammenhang von Kelchform, Glas und Geschmack beschäftigte, war der österreichische Glasdesigner Claus Josef Riedel. Schon in den 1950er-Jahren untersuchte er den Zusammenhang von Glasform und Weingeschmack und begann, langstielige und großkelchige Gläser zu entwickeln, die auf jede Dekoration verzichteten. 1973 brachte er mit der „Sommelier"-Kollektion die erste mundgeblasene Gourmetglaserie auf den Markt. Bis heute sind

hochwertige Weingläser mundgeblasen; überhaupt gehören diese neben der Glaskunst zu den wenigen Bereichen, wo noch handwerklich mundgeblasen wird. Der Unterschied zum maschinell hergestellten Glas lässt sich ganz einfach an der Naht entlang des Stiels und des Fußes erkennen. Es gibt jedoch auch die Möglichkeit, einen mundgeblasenen Kelch mit maschinell gefertigtem Stiel und Fuß zu verbinden.

Ein gutes Weinglas erfüllt aber noch weitere Voraussetzungen. Das beginnt bei der Glasstärke. Nicht nur aus optischen und haptischen Gründen sollte das Glas möglichst dünn sein. Erstens kann man die Farbe besser beurteilen, und zweitens ist der Kontakt mit dem Wein beim Trinken unmittelbarer. Der Wein umspült die Zunge und damit alle Geschmacksknospen und wird sofort sensorisch erfasst. Entscheidend für diese Wahrnehmung ist zudem die Form des Kelchs. Abhängig davon, wie bauchig oder schlank er geformt und wie weit nach oben hin geöffnet ist, beeinflusst er den geschmacklichen Charakter eines Weins. Grundsätzlich gilt: Rotweine trinken sich besser aus großvolumigen Gläsern, Weißweine sind mit einem weniger üppigen Kelch besser bedient. Das hat mit dem Luftkontakt zu tun, den die jeweilige Kelchform ermöglicht. Tanninreiche, kräftige und komplexe Rotweine profitieren in der Regel von etwas mehr „Sauerstoffzufuhr", sie zeigen dadurch schneller ihre komplexe Aromatik. Weißweine hingegen bündeln ihre etwas filigraneren Aromen in einem kleineren Kelch und bringen sie konzentrierter zum Ausdruck. Darüber hinaus gibt es zahlreiche Kelchformen von rund bis eckig, die Öffnungen sind mal enger, mal weiter, die Stiele mal mehr oder weniger lang. Das sind meist ästhetische oder philosophische Fragen. Solange das Glas gut balanciert ist und in der Hand liegt, sind die Auswirkungen solcher Details, falls überhaupt nachvollziehbar, minimal.

Bleibt die Frage, ob man nun tatsächlich für jede Weinart oder -sorte ein eigenes Glas benötigt. Die Antwort lautet: Nein. Im Prinzip ist man mit drei verschiedenen Gläsern mehr als ausreichend ausgestattet. Für Weißweine und leichte Rotweine empfiehlt sich ein Standard-Rotweinglas mit einem nicht allzu großen Kelch und einer schmalen Öffnung. Für üppigere, komplexere Rotweine

Weingläser gibt es in unzähligen Formen und Größen. Dennoch braucht man nicht für jeden Wein ein eigenes Glas

eignet sich ein Rotweinglas mit größerem Kelch, der den Sauerstoffkontakt mit dem Wein fördert und dessen Aromenentfaltung unterstützt. Schaumweine trinkt man klassisch aus Champagnergläsern mit schmalem Kelch, der die Kohlensäure nicht zu schnell abgibt. Grundsätzlich kann man Sekt und Co. aber auch aus einem Weißweinglas trinken, das tut den üppigeren Champagnern, Sekten und Cavas sogar gut.

Das perfekteste Weinglas zum besten Wein nutzt allerdings nichts, wenn man es nicht richtig benutzt. Grundvoraussetzung ist zunächst, dass die Gläser vor allem frei von fremdem Geruch sind. Nach dem Reinigen sollte man sie deshalb gründlich mit klarem Wasser ausspülen und nach dem Abtrocknen mit einem Poliertuch auf Hochglanz bringen. Trotzdem empfiehlt sich vor dem Einschenken vorsichtshalber eine Geruchsprobe. Richtig entfalten und präsentieren kann sich der Wein im Glas nur, wenn er auch richtig eingeschenkt wird. Das heißt in diesem Fall: nicht randvoll füllen, sondern maximal zu einem Drittel. Am besten, man orientiert sich ein wenig an der breitesten Stelle des Glases.

So lässt sich der Wein gut im Glas schwenken und kann seine Aromen zusätzlich entfalten.

Und was benötigt man darüber hinaus? Einen Dekanter sollte man gerade für hochwertige und gereiftere Weine unbedingt zuhause haben. Das Belüften wirkt nicht nur bei Rotweinen Wunder, auch reife Weißweine profitieren beim behutsamen Umgießen aus der Flasche ganz genauso vom Sauerstoffkontakt.

Empfehlungen für Weingläser

Gabriel Glas
gabriel-glas.com

Riedel
riedel.at

Schott Zwiesel
marken.zwiesel-kristallglas.com

Spiegelau
spiegelau.com

Zalto
zaltoglas.at

GESCHMACK

Wein. Das Buch.

INDIVIDUELLER GESCHMACK

EIN WEIN – VIER VERKOSTER!

Minze und Brombeere, Teer, Kaffee und Karamell – was Weinverkoster in Weinen riechen und schmecken, ist für viele Novizen ein Mysterium, von dem sie sich nur allzu oft einschüchtern lassen. Dabei ist das mit dem Weintrinken vor allem eine Frage der Übung. Denn schmecken und riechen kann jeder, und man sollte dabei eines nie vergessen: Geschmack ist individuell. Jeder Mensch hat persönliche Vorlieben und vor allem eine unterschiedliche Sensibilität für bestimmte Gerüche und Aromen. Der eine reagiert empfindlich auf bestimmte Bitterstoffe, der andere ist empfänglich für vegetabile Aromen, und ein Dritter spricht leicht auf würzige Noten an. Die Wissenschaft findet das genauso spannend wie die Weintrinker selbst. Sie untersucht daher alle möglichen Komponenten, die beim Genuss von Wein eine Rolle spielen können: das Licht, das Geschlecht, die persönliche Stimmung, die Tageszeit. Alles beeinflusst unsere Wahrnehmung von Aromen, Duft und Geschmack.

Vier verschiedene Verkoster haben wir gebeten, den gleichen Wein zu probieren. Eine Frau, drei Männer: Caro Maurer, ausgezeichnet mit einem der angesehensten Titel der Weinbranche, dem Master of Wine. Dirk Würtz, Kellermeister und Weinblogger, Markus Del Monego, Sommelier-Weltmeister und Weinberater, sowie den Weinjournalisten Michael Schmidt. Alles Experten, die sich professionell mit dem Thema Wein beschäftigen und die, wie unser Experiment zeigt, trotzdem eine ganz individuelle Meinung bei dieser Degustation haben. Was wiederum ganz eindeutig belegt, dass jede und jeder sich ganz sicher auf den eigenen Geschmack verlassen sollte und auch darf.

MARKUS DEL MONEGO

2010 Tinata, Toscana Rosso, Monteverro

Ein Rotwein mit tiefdunkler Purpurfarbe und immer noch überraschend jugendlich-violetten Reflexen.

Im Duft zeigt er ein sehr typisches Aromenspiel, das zunächst an dunkle Beerenfrüchte, besonders Holunder, Brombeere und Maulbeere erinnert. Mit etwas Sauerstoffkontakt entwickeln sich Anklänge von frischen Schwarzkirschen, Pflaumensaft und etwas getrockneten Feigenaromen. Die ausdrucksstarke Frucht wird durch Noten von milden Gewürzen wie Nelke, Kardamom, Vanilleschote sowie einem Hauch von Zimt und Piment d'Espelette ergänzt. Getrockneter Koriander, Oregano und etwas Lakritz, schwarze Oliven und ein Hauch Garam Masala sind im Hintergrund angedeutet. Die Aromen werden von eleganten Röstnoten ergänzt, die auf den Ausbau in kleinen französischen Eichenfässern hinweisen.

Am Gaumen ist dies ein saftiger Wein mit ausgezeichnetem Mundgefühl sowie Aromen von Schwarzkirschen und vollreifen Brombeeren, marinierten Himbeeren, saftigen Pflaumen und einem Hauch schwarzer Johannisbeeren im Finale. Auch hier schmeicheln zarte Gewürznoten und eine feine Holzwürze. Ein Wein mit Tiefe und überzeugender Länge, der sich mit einer fein angedeuteten Säure und reifen, samtigen Gerbstoffen präsentiert. Seine gute Tanninstruktur gibt ihm eine unvergleichliche Frische am Gaumen bei gleichzeitig beginnender Reife im Duft.

Heute bereits ein wunderbares Trinkerlebnis, kann diese Cuvée auch noch weitere fünf bis zehn Jahre auf der Flasche reifen. Dann wird die Frucht langsam in den Hintergrund treten und einer balsamischen Würze Raum geben.

INDIVIDUELLER GESCHMACK

CARO MAURER

2010 Tinata, Toscana Rosso, Monteverro

Die Farbe spielt mit granatroten Reflexen aufs Alter des Weins an.

Mit dem Duft ist vorneweg ein sehr reifes Fruchtpotpourri mit Pflaume, Himbeere und Kirsche aus dem Glas wahrnehmbar, dahinter drängt sich die süße Anmutung von Pflaumenmus auf. Dazu kommen die Andeutung von Roter Bete, eine fast orientalische Würze mit Koriander und schwarzem Pfeffer, Milchschokolade und ein Bukett von gezuckerten Veilchen. Ganz leicht lässt sich darüber auch etwas flüchtige Säure ausmachen, nicht als störende Komponente, sondern sie trägt als eine von vielen Facetten zur Komplexität bei.

Im Mund macht sich der Wein erst einmal so richtig breit, wirkt gemütlich, rund, glatt, füllig und geschmeidig. Damit kommt er aber auch etwas harmlos daher, vor allem, weil sich das wie poliert erscheinende Tannin zu zurückhaltend gibt. Die Reife meldet sich hier zurück mit Spuren von getrockneten Rosenblättern und leicht ledrigen Noten. Die Frucht fügt sich jetzt zu einem gereiften Gesamteindruck, der die erste Frische schon abgestreift hat. Die Textur wirkt dicht verwoben und steckt den Alkohol gut weg, der Körper erscheint allerdings etwas gedrungen. Der Spannungsbogen, den die Säure zieht, fängt zuerst noch recht zwanglos an, nimmt aber nach hinten mehr Zug auf und behält den Druck dann bis zum Abschluss aufrecht.

Insgesamt ein sehr offener, freundlicher und gelassener Wein, ein warmherziger mediterraner Typ, der durchaus sinnliche Seiten zeigt. Allerdings wirkt er auch sehr gefällig und dürfte ruhig etwas mehr Kante zeigen, um im Abgang mehr Aufmerksamkeit einzufordern. Jetzt trinkreif.

MICHAEL SCHMIDT

2010 Tinata, Toscana Rosso, Monteverro

Im Erscheinungsbild imponiert der Tinata 2010 mit großer Dichte, bleibt aber immer noch transparent. Die Farbe wird von dunklem Pflaumenrot geprägt und geht zum Rand hin in einen violetten Schimmer mit Purpurreflexen über.

In der Nase drängen sich zunächst fruchtige Aromen in den Vordergrund. Pflaume, Schattenmorelle und auch etwas Schlehe bereiten einen vorab auf etwas Säure am Gaumen vor. Bei weiterer Belüftung verströmt der Wein dann einen fast überwältigenden Duft von Veilchen. Der Geruchsempfindung wird bei entsprechender Konzentration aber noch wesentlich mehr geboten: Erst einmal eine würzige Note, die an Nürnberger Lebkuchen erinnert, dazu gesellt sich ein anregender Hauch von Ingwer, gemahlener schwarzer Pfeffer beginnt ebenfalls die Nase zu kitzeln; zu guter Letzt lassen Schokoladenstaub und geröstete Kakaobohnen erkennen, dass der Wein im Barrique ausgebaut wurde.

Im Gaumen steht die Frucht noch wesentlich mehr unter Druck von ausgeprägten Tanninen und getoastetem Holz. Kandierte Kirsche und fleischige Schlehe lassen das Wasser im Mund zusammenlaufen, werden dann aber von Räuchernoten und zartbitterer Schokolade eingeholt. Wenn auch die adstringierende Gerbsäure momentan sehr fordernd auf den Gaumen wirkt, lässt sich dahinter eine faszinierende Geschmacksvielfalt entdecken mit Komponenten von dem bereits erwähnten Ingwer sowie Zitronat, schwarzem Pfeffer und Nelkengewürz. Die vom Duft versprochene Säure gibt sich köstlich saftig.

Der Tinata 2010 wirkt selbst nach vier Jahren Flaschenreife noch etwas jugendlich ungestüm, seine kräftige Struktur und das sensorisches Nuancenreichtum zeigen jedoch jetzt schon ein außergewöhnliches Potenzial an Eleganz und Lagerfähigkeit an. Wenn es des Beweises noch bedurft hätte – großer Syrah muss nicht immer von der Rhône oder aus Australien (Shiraz) kommen.

DIRK WÜRTZ

2010 Tinata, Toscana Rosso, Monteverro

Mehr Druck als der 2010 Tinata kann ein Wein eigentlich kaum noch haben. 70 Prozent Syrah und 30 Prozent Grenache sind dafür verantwortlich. Ein klassischer Rhône Blend, nur eben aus Italien. Tief dunkelrot ist er, mit leicht lilafarbenen Reflexen, was an seiner Jugendlichkeit liegt.

Der Geruch des Weins ist so vielseitig, dass es schwerfällt, ihn genau zu beschreiben. Ich kann lediglich versuchen, alles, was aus dem Glas strömt, aufzuzählen: Weihrauch, Liebstöckel, frisch gemahlener weißer Pfeffer, Pflaumenkompott, ein Hauch von Leder, Milchreis mit Zimt und irgendwie auch ein Hauch von Koriander. Und je länger der Wein im Glas ist und Luft bekommt, umso mehr zeigt sich eine ganz fantastische Anmutung von Graphit – Sie wissen schon, Bleistift und so. Und rote Beeren. Letztere übernehmen mehr und mehr das Kommando. Sehr komplex ist das Ganze. So komplex, wie kaum ein anderer Wein.

Alles ist extrem konzentriert, und ganz sicher handelt es sich hier nicht um ein leichtes Sommerweinchen für zwischendurch auf der Terrasse. Die Gerbstoffe sind präsent, aber weder rau noch sonst wie unangenehm. Beim ersten Schluck ist sofort der Druck zu spüren, den die ganze Sache hat. Jedoch auch etwas, was dem Wein trotz hoher Konzentration und viel Alkohol (14,5 %) beinahe Leichtigkeit verpasst: Säure! Die bringt Trinkfluss, und der sorgt für Spaß. Die Flasche wird schnell leer!

Der Wein hat großes Potenzial, das heißt, er kann ganz sicher in zehn Jahren auch noch mit Freude getrunken werden. Das geht allerdings auch jetzt schon. Das ist eine ganz typische Eigenschaft für diese Art von Wein. Er ist modern. Er kann in den Keller, muss aber nicht. Diese Weine sind „gemacht". Keine Heimatweine. Es dürfte schwierig sein, ihn in einer Blindprobe in die Maremma zu verorten. Der Wein ist vom ersten bis zum letzten Moment durchdacht und wie am Reißbrett entworfen. Das muss man nicht mögen, der puristische Weinafficionado hasst das sogar. Was übrigens absurd ist, denn solche Weine sind hilfreich für eine ganze Region – auch wenn sie nicht danach schmecken. Sie sind eine Art Leuchtturm. Ganz gewiss ist der 2010 Tinata so einer. Ein großer Wein. Für um die 80 Euro gehört sich das aber auch so.

Die römisch-katholische Basilika Birnau steht inmitten der Weinberge des Weinguts Markgraf von Baden. Die barocke Wallfahrtskirche ist berühmt für ihre prächtigen Fresken, Altäre und Skulpturen.

ESSEN UND WEIN

Wein. Das Buch.

Mise-en-place, Restaurant Traube Tonbach, Baiersbronn

ESSEN UND WEIN

STEFAN PEGATZKY

Neulich am Rande einer großen Weinprobe. Einige junge Teilnehmer kosten kreuz und quer, ganz nach Lust und Laune. Einige alte Hasen runzeln die Stirn. Da raunt mir ein Kollege ins Ohr: Zehn Jahre sei er jetzt Kundenberater einer großen Weinhandlung, eines hätte er dabei gelernt – es sei immer ein Fehler, dem Kunden vorzuschreiben, wie er glücklich werden soll.

Die Weinwelt war lange Zeit einer der wenigen Bereiche unseres Lebens, wo sich noch Regeln und Rituale mit langen Traditionen, ja sogar eine eigene Weinansprache gehalten hatten. Das ist längst vorbei, manche sagen gottseidank, manche weinen den alten Zeiten noch eine Träne nach. Das gilt auch für die Wahl der (Wein-)Begleitung zum Essen. Im Restaurant hat, selbst wenn es schwer fiel, auch der letzte Sommelier gelernt, dass der Kunde König ist. „Anything goes" gilt für die Frage, ob ich Sneakers zum Sakko trage, genauso wie bei der Wahl des Champagners zur Currywurst.

Alles zu dürfen heißt aber noch lange noch nicht, dass es auch sinnvoll ist, alles zu tun. Natürlich hat die neue Freiheit viel Neuland entdeckt: ungewöhnliche und schräge, aber auch aufregende Kombinationen zwischen Essen und Wein, die neugierig machen, weiter auf Entdeckungsreise zu gehen. Auf der anderen Seite stehen die Erfahrungen von Kennern, die sich dem Willen verdanken, die lustvolle Beziehung von Essen und Wein möglichst zu maximieren. Die den Ausdruck von Gerichten wie Getränken noch einmal zu steigern versuchen, indem sie für jedes von ihnen den idealen Dialogpartner ermitteln, nicht zuletzt aus Respekt vor den besten Erzeugnissen aus Küche und Keller. Diese Kombinationen sind nicht in Stein gemeißelt – zumal sich unser Essen und auch der Stil der Weine von Jahrzehnt zu Jahrzehnt dramatisch wandeln und jede Generation mit der Suche zumindest ein wenig wieder von vorne beginnen muss.

Wenn wir in diesem Weinbuch nun zu zehn Gerichten dreißig Weine präsentieren, so geschieht das nicht im Sinne eines Regelwerks, sondern als Anregung. In diese sind freilich einige der obigen Erfahrungen eingeflossen, die aus dem Zusammenspiel von Essen und Trinken mehr machen als eine mehr oder weniger sinnliche Nahrungsaufnahme: nämlich einen Akt der Kultur. Die aber bleibt immer nur dann lebendig, wenn Menschen sie durch eigene Erfahrungen erneuern.

Austern   Salzige Gerichte mögen mineralische Weine

ESSEN UND WEIN

AUSTERN

Zugegeben: Wenn man noch keine gegessen hat, muss man sich erst einmal einen Ruck geben. Aber ist nicht die ganze Feinschmeckerei ein Abenteuer? Eine Expedition zu immer neuen Geschmackserfahrungen? Und wer zum ersten Mal bei wachen Sinnen eine gute Auster probiert, ist in der Regel noch jedes Mal begeistert von dem intensiven, reinen Meeresgeschmack.

Natürlich kann man mit Austern auch kochen, und es gibt einige Rezepte, die durchaus kulinarisch Sinn haben. Aber bei herausragender Qualität sollte man Austern immer roh essen und möglichst auch keine Zitrone verwenden, die den Geschmack dominiert.

Eine rohe Auster ist nicht nur eine Muschel, sondern besteht auch aus dem Meerwasser, das das Muschelfleisch in der Schale umgibt. Je nachdem, wie sehr ich die Muschel beim Lösen aus der Schale verletze, „blutet" die Auster ein wenig aus, das heißt, sie gibt ein wenig ihrer Eigenflüssigkeit an das Wasser ab, wodurch dieses leicht milchig wird. Manche schütten dieses Wasser weg, dabei entgeht ihnen ein Großteil des Vergnügens – was auch dem passiert, der die Auster einfach „schlürft", also an Zunge und Gaumen vorbei in den Rachen gleiten lässt. Also erst die Austern kauen, und dann das Wasser nachschlürfen. Erst so eröffnet sich das volle und unvergleichliche Spektrum aus Meersalz, Seetang und vielleicht auch eine Spur von Nuss.

Wie alle Muscheln schwimmen auch Austern gerne in Wein. Für diesen gibt es zwei wesentliche Aufgaben: mit dem intensiven Aroma klarkommen und auf gar keinen Fall die zarte Reinheit des Meeresgeschmacks überdecken.

Für 1 Portion
3 Austern
Zitronensaft, nach Belieben
Eiswürfel

AUSTERN AUF EIS

Die Austern mit einem Austernmesser öffnen. Verunreinigungen entfernen, das Fleisch lösen und nach Belieben pur oder mit Zitronensaft beträufelt genießen.
Auf Eiswürfeln servieren.

KOMBINATION 1 | CHAMPAGNER
MOËT & CHANDON IMPERIAL

Austern und Champagner sind seit jeher eine klassische Kombination. Sicher, als Austern noch alltäglich waren wie im Frankreich des 19. Jahrhunderts, konnte man auch einmal Muscadet von der Loire dazu trinken. Aber wer nicht mit einem Importeur befreundet ist oder im Geld schwimmt, für den gehören Austern heute zu einem Festessen, und danach richtet sich dann auch die Weinbegleitung.

Der Impérial von Moët & Chandon ist der klassische Einstiegschampagner des Hauses oder der BSA, wie der Franzose sagt: brut sans année. Zugleich ist er das Aushängeschild der Marke und als meist verkaufter Champagner der Welt auch so etwas wie ein Repräsentant des Anbaugebietes insgesamt. Noch vor einigen Jahren wollte es die Marke zu vielen Konsumenten recht machen, aber seit Benoît Gouez leitender Kellermeister des Hauses ist, wurde der Wein mit nur noch 9 Gramm Dosage spannungsreicher. Nach wie vor aber verkörpert der Impérial die Stilistik des Hauses insgesamt: mit seiner niemals oxidativ wirkenden Frucht und einer delikaten, runden Textur.

Die Frische, die sich dem Ausbau im Stahltank verdankt, ist vielleicht der Schlüssel zum guten Zusammenspiel von Auster und Champagner. Da macht es auch nichts, dass neben dem Chardonnay, der wegen seiner Eleganz wohl am besten mit der Auster harmoniert, auch Pinot Noir und Pinot Meunier in der Cuvée vertreten sind. Nur Aromen vom Holz, wie sie gerne in Jahrgangs-Champagnern oder Prestige Cuvées angestrebt werden, wären hier unpassend. Wer ein wenig fortgeschrittener ist, kann auch einmal die Kombination von Austern mit reinen Blanc-de-Blancs-Champagnern versuchen, gerne auch noch trockener in Extra Brut oder ganz ohne Dosage. Da würde dann die reine Mineralität des Chardonnays auf die jodhaltige Salzigkeit der Muschel treffen und sicherlich Funken schlagen.

KOMBINATION 2 | WEISSWEIN
2013 KIEDRICH GRÄFENBERG RIESLING TROCKEN GG WEINGUT ROBERT WEIL

Eine gewagte Kombination, die aber zeigt, wo große trockene Rieslinge aus Deutschland heute stehen. Tatsächlich begriffen sich viele der ersten Großen Gewächse, die nach Einführung der Kategorie im Sommer 2002 erzeugt wurden, in der Tradition der trockenen Spät- und Auslesen vergangener Jahre. Hier waren bei der Ernte die Reife der Trauben und insbesondere der Zuckergehalt maßgebend. Nicht zuletzt durch den Einfluss der Klimaerwärmung kam es

so zu vielen voluminösen, alkoholreichen Rieslingen, die zwar eindrucksvoll waren, aber selten wirklich „groß".

Zu Beginn der 2010er-Jahre beschloss Wilhelm Weil vom Rheingauer Weingut Robert Weil, einer der Pionierbetriebe des deutschen Weinwunders in den 1990er-Jahren, einen stilistischen Wechsel, die „Entfettung" der Rieslinge hin zu mehr Präzision und Eleganz. Es wurde wieder früher gelesen, und die Weine wurden im Holzfass mit Spontanhefen ausgebaut. Statt der rebsortenbedingten Fruchtaromen spielte sich die Charakteristik der Top-Lagen, insbesondere der Phyllit-Schiefer des Gräfenbergs, deutlicher in den Vordergrund.

Diese Intensität des Terroirs ist es, die den Wein zum spannenden Partner der Auster macht. Keine unnötige Opulenz oder Restsüße mischt sich ein. Vielleicht muss man einschränken, dass noch nicht alle trockenen Spitzen-Rieslinge für so eine Paarung reif sind. Aber es werden immer mehr.

KOMBINATION 3 | WEISSWEIN
2015 WEHLENER SONNENUHR RIESLING SPÄTLESE WEINGUT DR. LOOSEN

Die gleiche Konsequenz, mit der die Auster als Lebensmittel zu sagen scheint: „Lieb' mich oder hass' mich", fordert sie auch von ihrer Weinbegleitung. So mag sie insbesondere keine sogenannte „dienende Restsüße", also den Tick Süße, der für viele Weinanfänger einem an sich trockenen Wein erst die richtige Harmonie zu verleihen scheint, ihn aber eigentlich nur überdeckt.

Und wie soll dann eine fruchtige Spätlese zur Auster funktionieren? Zunächst einmal deshalb, weil der Wein von Ernst Loosen, der von einer der berühmtesten Lagen an der Mittelmosel stammt, nicht „süß" im herkömmlichen Sinne ist. Tatsächlich kultivieren die Winzer dieser Region seit Jahrhunderten den Ausbau natursüßer Weine, deren Einzigartigkeit sich der langen Reifezeit des Rieslings in einer der nördlichsten Weinbauregionen der Welt ebenso verdankt wie der Qualität der Böden, auf denen der Wein wächst. Wissenschaftlich ist nicht erwiesen, wie die Aromatik der Schieferlagen ihren Weg in den Wein findet. Dass sie vorhanden ist, steht außer Frage, und sie hat die Spitzenweine der Region zu den weltweit gesuchtesten ihrer Art gemacht. Diese mineralische Intensität nun tritt nicht einfach neben die Fruchtigkeit der Traubensüße einerseits und die markante Säure des Weins andererseits, sondern alle drei bilden ein vibrierendes, spannungsreiches Ganzes.

Darauf reagiert die Auster verblüffend, fast möchte man sagen: überwältigend. Irgendwie schafft die Salzigkeit des Weins die Brücke zur Salzigkeit der Muschel. Am Gaumen entsteht nicht der klassische Akkord, sondern etwas gänzlich Neues. Mindestens einmal im Leben sollte man das ausprobiert haben!

Zander   Gebratener Fisch mit Rotwein klappt gut, wenn der Wein wenige Gerbstoffe hat

ESSEN UND WEIN

ZANDER

Der Zander ist spätestens seit dem Fall der Mauer zu Deutschlands Feinschmeckerfisch Nummer eins geworden. Er ist ein heimischer Süßwasserfisch, der in West- und Südeuropa nicht vorkommt – und bildet in Kombination mit Sauerkraut ein regelrecht deutsches Nationalgericht. Zu großer Form laufen beide auf, wenn der Fisch frisch ist und aus regionalen Gewässern stammt und das Kraut vor dem Kochen noch roh war, also nicht aus dem Glas oder einer Konservendose stammt.

Dieser Fisch besitzt ein feines weißes und grätenarmes Fleisch, aber der eigentliche Clou an ihm ist seine Haut, die durch das Braten schön kross wird und richtig lecker ist. Auf dem Teller hat man damit eigentlich zwei Bestandteile: das saftige, zarte Filet sowie die knusprige Haut mit den deutlichen Röstaromen. Dazu kommt als wichtigster Partner in diesem Fall das Rahmsauerkraut mit den Trauben. Dieses besitzt nichts von den altmodischen, sauer-dumpfen Kohlaromen, sondern ist im Gegenteil frisch und elegant. Denn die bei der Fermentation des Weißkohls entstehende Milchsäure ist, wenn es sich um gute Ware handelt, rassig und belebend. Wobei Sahne, Brühe, Honig und Gewürze diese solo doch recht dominante Zutat bändigen und gleichsam auf ein höheres Niveau befördern. Dazu setzen die Trauben durch ihre intensive Fruchtigkeit einen eigenen Akzent. Das erdige, vielleicht durch Beigabe von etwas Muskat leicht nach Moschus duftende Kartoffelpüree bildet dann den tiefen, beruhigenden Hintergrund des Gerichts.

Geht man diese Vielzahl von aromatischen Komponenten durch, wird schnell klar, dass die passende Weinauswahl keine ganz einfache Angelegenheit ist. Sie hängt nicht zuletzt davon ab, was der Gastgeber als zentralen Bestandteil des Gerichts ansieht. Das Zanderfilet verlangt erst einmal grundsätzlich nach ▷

Für 4 Portionen

1 kg mildes Sauerkraut
125 g Butter
12 Wacholderbeeren
2 Lorbeerblätter
125 ml Weißwein
125 ml Geflügelfond
150 ml Sahne
1 EL Honig
250 g kernlose helle Weintrauben
Salz, Pfeffer
4 Zanderfilets (à ca. 150 g)
Butter zum Braten
Mehl zum Bestäuben

ZANDERFILET AUF RAHMSAUERKRAUT

Das Sauerkraut in ein Sieb geben und unter fließendem Wasser waschen. Gut abtropfen lassen.

In einem Topf die Butter erhitzen, bei starker Hitze das Kraut hineingeben. Die Wacholderbeeren im Mörser zerdrücken und mit den Lorbeerblättern zugeben. Den Wein und den Fond angießen, die Hitze reduzieren und das Kraut bei geringer Hitze ca. 1 Stunde zugedeckt köcheln lassen. Dabei gelegentlich umrühren und bei Bedarf Flüssigkeit nachgießen.

Wenn das Sauerkraut gar ist, die Sahne und den Honig zugeben und gut untermischen. Nach Geschmack die Weintrauben ganz oder halbiert untermischen, mit Salz und Pfeffer abschmecken, die Lorbeerblätter entfernen.

Die Zanderfilets mit Küchenpapier trocknen und mit Salz und Pfeffer würzen. Die Butter zum Braten in einer Pfanne aufschäumen lassen. Die Filets mit etwas Mehl bestäuben und in der heißen Butter pro Seite 2 bis 3 Minuten braten.

Das Sahnekraut auf Tellern anrichten und jeweils ein Zanderfilet darauf legen.

Dazu Kartoffelpüree servieren.

finessenreichen, delikaten Weinen, die sich nicht übermäßig in den Vordergrund spielen. Die Kombination mit der gebratenen Haut lässt dabei durchaus auch Spielraum für kräftigere Weine, die im Holz ausgebaut wurden –, was auch Rotweine einschließt. Dann folgt der Akkord Säure–Frucht–Süße durch das Kraut. Das ist der eigentliche Knackpunkt: Auf keinen Fall darf der Wein selbst zu viel Säure haben, weil sich die des Essens und die des Weins verstärken, und er sollte nicht zu trocken sein. Für die Kombination mit dem Püree gilt zudem, dass der Wein trotz aller Finesse etwas Statur mitbringen muss.

KOMBINATION 1 | WEISSWEIN
2013 BOURGOGNE BLANC
DOMAINE BERNARD MOREAU & FILS

Einen Chardonnay, ja sogar einen klassischen Weißen Burgunder zu diesem Gericht zu servieren, ist eine Lösung, die nicht auf der Hand liegt und trotzdem überzeugt. Winzer Alexandre Moreau hat für seinen Basis-Weißwein Parzellen ausgewählt, die an die berühmte Appellation Chassagne-Montrachet angrenzen. Diese Herkunft, niedrige Erträge und die Tatsache, dass der Wein nicht viel anders ausgebaut wird als die berühmten Premiers und Grand Crus der Domäne, machen aus diesem Wein schon einen echten Einstieg in das Burgund.

Die Vergärung im kleinen Holzfass ist es auch, die dem Chardonnay seine merklichen Röstaromen verleiht, die mit denen der Zanderhaut perfekt harmonieren. Dabei ist der Wein so weit zurückgenommen, dass er auch ein guter Begleiter für das Filet ist. Wie viele Weißweine der neuen Winzergeneration aus dem Burgund ist auch der Wein von Moreau sehr lebendig und mineralisch, ohne es an Kraft und Intensität vermissen zu lassen. Mit dem Sauerkraut nimmt er es daher gut auf, es verstärkt sogar die Mineralität des Weins, einzig an den Trauben reibt er sich ein wenig: Deren Frucht findet in ihm keinen Widerhall.

Wer als Gastgeber gleichzeitig französische Weine liebt und die deutsche Küche schätzt, kann mit einem frischen, nicht zu üppigen Chardonnay zu diesem Gericht punkten. Richtig gut wird diese Kombination, wenn man dem Sauerkraut keine Trauben beifügt, sondern für einige Minuten ein paar kleine Morcheln mitgart.

KOMBINATION 2 | WEISSWEIN
2008 RIESLING SILBERLACK, ERSTES GEWÄCHS
SCHLOSS JOHANNISBERG

Klassischer geht es kaum. Diese Kombination gehört eigentlich in die Kategorie „Staatsempfang": mit der Queen in Schloss Bellevue beispielsweise oder mit dem französischen Ministerpräsidenten in der deutschen Botschaft von Paris … Aber im Ernst – wie der Zander mit Rahmsauerkraut ein Klassiker der Neuen

Deutschen Küche ist, so sind die Rieslinge von Schloss Johannisberg seit Jahrhunderten Ikonen der deutschen Weinkultur. Tatsächlich ist „Schloss Johannisberg" sowohl der Name für das Rheingauer Weingut als auch für die angrenzende Weinlage, eine der berühmtesten in Deutschland. Das Erste Gewächs ist dabei die höchste Gütestufe der trockenen Weine der Domäne, deren Qualität sich in den letzten Jahren immer merklicher aus dem Schatten der großen fruchtigen und edelsüßen Qualitäten des Hauses herausgearbeitet hat.

Wenn Klassiker auf Klassiker trifft, kann auch Langeweile das Resultat sein. Doch keine Spur! Der Wein ist wunderbar gereift, elegant, mit vielschichtigen Aromen von gelben Steinfrüchten und einer ersten Idee von Petrol, die ihm eine wunderbare Komplexität verleiht. Gereift, aber kaum gealtert! Denn der Wein ist unverändert frisch, nur die Säure ist etwas runder geworden, weshalb der Dialog mit dem Sauerkraut bestens gelingt. Auch der Aromen-Spagat von der Fischhaut bis zu den Trauben bereitet keine Mühe. Keine Frage, das ist schon großes Kino. Wer das vielleicht erst einmal eine Nummer kleiner (und preiswerter) ausprobieren möchte, dem sei empfohlen: entweder ebenfalls einen gereiften Riesling aussuchen – oder zumindest einen Riesling aus einem Jahrgang mit einer etwas runderen Säure.

KOMBINATION 3 | ROTWEIN
2014 SPÄTBURGUNDER QBA WEINGUT MEYER-NÄKEL

Fisch und Rotwein … geht immer öfter! Jedenfalls wenn der Rotwein über wenig Gerbstoffe und keine übermäßig „lauten" Fruchtaromen verfügt. Nahe liegt die Kombination auch gerade dann, wenn der Wein auch etwas gekühlt serviert werden darf und/oder der Fisch gebraten wurde, also deutliche Röstaromen mit im Spiel sind.

Einen guten Spätburgunder zum gebratenen Zander zu wählen, stellt in keiner Weise ein Risiko dar. Und wer noch Vorbehalte gegen deutschen Rotwein hat, darf diese getrost vergessen: Fast niemand bietet mehr die hellroten, dünnen, restsüßen Säuerlinge aus dem letzten Jahrhundert an. Tatsächlich spielen die „neuen" Spätburgunder längst im Konzert der Spitzenweine der Welt mit. In der Ahr-Region war Werner Näkel vom Weingut Meyer-Näkel einer der Lokomotiven der roten Weinrevolution der letzten dreißig Jahre in Deutschland. Seine Spätburgunder sind mustergültige Exemplare ihrer Art – und da macht auch der einfache keine Ausnahme: weiche Tannine, dezent kirschfruchtig, dabei kühl und seriös.

Man kann diesen Wein ohne Weiteres solo trinken und dabei seinen Spaß haben, aber zum Zander mit Sauerkraut wird daraus ein spannendes Event. Denn für unsere Gaumen ist hier ja so viel neu, der Fisch zum Rotwein, das Sauerkraut zum Rotwein, die Weintrauben zum Rotwein … Und siehe da: Alles klappt. Und wie! Kombinationen wie diese sollen auf jeden Fall zum Experimentieren anregen. Vielleicht wäre ein Spätburgunder, der nicht im großen Holzfass, sondern in gebrauchten Barriques gelagert wurde, noch interessanter, besonders in Kombination mit der Fischhaut? Wer weiß …

Kabeljau   Zurückhaltende Aromen beim Essen verhelfen filigranen Weinen zu vollem Ausdruck

KABELJAU

Man tritt dem Kabeljau nicht zu nahe, wenn man ihn als guten Speisefisch, aber nicht unbedingt als Delikatesse bezeichnet. Er nimmt in der Fischereiwirtschaft mit knapp 30 Prozent Anteil den ersten Platz in der weltweiten Grundfischerei ein und hat in den britischen „Fish and Chips" Kult-Status erreicht. Sein festes Fleisch ist nur verhalten aromatisch, zudem war er bis zu seiner Überfischung Dauergast in heimischen Esszimmern. So ist es nicht überraschend, dass er von Feinschmeckern zwar durchaus geschätzt, aber nur selten wirklich begehrt wird – sieht man einmal von der Varietät des Skrei (Winterkabeljau) ab, der jahreszeitlich begrenzt im nördlichen Eismeer mit Handangeln und Langleinen gefischt wird und durch ein ausgesprochen weißes, zartes Fleisch besticht.

Fisch in der einen oder anderen Weise mit Senf zu kombinieren, ist eine Variante, die allgemein als „deutsch" gilt. Ausländische Besucher hatten schon im 16. Jahrhundert geschrieben, dass die Deutschen zu allem Senf benutzen würden. Beim Fisch mag bis in die heutige Zeit eine Rolle gespielt haben, dass die scharfe Würze des ätherischen Senföls den penetranten Fischgeschmack so mancher Gammelware hat überdecken können. Ein Sternekoch wie Hans Stefan Steinheuer dosiert die Schärfe natürlich als Aroma, als kleinen Kick, der aus einer konventionellen Panade eine delikate Kruste macht. Dazu kommen bei ihm ganz ausgezeichnete kleine Pellkartoffeln, die hier alles andere als eine „Sättigungsbeilage" sind, sondern in ihrer dichten, fast süßen Erdigkeit gleichberechtigt neben den Fisch treten. Dennoch bleibt das Gericht wegen der Abwesenheit allzu markanter oder schwieriger Aromen zum Wein hin relativ „offen".

Für 4 Portionen

4 Kabeljaufilets (à ca. 125 g)
Salz, weißer Pfeffer
Zitronensaft
2 TL Senfpulver
2 Eier
2 EL Milch
1 EL Sahne
2–3 EL Mehl
Butterschmalz zum Braten
Mehl zum Wenden

KABELJAU MIT SENFHÜLLE

Die Fischfilets trocken tupfen. Dann salzen und pfeffern. Mit Zitronensaft beträufeln und beiseitestellen.

Das Senfpulver mit den Eiern, Milch, Sahne, Mehl, Salz und Pfeffer zu einem glatten Teig vermischen, etwas quellen lassen.

In einer Pfanne nicht zu wenig Butterschmalz erhitzen. Die Fischfilets erst in Mehl wenden, dann durch den Teig ziehen und zum Schluss im heißen Schmalz auf beiden Seiten schön knusprig braten.

Mit kleinen Pellkartoffeln und Butter servieren.

KOMBINATION 1 | WEISSWEIN
2010 GEHEIMRAT »J« SPÄTLESE TROCKEN
WEINGUT WEGELER

„Spätlese trocken" klingt wie ein Wein aus einer vergangenen Zeit. Tatsächlich war der „Geheimrat J", der als 1983er-Jahrgang zum ersten Mal erschien, vor dreißig Jahren ein Vorkämpfer des trockenen Rieslings, der Versuch, eine Art Château-Wein nach dem Vorbild des Bordelais im Rheingau zu etablieren, aus den besten Parzellen des Weinguts, ohne Nennung einer bestimmten Lage. Zugleich sollte der Wein, auch das nicht selbstverständlich für einen Riesling, ein hervorragender Essensbegleiter sein, mit Blick auf die Spitzengastronomie, in der bis dato auch bei Weißweinen französische Gewächse dominierten.

Wie absolut zeitgemäß dieses Konzept auch heute noch ist, trotz aller Große-Gewächse-Euphorie, beweist der Wein beim Essen. Mit zartem Petrolton, lebendiger Säure und etwas zurückhaltend, blüht der Wein im Kontakt mit dem Fisch und der Senfhülle förmlich auf. Mit einem Mal entfaltet sich die ganze Eleganz des Rieslings, kein selbstverliebter Solist, sondern ein Teamplayer. In diesem Fall benötigen Essen und Wein tatsächlich einander, auch wenn hier das Gericht letztlich nicht wirklich gleichberechtigt ist, sondern den „Geheimrat J" eigentlich erst auf das Podest hebt.

KOMBINATION 2 | ROTWEIN
2014 TROLLINGER GIPSKEUPER
WEINGUT SCHNAITMANN

Trollinger-Rebstöcke liefern Beeren so groß wie bei Tafeltrauben. Ein Grund, warum viele Rotweintrinker außerhalb Schwabens einen großen Bogen um den Wein machen: Hellrot, dünn und mit ordentlichem Süßeschwänzchen mochte die Rebe für das lokale „Viertele" reichen, aber doch kein ernsthaftes Weininteresse befriedigen. Seitdem aber Württembergs beste Winzer erst heimische Spätburgunder und dann Lemberger in immer ernsthaftere Weine verwandelt hatten, scheute die jüngste Winzergeneration auch vor dem schlecht beleumdeten Trollinger nicht zurück. Mit deutlich ertragsreduzierten Anlagen und in gebrauchtem Holz ausgebaut, entstehen mittlerweile Rotweine, die viel Trinkfreude bereiten und durchaus über Klasse verfügen.

Rainer Schnaitmanns Trollinger besticht durch eine sehr puristische Art und verbindet sich zunächst über die Bratoromen der Senfhülle mit dem Essen. Die sanften Tannine und der Mangel an Restsüße belassen dem Fisch seinen Charakter, mit Butter gesättigte Kartoffelstücke verstärken im Gegenzug die Harmonie des Weins. Eine schöne Kombination.

KOMBINATION 3 | WEISSWEIN
2014 IHRINGER WINKLERBERG GRAUBURGUNDER
WEINGUT DR. HEGER

Der Ihringer Winklerberg im badischen Kaiserstuhl ist mit seinem Vulkangestein sicherlich eine der berühmtesten Weinbergslagen Deutschlands. Dabei war er in den 1960er- und 70er-Jahren einmal der Schauplatz für eine massive Flurbereinigung, um dem dortigen Weinbau eine großflächige industrielle, sprich maschinenunterstützte Landnutzung zu ermöglichen, in deren Folge ganze Hänge abgetragen und neu modelliert wurden.

Heute kommen vom Winklerberg dank engagierter Winzer wieder Spitzenweine aus handwerklicher Produktion, wie etwa die verschiedenen Burgundersorten, Rieslinge und Silvaner von Joachim Heger. Das Weingut Dr. Heger unterscheidet dabei zwischen dem klassischen Winklerberg, dem Vorderen Winklerberg mit älteren Rebanlagen sowie einigen ganz besonderen Parzellen, die hier „Gewanne" heißen und ganz besonders hochklassige Weine liefern. Der als „Erste Lage" abgefüllte „einfache" Grauburgunder aus dem Winklerberg ist stets ein perfekter Botschafter von Rebsorte und Terroir: bei aller Breitschultrigkeit doch alles andere als träge, saftig, mit gelben Pflaumen in der Nase. Der Wein fühlt sich mit den buttrigen Kartoffeln pudelwohl und freut sich über den Senf in der Teighülle. Nur den Fisch „verschluckt" er vielleicht etwas zu rasch. Wer's filigraner mag, sollte den Weißburgunder von Dr. Heger aus der gleichen Lage probieren.

Lasagne Essen mit viel Umami hat mit säurereichen Weinen häufig Probleme

LASAGNE

Manchmal kann es nicht schaden, gewohnte Dinge aus ungewohnter Perspektive zu sehen. Lasagne zum Beispiel ist eines der wohl beliebtesten Gerichte, das die italienische Küche hervorgebracht hat und dessen Wurzeln bis in die Antike reichen. Die Ursprünge der heutigen „klassischen" Formen liegen im Bologna des 17. Jahrhunderts und spiegeln unübersehbar die Opulenz des damaligen Barockzeitalters wider.

Der Grund aber, warum wir einen so großen Heißhunger entwickeln, wenn wir den Geruch von Lasagne wahrnehmen, ist nicht einfach nur die Kombination aus frischer Pasta, würziger Fleischsauce und geschmolzenem Käse. Sondern die Tatsache, dass Lasagne durch seine verschiedenen Bestandteile in großer Menge einen Stoff enthält, der entscheidend für den Aufbau von körpereigenem Eiweiß ist. Dieser Stoff ist von so großer Bedeutung für uns, dass ihm die Natur einen eigenen Geschmack mitgegeben hat, über den ihn unsere Zunge identifizieren kann. Die japanischen Forscher, die ihn erst vor einigen Jahren identifizieren konnten, haben ihm den Namen „umami" gegeben: „Große Köstlichkeit". In der westeuropäischen Küche zum Beispiel weisen reife Tomaten viel von diesem Geschmack auf, noch konzentrierter Tomatenmark und besonders intensiv Parmesan. Nicht zuletzt entsteht er beim Schmoren von Röstgemüsen.

Für 4 Portionen

Bolognesesauce
1 Zwiebel
1 Knoblauchzehe
2 Karotten
2 EL Öl
600 g gemischtes Hackfleisch
Salz, Pfeffer
edelsüßes Paprikapulver
1 Dose (850 g) gehackte Tomaten
200 ml Fleischbrühe

Béchamelsauce
3 EL Butter
2 EL Mehl
600 ml Milch
Salz, Pfeffer
Muskatnuss

Fertigstellung
Butter zum Einfetten
Bolognesesauce
300 g Lasagneblätter
Béchamelsauce
100 g frisch geriebener Parmesan

KLASSISCHE LASAGNE

Zwiebel und Knoblauchzehe schälen, Zwiebel in kleine Würfel schneiden und Knoblauch fein hacken. Karotten putzen, waschen, schälen und ebenfalls klein würfeln. Öl in einer Pfanne oder einem Topf erhitzen und das Hackfleisch darin ca. 2–3 Minuten krümelig braten. Zwiebel-, Knoblauch- und Karottenwürfel zugeben und weitere 2 Minuten braten. Mit Salz, Pfeffer und Paprikapulver würzen. Gehackte Tomaten und Fleischbrühe zufügen, aufkochen und nochmals abschmecken.

Für die Béchamelsauce Butter in einem Topf zerlassen, Mehl einrühren und unter ständigem Rühren Milch zugießen. Die Sauce aufkochen, bei geringer Hitze ca. 1 Minute köcheln lassen, gelegentlich umrühren und dann mit Salz, Pfeffer und Muskatnuss abschmecken.

Backofen auf 180 °C Ober- und Unterhitze vorheizen. Währenddessen eine kleine Auflaufform mit Butter einfetten und etwas Bolognesesauce hineingeben, Lasagneblätter darüber legen und Béchamelsauce darauf verteilen. Die Auflaufform schichtweise füllen und mit Béchamelsauce abschließen. Zum Schluss den Parmesan darüber streuen und im vorgeheizten Backofen ca. 30 Minuten backen.

Auch die Weinbegleitung sollte sich danach richten. Der schieren Üppigkeit des Gerichts möchte man zunächst durchaus mit einer kräftigen Säure beim Wein beikommen – aber Vorsicht, eine hohe Säure kann in Kombination mit umami einen metallischen Geschmack auslösen. Auch die Empfindung für Bitternoten kann im Wein erheblich verstärkt werden. Also sollten Sie keine zu tanninreichen Weine verwenden.

KOMBINATION 1 | WEISSWEIN

2014 LA COULÉE DE SERRANT NICOLAS JOLY

Nirgendwo steht in Stein gemeißelt, dass man zu einer Lasagne immer Rotwein trinken muss. Ein frischer Weißwein aus der Emilia Romagna wie der Albana di Romagna kann sehr gut passen. Aber man kann sich auch einmal auf ein außergewöhnliches Experiment einlassen und zur Lasagne einen der ungewöhnlichsten trockenen Weißweine der Welt probieren, den Clos de la Coulée de Serrant von Nicolas Joly.

Dieser Wein von der Loire aus Chenin-blanc-Trauben besitzt eine eigene Appellation, ein Weinberg, der bereits 1130 von Mönchen angelegt wurde und schon früh zu den bedeutendsten von ganz Frankreich gezählt wurde. Seit 1977 wird er von Nicolas Joly bewirtschaftet, einem Pionier der biodynamischen Weinzubereitung. Bei keinem seiner Weine gibt es so etwas wie „Standardisierung", alle sind sie in gewisser Weise Grenzerfahrungen. Weil Joly die Weine recht oxidativ ausbaut (also mit Luftkontakt während der Vergärung), empfiehlt er, die Weine nach einer möglichst nicht unter zehn Jahre langen Lagerung 24 Stunden vor dem Servieren zu dekantieren und nicht unter 12 Grad zu servieren.

Das haben wir bei der Degustation komplett ignoriert – und dennoch war das Ergebnis sensationell. Der leicht restsüße, dabei sehr pure, säurebetonte und nach Heu duftende Wein schien durch das Essen einen regelrechten Entwicklungsschub durchzumachen. Sofort sank die Wahrnehmung der Süße, und der Wein gewann spürbar an Präzision, wobei er ganz verschiedene Geschmacksebenen entfaltete: salzige Mineralität, exotische Fruchtaromen sowie Kräuter- und Gewürznoten. Ob's an dem Umami der Lasagne lag?

KOMBINATION 2 | ROTWEIN

2011 BADIA A PASSIGNANO CHIANTI GRAN SELEZIONE ANTINORI

Für jede Art des Ragù alla Bolognese ist der Sangiovese di Romagna aus den Bergen um Bologna eine traditionelle Begleitung, was natürlich auch für die

Variante der Lasagne gilt, die ebenfalls mit einer Bolognesesauce zubereitet wird. Ihre edelste Ausprägung hat die Sangiovese-Traube allerdings nicht in der Emilia-Romagna, sondern in der Toskana gefunden, und so ist es kein Wunder, dass Weinliebhaber die Lasagne gerne mit einem guten Chianti begleiten.

Die Weingüter der Familie Antinori gehören zu den ältesten und bedeutendsten überhaupt in Italien. Auch die Geschichte des modernen Chianti wäre ohne sie kaum denkbar. Insbesondere gingen die Verwendung kleiner Holzfässer und die Verbannung weißer Rebsorten auf ihre Initiative zurück. Der Badia a Passignano ist ein hundertprozentiger Sangiovese aus dem Herzen der Chianti-Classico-Zone. Obwohl er für einen Wein seiner Klasse recht jung und teilweise in neuem Holz ausgebaut worden ist, kommt die Chianti-Charakteristik durch: Kirschenduft, weiches, schmeichelndes Holz, eingebundene Säure.

Der Chianti entfaltet sich noch einmal zur Lasagne, auch wenn die Reaktion viel „klassischer" ausfällt als beim Coulée de Serrant. Bei diesem Wein, der in der Chianti-Oberliga spielt und das auch durch Feinheit und Eleganz demonstriert, stellt sich in dieser Kombination auf der Stelle ein unmittelbares Italien-Glücksgefühl ein, so wie Urlaub auf der Zunge. Das kann man vielleicht im Einzelnen sensorisch nicht begründen, aber manchmal werden Essen und Wein eben noch durch ein Drittes begleitet: unsere Erinnerungen.

KOMBINATION 3 | ROTWEIN
DORNFELDER HALBTROCKEN WEINGUT SCHALES

Wenn in Deutschland seit einiger Zeit von einem Rotweinwunder die Rede ist, dann sind halbtrockene Dornfelder damit üblicherweise nicht gemeint. Schließlich ist „halbtrocken" eine Stilrichtung, die es schlechten und mittelmäßigen Winzern in der Vergangenheit erlaubt hat, mit etwas „schminkender" Restsüße diverse Fehlerchen beim Wein zu überdecken. Und Dornfelder gehört nicht zu den edlen, klassischen Rebsorten, sondern ist eine Neuzüchtung, von deren übermäßigem Anbau bei den Weißweinreben sich der deutsche Wein soeben erst erholt hat.

Dennoch hat der Dornfelder seine Daseinsberechtigung, denn er vermag in Deutschland farbintensive, unkomplizierte Weine mit einem guten „Preis-Leistungs-Verhältnis" zu liefern, zumal wenn die Weine von Qualitätsbetrieben wie dem Weingut Schales in Rheinhessen stammen. Werden die Weine halbtrocken ausgebaut und leicht gekühlt getrunken, erinnern sie mit ihrer intensiven Kirschfrucht und dem präsenten Tannin an den „echten" Lambrusco.

Wie dieser passt auch der Dornfelder wunderbar zur Lasagne. Wieder wird die Süße fast aufgesogen, was die Frucht zum Strahlen bringt. Gleichzeitig nimmt die Säure dem Essen die Schwere. Eine sehr sinnliche Variante!

Rumpsteak Röstaromen im Fleisch mögen im Holz ausgebaute Rotweine

… ESSEN UND WEIN

RUMPSTEAK

Klassischerweise wird das Rumpsteak aus dem hinteren Teil des Roastbeefs, also vom hinteren Rinderrücken geschnitten. Das Fleisch ist, auch wenn es eine feine Marmorierung aufweist, vergleichsweise mager und gleichzeitig saftig, bei kräftigem Geschmack. Idealerweise serviert man es medium rare, mit noch rosarotem Kern, einer nur oberflächlichen Bräunung und einer mittelkräftigen Kruste.

Pommes frites sind nicht nur in den USA die beliebteste Beilage, auch die Franzosen kombinieren ihr Entrecôte, das im Schnitt dem Rumpsteak vergleichbar ist, mit den beliebten Kartoffelstäbchen, die aber etwas schlanker sind als bei uns – gerne auch streichholzdünn als „Pommes allumettes". Sowohl Kartoffeln als auch Fleisch verdanken ihr dominierendes Aroma der sogenannten Maillard-Reaktion: Beim Braten und Frittieren werden die Oberflächen beider Produkte gebräunt, eine komplexe Reaktion, bei der sehr geschmacksintensive Stoffe entstehen. Zusätzlich findet eine Karamellisierung der Kohlenhydrate statt, sprich: Das Essen wird süßer.

Klassische Verbindung von Fleisch und Fritten ist seit jeher die Kräuterbutter. Sie erweitert das Aromenspektrum (Knoblauch!), integriert den Fleischsaft in Sekundenschnelle zu einer vollwertigen Sauce und fügt den Kartoffeln zur knusprigen Erdigkeit noch eine samtige Cremigkeit hinzu. Das mag auch der ▷

Für 4 Portionen

Kräuterbutter
250 g weiche Butter
1 Bund Schnittlauch
1 Knoblauchzehe
1 TL Salz

Pommes frites
1,2 kg mehligkochende Kartoffeln
Pflanzenöl zum Frittieren
Salz

Rumpsteak
4 Rumpsteaks (à ca. 200 g)
2 EL Butterschmalz
Salz, Pfeffer

RUMPSTEAK MIT KRÄUTERBUTTER UND POMMES FRITTES

Butter mit einem Handrührgerät verrühren. Schnittlauch waschen, trocken schütteln, in feine Röllchen schneiden und zur Butter geben. Knoblauchzehe schälen und durch eine Presse zur Butter drücken. Alles verrühren und mit Salz würzen. Die Masse auf ein großes Stück Frischhaltefolie geben, zu einer Rolle formen und die beiden Enden fest zudrehen. Dann zusätzlich in einen Bogen Alufolie einrollen und im Kühlschrank fest werden lassen.

Für die Pommes frites die Kartoffeln schälen und erst in 1 cm dicke Scheiben, diese dann in 1 cm dicke Stifte schneiden. Reichlich Öl auf 140 °C erhitzen. Kartoffelstifte sorgfältig trocken tupfen und portionsweise 7 Minuten vorfrittieren. Kurz abkühlen lassen. Kurz vor dem Servieren das Öl auf 175 °C erhitzen und die Pommes darin ca. 2-3 Minuten knusprig frittieren und abtropfen lassen. Dann salzen.

Rumpsteaks waschen, trocken tupfen und den Fettrand einschneiden. Butterschmalz in einer großen Pfanne zerlassen und die Steaks von beiden Seiten ca. 3 Minuten kräftig braten, dann ist das Fleisch medium. Mit Salz und Pfeffer würzen.

Die Rumpsteaks mit der Kräuterbutter und den Pommes frites servieren.

Wein, und da darf man ruhig in die kräftige Liga greifen, klassischerweise zu Weinen mit markanter Säure und präsenten Gerbstoffen, die wiederum bestens mit den Röstaromen des Essens auskommen.

KOMBINATION 1 | ROTWEIN
2011 CAVALLI
TENUTA DEGLI DEI

„Supertuscans" nennt man Weine aus der Toskana, die nicht nach klassischen Rezepten zubereitet wurden, sondern einfach nur versuchen, die bestmögliche Qualität zu liefern. Wie der Cavalli sind viele dieser Weine nach dem Muster von Bordeaux-Cuvées entstanden, also aus dem Blend von Cabernet Sauvignon und weiteren Trauben der Region, beim Cavalli demnach Cabernet Franc und Petit Verdot. Natürlich sind diese Weine in gewisser Weise „international", aber über viele Jahrzehnte haben Cabernet-Cuvées aus der Toskana demonstriert, dass sie zu den großen Weinen der Welt gehören, gerade durch ihre im Vergleich zum Bordelais etwas mürbere, sinnlichere Art.

Ein Großteil der Trauben für den Cavalli kommt aus Höhenlagen um 400 Meter, was ihm eine gute Säurestruktur verleiht – eine wichtige Voraussetzung zur Begleitung zum Rumpsteak. Der hohe Anteil an Petit Verdot verleiht dem Wein eine schöne pfeffrige Würze, die hervorragend mit dem Gericht harmoniert. Perfekt zum Sommer passt die intensive Frucht. In der kühleren Jahreszeit würde man vielleicht die kühlere, sozusagen „fleischigere" Stilistik etwa eines Cru Bourgeois aus dem Médoc vorziehen. Aber zweifellos ist der Cavalli ein vielschichtiger, eleganter Wein, der mit zunehmender Reife auch deutlich komplexere Speisen adäquat zu begleiten vermag.

KOMBINATION 2 | ROTWEIN
2013 MALBEC ALTOS DEL PLATA
TERRAZAS DE LOS ANDES

Fleisch, Fritten und Kräuterbutter sind ziemlich „direkte" Partner – und freuen sich auf ein gleichartiges Pendant, so er denn die geeignete Struktur hat. In den großen Tagen der Pariser Bistrots waren das gerne kräftige Rotweine aus den Provinzen, aus dem Madiran etwa oder dem Cahors. Die Rebsorten, aus denen die Weine stammten, Tannat beziehungsweise Malbec, galten als kräftig, geradeheraus und etwas rustikal, aber zum gebratenen Fleisch waren sie

unschlagbar. Während die Rebsorte in Frankreich immer seltener angepflanzt wurde, waren es französische Einwanderer, die den Malbec nach Argentinien brachten, wo er eine neue Heimat und ideale Anbaubedingungen fand. Heute ist er dort noch vor dem Cabernet Sauvignon die wichtigste Rotweinrebe.

Der Altos del Plata von Terrazas de los Andes zeigt sofort, warum „Malbec aus Argentinien" ein weltweiter Erfolg geworden ist. Da ist die an Bordeaux erinnernde, aber doch ganz eigene Aromatik mit Brombeeren, viel Würze und Vanille. Der Wein ist völlig ausgereift, aber nicht überreif – dank des Anbaus in über 1000 Metern Höhe fehlen ihm jegliche Likör- oder Marmeladenoten. Er ist direkt, ohne unterkomplex zu sein – und genau damit der richtige Partner für Steak und Fritten.

KOMBINATION 3 | WEISSWEIN
1992 HATTENHEIMER NUSSBRUNNEN RIESLING AUSLESE WEINGUT BALTHASAR RESS

Noch ein Tipp für Entdecker: gut gereifter, fruchtsüßer Riesling zu kurz gebratenem Fleisch! Dabei sollte man zu Weinen aus klassischen Lagen greifen, bevorzugt von Mosel-Saar-Ruwer, der Nahe oder aus dem Rheingau. Der Hattenheimer Nussbrunnen im mittleren Rheingau, den das Weingut Balthasar Ress heute als „Große Lage" etikettieren darf, garantiert durch wasserundurchlässige Schichten im Untergrund auch in heißen Jahren eine gute Wasserversorgung der Reben, Gewähr für ein gutes Alterungspotenzial.

Fast 25-jährig präsentiert sich die Auslese prachtvoll gereift und goldgelb im Glas, mit nur ganz verhaltenen Petrolnoten. Der Wein ist keineswegs firn, sondern noch überaus fruchtig und duftet nach reifen Aprikosen. Der Kontakt der cremigen, von markanter Säure durchzogenen Süße des Weins mit Fleisch und Butter ist verblüffend, die Frucht intensiviert sich sogar noch, der Wein scheint sich insgesamt zu verjüngen. Für das Fleisch wirkt der Wein vergleichbar einem Chutney, auch das Steak gewinnt deutlich.

Gulasch Schärfe im Essen wird durch säurearme, fruchtige Weine abgemildert

GULASCH

Gulasch, wie wir es heute kochen, hat wenig mit den Ursprüngen in der ungarischen Tiefebene zu tun, wo es ein Eintopfgericht der pannonischen Rinderhirten war, sondern entspricht der Wiener Art der Zubereitung, als sogenanntes Saftgulasch.

Dabei stehen sich Rindfleisch und Zwiebeln in fast der gleichen Menge gegenüber – und werden ergänzt durch Tomatenmark, Paprikapulver, Knoblauch und Gewürze, allen voran Kümmel. Saftgulasch ist keine Suppe, vielmehr verwandelt sich das Collagen, das Bindegewebe des Fleisches, in Gelatine, und parallel lösen die Zwiebeln nach stundenlangem Schmoren ihre Konsistenz völlig auf. Ergebnis ist ein saftiges und enorm sämiges Ragout von großer geschmacklicher Dichte und einer Idee Süße. Für Frische sorgen dabei die Beigabe von Essig und Zitronenschale beim Kochen – und eine Nocke Crème fraîche am angerichteten Teller.

▷

Für 4 Portionen
1 kg gut durchwachsenes Rindfleisch
Salz, Pfeffer
2 EL ungarisches Paprikapulver
½ EL Mehl
750 g Zwiebeln
3 Knoblauchzehen
4 EL Butterschmalz
1 EL Tomatenmark
1 EL Obstessig
1 Bouquet garni (aus Karotte, Lauch, Petersilie, Knollensellerie)
1 Lorbeerblatt
1 kleines Stück unbehandelte Zitronenschale
½ TL Kümmelsaat
Pflanzenöl
Getrockneter Majoran
4 TL Crème fraîche
1 EL Schnittlauchröllchen

KLASSISCHES RINDERGULASCH

Den Backofen auf 180 °C Ober- und Unterhitze vorheizen. Das Fleisch in etwa 3 cm große Würfel schneiden, mit Salz, Pfeffer und 1 EL Paprikapulver würzen und leicht mit Mehl bestäuben. Zwiebeln und Knoblauch schälen und in feine Würfel schneiden. Die Würfel von 1 Knoblauchzehe beiseitestellen. Die restlichen Knoblauchwürfel mit den Zwiebeln im heißen Schmalz glasig andünsten. Das Fleisch dazugeben und langsam anbraten. Tomatenmark und restliches Paprikapulver hineingeben und leicht anrösten. Mit Essig ablöschen und 100 ml Wasser dazugießen. Etwa 2,5 Stunden zugedeckt im Backofen garen, bis das Fleisch ganz weich ist.

Für das Bouquet garni das Gemüse waschen, trocken tupfen, zu einem Kräuterstrauß binden und mit dem Lorbeerblatt nach etwa 1,5 Stunden zum Fleisch geben. Während der Garzeit das Gulasch immer wieder umrühren und je nach Bedarf mit etwas Wasser begießen.

Nach Ende der Garzeit aus dem Ofen nehmen, Kräuterstrauß und Lorbeerblatt entfernen. Die restlichen Knoblauchwürfel mit Zitronenschale, Kümmel und ein wenig Öl ganz fein hacken. 1 Prise Majoran einrühren und das Gulasch mit Salz, Pfeffer und der Knoblauch-Gewürzmischung abschmecken.

Das Gulasch anrichten, darauf je 1 TL Crème fraîche geben und mit Schnittlauchröllchen betreuen. Dazu Bandnudeln servieren.

Das Gulasch tendiert je nach Menge und Art des eingesetzten Paprikapulvers zur Schärfe, weswegen Rotweine mit viel Säure und Alkohol vermieden werden sollten. Auch reagieren sehr gerbstoffreiche Weine zum Schmorfleisch selten zufriedenstellend.

KOMBINATION 1 | ROTWEIN
2015 KALTERERSEE KEIL
WEINGUT MANINCOR

Es gibt viel zu wenige gute leichte Rotweine! Dabei ist doch der Bedarf gerade im Sommer nach einem frischen Rotwein, den man auch etwas kühlen darf, immens. Früher waren einmal die Südtiroler Vernatsch-Weine (in Württemberg: Trollinger) vom Kalterer See solche Weine, bis Kellereien und Genossenschaften begriffen haben, wie wenig die urlaubsseligen Touristen an der Qualität der Weine interessiert waren. Als „Rentnerwein" ging der „Kalterersee" durch ein tiefes Tal der Tränen. Erst nach den Debakeln der 1980er-Jahre begann das Umdenken. Heute keltern Qualitätsbetriebe wie das Weingut Manincor wieder charmante, unkomplizierte Weine, die vorzüglich auch zur lokalen Küche passen.

Zum Gulasch ist der Kalterersee Keil der ideale Sommerwein. Die Herkunft von alten Reben und der Ausbau im großen Holzfass haben ihm genügend Substanz mitgegeben, um das geschmorte Fleisch gut zu begleiten. Gleichzeitig ist das Gulasch nicht zu fett oder überwürzt, um die feine Kirschfrucht des Weines zu überdecken. Durchaus so etwas wie Eleganz zeigt der Vernatsch nicht zuletzt auch in Kombination mit den feinen Bandnudeln.

KOMBINATION 2 | WEISSWEIN
2015 WÜRZBURGER PFAFFENBERG
SILVANER
WEINGUT BÜRGERSPITAL WÜRZBURG

Auf den Muschelkalkböden im Maindreieck bei Würzburg wachsen Deutschlands wohl berühmteste Silvaner. Tief im Gestein wurzelnde Reben liefern kraftvolle Weine, die gerade wenn sie „fränkisch trocken" ausgebaut wurden, das heißt trockener, als das Weingesetz es erfordert, hervorragende Speisenbegleiter

sind. Nicht zuletzt das 700 Jahre alte Bürgerspital zum Heiligen Geist verfügt hier über ein Füllhorn bester Weinbergslagen. Der Pfaffenberg ist ein Sammelname für ursprünglich vier alte Gewanne, allesamt in der Nähe des berühmten Würzburger Steins, den schon Goethe zu seinen Lieblingsweinen zählte.

Mit seiner milden Säure schmiegt sich der Pfaffenberger eng an die Sämigkeit des Gulaschs an. Hervorragend puffert sie vor allem auch die milde Schärfe. Zudem passen die leichte Erdigkeit und die Kräuternoten besser zum Schmorfleisch, als das etwa die fruchtigen Aromen von bukettbetonteren Weißweinen täten.

KOMBINATION 3 | ROTWEIN

2011 CONDADO DE HAZA CRIANZA ALEJANDRO FERNANDEZ

Die Weine von Alejandro Fernandez stehen für den immensen Fortschritt, den die Rotweine Spaniens seit den 1980er-Jahren durchgemacht haben. In der abgelegenen Region Ribera del Duero schuf er aus der einheimischen Rebsorte „Tinta del País", einer Spielart des Tempranillo, den Tinto Pesquera, dessen Gran Reserva international für Aufsehen sorgen sollte. 1985 begann er mit dem Aufbau seines zweiten Weinguts an den Ufern des Dueros, Condado de Haza, dessen gleichnamige Weine ebenfalls zu 100 Prozent als Tempranillo ausgebaut werden. Neben der Crianza, in der Ribera ein Wein mit zwölf Monaten Fasslagerung und 12 bis 18 Monaten Flaschenlagerung bei mindestens 24 Monaten Gesamtalter, werden noch eine Reserva Seleccion sowie die Gran Reserva „Alenza" erzeugt.

Die Tempranillo-Traube ist auch der Hauptbestandteil der Rioja-Weine, aber die Weine der Ribera unterscheiden sich doch deutlich von diesen, jedenfalls wenn sie traditionell erzeugt wurden. Legen klassische Riojas Wert auf reife, oxidative Noten, geht es den Ribera-Weinen eher um eine starke Extraktion von Frucht und den Schmelz, der durch den Ausbau in kleinen Eichenfässern entsteht. Den mag natürlich auch das Gulasch, zumal Tempranillo auch über eine eher weiche Säure verfügt. Und da gute Riberas nie einfach nur fruchtig, sondern zumeist auch intensiv würzig sind, passt sich der Wein auch aromatisch sehr schön an das Schmorgericht an.

Tafelspitz Intensive Beilagen können für die Weinbegleitung zum Problem werden

TAFELSPITZ

In Brühe gekochtes Rindfleisch war im alten Wien nicht einfach „ein Gericht, es war ein Lebensstil" (Joseph Wechsberg). Dabei war diese Kochmethode im 19. Jahrhundert im übrigen Europa noch ziemlich umstritten, weil es das Fleisch in „saft- und kraftloses Fasergewebe" verwandeln würde. Erst als 1873 der Wiener Stadtrat zweiundzwanzig unterschiedliche Rindfleischqualitäten in der „Qualifikationstabelle für Ochsen" definierte und die Köche für jedes dieser Teilstücke geeignete Rezepte schufen, erwarb sich die Vielfalt der Wiener Rindfleischküche auch internationales Renommee. Am prominentesten beim Wiener Tafelspitz.

Gekochtes Fleisch ist zart, aber geschmacklich nicht sehr intensiv. Wo beim gebratenen oder gegrillten Fleisch die Röstaromen locken, muss Kochfleisch durch seine Zutaten glänzen. In alten Wiener Gastwirtschaften wird gekochtes Rindfleisch noch immer auf einem eigenen Rindfleischteller serviert, wobei das ▷

Für 4 Portionen

Tafelspitz
- 1 kg Kalbstafelspitz
- 1 Bund Suppengrün (Karotten, Lauch, Knollensellerie)
- 1 Zwiebel
- 1 Lorbeerblatt
- 5 Pfefferkörner
- 2 Nelken
- 3 Stängel glatte Petersilie

Meerrettichsauce
- 1 Zwiebel
- 1 Lorbeerblatt
- 2 Nelken
- 2 EL Butter
- 2 EL Weizenmehl
- 500 ml Milch
- 1–2 EL frisch geriebener Meerrettich
- Salz, Cayennepfeffer
- Muskatnuss
- Zitronensaft
- 1 EL gehackte, glatte Petersilie, nach Belieben

Kartoffeln
- 1 kg neue Kartoffeln
- Salz
- 1 EL Butter

Rahmspinat
- 1 Zwiebel
- 1 Knoblauchzehe
- 1 EL Butter
- 300 g tiefgekühlter Rahmspinat
- Salz, Pfeffer
- Muskatnuss

WIENER TAFELSPITZ MIT MEERRETTICHSAUCE, SPINAT UND NEUEN KARTOFFELN

Den Tafelspitz in einem Topf mit 3 l kaltem Wasser aufkochen und etwa 2,5 Stunden bei geringer Hitze köcheln lassen. Dabei den Schaum immer wieder abschöpfen. Das Suppengrün putzen, waschen, gegebenenfalls schälen und klein schneiden. Die Zwiebel mit der Schale halbieren. Gemüse, Zwiebel, Lorbeerblatt, Pfefferkörner und Nelken nach etwa 1 Stunde zum Fleisch geben. Petersilie waschen, trocken tupfen und mit dem Lauch nach etwa 2 Stunden zum Tafelspitz geben.

Für die Meerrettichsauce die Zwiebel schälen und mit Lorbeerblatt und Nelken spicken. Die Butter in einem Topf zerlassen und das Mehl zügig einrühren, bis eine Mehlschwitze entsteht. Mit Milch ablöschen und unter Rühren zu einer sämigen Sauce kochen. Die gespickte Zwiebel zugeben, den Meerrettich einrühren und die Sauce bei geringer Temperatur ca. 15 Minuten köcheln lassen. Die gespickte Zwiebel herausnehmen. Nach Belieben die fertige Sauce durch ein feines Sieb streichen und mit Salz, Cayennepfeffer, frisch geriebener Muskatnuss und einem Spritzer Zitronensaft abschmecken und warm halten. Die Kartoffeln gründlich waschen und ungeschält in ausreichend Salzwasser garen. Abgießen, etwas abkühlen lassen und pellen. In einer Pfanne die Butter schmelzen und kurz vor dem Servieren die Kartoffeln darin schwenken.

Für den Rahmspinat Zwiebel und Knoblauch schälen. Die Zwiebel in kleine Würfel schneiden und den Knoblauch fein hacken. Die Butter in einem Topf zerlassen, dann Zwiebelwürfel und gehackten Knoblauch darin anschwitzen. Den Spinat zugeben und nach Packungsanleitung zubereiten. Mit Salz, Pfeffer und Muskatnuss abschmecken. Den Tafelspitz in Scheiben schneiden. Mit der Sauce, Spinat und Kartoffeln anrichten. Nach Belieben noch mit frischer Petersilie bestreuen und servieren.

Fleisch in die Mitte kommt, und außenherum zwölf schalenartige Vertiefungen die Beilagen aufnehmen. Auch der Tafelspitz, dessen Name ja erst einmal nur ein ganz bestimmtes Teilstück des Rindes bezeichnet, ist im Prinzip offen für seine Begleiter. Bekannt wurde die Zubereitung mit gerösteten Kartoffeln, Schnittlauchsauce und Apfelkren, zusätzlich auch mit Rahmspinat und separat gereichter Brühe.

Hans Stefan Steinheuer konzentriert sich bei seiner Variante auf vier Elemente: das klassische Fleisch, eine warme Meerrettichsauce, die das Fleisch napiert, also überzieht –, und die ganz anders aufgebaut ist als der klassische Apfelkren, dann der Rahmspinat und schließlich gebutterte Pellkartoffeln. Das ergibt eine ganz eigene Optik, verbleibt aber natürlich geschmacklich eng am Vorbild. Auch die Weinbegleitung ist die des klassischen Tafelspitzes, wobei Meerrettich und Spinat hier die beiden heiklen Slalomstangen sind, die es zu umfahren gilt: also Vorsicht vor spitzer Säure oder markantem Tannin. Ein gehaltvoller Weißwein ohne Holzaromen ist immer eine gute Wahl.

KOMBINATION 1 | WEISSWEIN
2015 WEISSER BURGUNDER TROCKEN WEINGUT KNAB

Baden hat, nicht zuletzt durch seine Nähe zu Frankreich, schon eine längere Tradition bei der Erzeugung von essensbegleitenden Weinen als viele andere deutschen Weinbauregionen. Prädestiniert ist dafür die Gegend um den Kaiserstuhl, wo insbesondere die Burgunderrebsorten ideale Bedingungen vorfinden. Spezialist für den Ausbau des ganzen Sortenspektrums ist die Familie Rinker vom Weingut Knab: Vom Weiß- und Grauburgunder über Chardonnay und Auxerrois bis hin zum Spätburgunder werden hier hervorragende klassisch-trockene Weine mit einer guten Alterungsfähigkeit ausgebaut.

Ein guter Weißburgunder ist so etwas wie die „Allzweckwaffe" der deutschen Gastronomie geworden: Er irritiert nicht durch hohe Säure wie mancher Riesling, beschwert nicht wie ein üppiger Grauburgunder und ist zumeist eleganter als ein erdiger Silvaner. Gut gemacht zeichnet er sich durch einen schönen Trinkfluss aus und schmiegt sich hervorragend an fast alle Speisen an. Das zeichnet auch den Weißburgunder von Knab aus. So hat er beim Tafelspitz weder mit der Meerrettichsauce noch mit dem Spinat ein Problem, im Gegenteil. Eine feine Kombination.

KOMBINATION 2 | WEISSWEIN
2015 GRÜNER VELTLINER FEDERSPIEL KOLLMITZ DOMÄNE WACHAU

Die klassisch-österreichische Weinbegleitung des Tafelspitzes erfolgt idealerweise durch einen Grünen Veltliner aus der Wachau. Zwar gilt der Veltliner vielen als Wein der Buschenschänken und Heurigenlokale: wenig anspruchsvoll und etwas dünn. Tatsächlich aber liefert die Rebsorte gerade auf guten Böden ernstzunehmende, lagerfähige Weine. Schon seit Jahrzehnten mit an der Spitze der Qualitätsbetriebe ist die Domäne Wachau, eine der besten Winzergenossenschaften. Ihr Grüner Veltliner Kollmitz stammt aus Joching, eine „Riede" aus Lössböden auf braunem Schiefer, die cremig-würzige Weine hervorbringt.

Wachauer Weine werden in den drei Qualitätsstufen Steinfeder, Federspiel und Smaragd angeboten, mit steigender Dichte und Volumen. Welche der Kategorien man zum Essen auswählt, ist eine Frage der persönlichen Vorliebe: Eine Steinfeder ist zum Fleisch mit der Meerrettichsauce vielleicht etwas zu leicht – und ein Smaragd im Sommer möglicherweise etwas zu dicht und hoch im Alkohol. Das mittelgewichtige und elegante Federspiel mit seinen verhaltenen Noten gelber Steinfrüchte und der dezenten Säure ist dagegen eine sehr harmonische Begleitung, wenn der Wein nicht zu sehr im Vordergrund stehen soll.

KOMBINATION 3 | WEISSWEIN
2015 GEWÜRZTRAMINER CASTELL SALLEGG

Stark duftende Rebsorten sind in unserer Zeit bedauerlicherweise ziemlich unmodern. Dabei können klassische Rebsorten wie der Gewürztraminer ganz einzigartige Duft- und Geschmackserlebnisse bereiten.

Will man Gewürztraminer nicht als Solisten, sondern an der Tafel einsetzen, muss man sich vergegenwärtigen, dass es bei den trockenen Weinen zwei verschiedene Stilistiken gibt, einmal den opulent-öligen Typ, den man vor allem im Elsass findet, und den immer beliebteren schlankeren Typ, wie ihn etwa die Höhenlagen seiner alten Heimat Südtirol hervorbringen. Ein solcher Wein ist auch der Gewürztraminer von Castell Sallegg, einem traditionsreichen Weingut der Grafen von Kuenburg in Kaltern bei Bozen. Beim Essen ist es vor allem die faszinierende Wechselwirkung vom Meerrettich der Sauce einerseits und den Rosen- und Lycheenoten des Weins andererseits, die einen für diese Verbindung einnimmt, wobei die niedrige Säure und leichte Restsüße des Weins auch die Schärfe gut puffert. Nicht von ungefähr passt Gewürztraminer auch hervorragend bei asiatischem Essen.

Wiener Schnitzel Bieraromen kommen im Weinglas besser zur Entfaltung

WIENER SCHNITZEL

Über kaum eine Herkunft eines Gerichtes wird lustvoller gestritten als über die des Wiener Schnitzels. Ob nun aus Mailand, von Byzantiner Juden oder doch aus Wien, Gründe für die jeweilige Zuschreibung finden sich allemal. Einig aber ist man sich, dass die goldgelbe Panade nur ein optischer Ersatz für eine Sitte des Spätmittelalters war, Speisen mit Blattgold zu belegen, bis dieser Luxus dann verboten wurde. Man mag sich nicht vorstellen, welches Getränk einstmals ein fürstlicher Mundschenk zu so einem Goldschatz vorgeschlagen hat …

Die heutige Variante aus einer dünnen, panierten und knusprig gebratenen Tranche aus der Kalbsnuss, wie sie sich als „Wiener Schnitzel" im 19. Jahrhundert herausgebildet hat, stellt die Weinbegleitung vor keine allzu großen Schwierigkeiten. Das helle Kalbfleisch ohne eigene Röstaromen legt jedenfalls eher Weißweine oder leichte Rotweine nahe, das gleiche gilt für die Panade, wie immer diese im Einzelnen auch zubereitet sein mag. Traditionell wird das Wiener Schnitzel ja „trocken" serviert und nur mit etwas Petersilie und einem Zitronenachtel angerichtet, wobei etwas Saft auch über das Schnitzel verteilt wird – daher ist bei der Säure des begleitenden Weins eine gewisse Zurückhaltung angeraten. Werden zusätzlich oder alternativ, angeblich nach einem Brauch der Habsburger, Kapern und Sardellenfilet dazu serviert, sollte man auf der weißen Seite bleiben.

WIENER SCHNITZEL MIT KARTOFFELSALAT

Für 4 Portionen
- 500 g festkochende Kartoffeln
- Salz
- Kümmelsamen, nach Belieben
- 200 ml Rinderbrühe
- 1–2 EL Sherryessig
- 3 EL Pflanzenöl
- Pfeffer
- 1 Bund Schnittlauch
- 4 Kalbsschnitzel (à ca. 150 g)
- 2 Eigelb
- Mehl und Semmelbrösel zum wenden
- Butterschmalz zum Braten
- Saft von 1 Zitrone

Für den Kartoffelsalat die Kartoffeln waschen und in ausreichend Salzwasser, nach Belieben mit Kümmel gewürzt, garen. Die gekochten Kartoffeln abgießen und etwas auskühlen lassen. Die Rinderbrühe in einem kleinen Topf erwärmen. Aus der warmen Brühe mit Essig und Öl eine Marinade rühren, mit Salz und Pfeffer kräftig abschmecken. Die warmen Kartoffeln pellen und in dünne Scheiben schneiden. Mit der Marinade vermischen und 30 Minuten durchziehen lassen. Kurz vor dem Servieren den Kartoffelsalat nochmals gut abschmecken. Den Schnittlauch waschen, in feine Röllchen schneiden und über den Salat streuen.

Die Schnitzel waschen und trocken tupfen. Nach Bedarf zwischen Klarsichtfolie legen und flach klopfen. Die Eigelbe in einen tiefen Teller geben und mit einer Gabel verschlagen. Je einen flachen Teller mit dem Mehl und mit den Semmelbröseln bereitstellen. Einen Teller zum Abtropfen der fertigen Schnitzel dick mit Küchenpapier auslegen. In einer großen Pfanne reichlich Schmalz stark erhitzen. Die Schnitzel salzen und pfeffern, erst in Mehl, dann in den Eigelben und schließlich in den Semmelbröseln wenden. In das Schmalz geben und in 2 bis 3 Minuten knusprig ausbacken. Die gebratenen Schnitzel aus dem Fett heben und auf dem Küchenpapier abtropfen lassen. Mit etwas Zitronensaft beträufeln und heiß mit dem Kartoffelsalat servieren.

Eine zusätzliche Klippe ist auch die weitere Begleitung, die üblicherweise aus einem Salat besteht, aus Kopfsalat, Gurken oder vor allem natürlich einem Kartoffelsalat. Die klassisch österreichische Version entsteht lediglich mit Brühe, Essig und Schnittlauch und kann, wenn von Meisterhand zubereitet, perfekt „schlotzig"-cremig sein. Auch hier gilt die Achtsamkeit des Sommeliers der Säure, weitere Zutaten (Gurken, Rübchen, Speck) erfordern eventuelle leichte Korrekturen bei der Auswahl. Bei der Verwendung von (Industrie-)Mayonnaise sollte man unbedingt vor dem Servieren probieren und, wenn es gar nicht geht, einem guten Bier den Vorzug geben.

KOMBINATION 1 | WEISSWEIN

2014 RIED LAMM ERSTE LAGE KAMPTAL RESERVE GRÜNER VELTLINER SCHLOSS GOBELSBURG

Nicht nur an der Donau können gute, ja große Grüner Veltliner entstehen. Auch am Ufer des Kamps, der aus dem Waldviertel kommend östlich von Krems in die Donau mündet, stammen große Klassiker dieser Rebsorte. Eine Bastion traditionell erzeugter Weine ist Schloss Gobelsburg, dessen in Doppelfudern ausgebaute Lagen-Veltliner, allen voran aus der Riede „Lamm", zugleich wuchtig und finessenreich sind.

Der noch sehr junge, gleichwohl ziemlich präsente Wein benutzt den Wiener Klassiker gewissermaßen als Sprungbrett, um schon einmal nach den Sternen zu greifen. Wie durch eine plötzlich geöffnete Kammer wird die komplexe Struktur und intensive Salzigkeit des Weins freigelegt. Interessanterweise erfolgt zugleich der von Wiener Sommeliers gelegentlich beschriebene Effekt einer Betonung der „brotigen" Note in der Panade, auch wenn das Essen insgesamt eher in den Hintergrund gerät. Wer eher einen gleichberechtigten Partner sucht, sollte vielleicht auf einen der Ortsweine von Schloss Gobelsburg wie den Grünen Veltliner Langenlois oder eine Veltliner Steinfeder aus der Wachau zurückgreifen.

KOMBINATION 2 | WEISSWEIN
2015 SAUVIGNON BLANC CLOUDY BAY

Nach der Sancerre-Welle der 1970er-Jahre waren es seit Ende der 1980er-Jahre die Sauvignon Blancs aus Neuseeland, die die Gourmets weltweit für diese Rebsorte begleiteten: Empfahlen sich doch die trockenen, fruchtintensiven Weine als vorzügliche Partner für Fischgerichte und Meeresfrüchte aller Art. Ein Pionier dieser Stilrichtung, die heute auf der ganzen Welt Nachahmer findet, war das Weingut Cloudy Bay in Marlborough auf der kühleren Südhalbinsel Neuseelands. Nach einer kleinen Schwächephase, als die Produktion zu schnell gewachsen war, ist man unter dem neuen Eigentümer LVMH wieder auf dem Weg zu alter Größe.

Dass Sauvignon nur zu Fisch passt, ist ein Vorurteil, das diese Paarung klar widerlegt. Nicht ganz unschuldig daran ist natürlich, dass der Cloudy Bay alles andere als ein einfacher „Stachelbeere-Grüne-Paprika"-Wein ist. Reduzierte Erträge, teilweiser Ausbau mit natürlichen Hefen beziehungsweise im neuen Holz sorgen für eine gute Komplexität, bei aller Frische und jugendlicher Fruchtigkeit. Das geht verblüffend gut zusammen zum Schnitzel samt Kartoffelsalat, ja es erweitert sogar dessen so vertrautes Geschmacksbild. Wenn die österreichischen Weine nicht so gut wären, könnte das vielleicht eine neue Wiener Kult-Kombination werden.

KOMBINATION 3 | BIER
PILS AUS DEM WEINGLAS KÖNIG PILSENER, BITBURGER

Ein gutes, frisch gezapftes Pils ist nie verkehrt. Sei es, weil man wirklich einmal etwas gegen den großen Durst benötigt, sei es, weil nach einer anstrengenden Weinprobe auch einem Winzer nichts so gut wie ein kleines Helles schmeckt. Das König Pilsener, mit Wurzeln „im Pott" und heute im Besitz der Bitburger-Gruppe, verfügt über ein angenehmes Hopfen-Aroma und leicht süßlich-malzige Noten, die im Weinglas gut zum Ausdruck kommen. Es ist ausgewogen und nicht aufdringlich. Genau das Richtige zu einem köstlichen Wiener Schnitzel und nach einem langen Tag.

Brotzeit   Fettreiche Speisen fordern
lebendige, säurebetonte Weine

ESSEN UND WEIN

BROTZEIT

Dass die Küche manchmal kalt bleiben muss, ist noch lange kein Grund, auf guten Wein zu verzichten. In Süddeutschland hat das allerdings wesentlich mehr Tradition als im protestantischen Norden, weshalb „Brotzeit" für den Genießer immer noch wesentlich verheißungsvoller klingt als etwa das bescheidenere „Abendbrot". Zudem gibt die Brotzeit Gelegenheit, zwei deutsche Klassiker miteinander zu kombinieren: gescheites Brot und herzhafte Wurst.

Blut- und Leberwurst bilden dabei das Vorzugspärchen Nummer eins, erprobt auch gemeinsam in zahlreichen warmen Regionalgerichten. Das ist eine rustikale Angelegenheit, aber mit einem ordentlichen Sauerteigbrot und Würsten guter Herkunft – von Metzgern etwa, die noch selbst schlachten und überlegt würzen –, wird das Ganze auch eine Sache für Feinschmecker. Auf jeden Fall bilden Blut und Leber die geschmacklichen Eckpfeiler, wobei das Blutaroma ganz wesentlich in das der Leber hinüberspielt. Auf jeden Fall sind das erdige, süße Noten und etwas, was an Eisen erinnert. Was neben diesem Grundakkord anklingt, ist vom jeweiligen Metzger abhängig: Wesentlich ist natürlich die cremige Textur von besten Speckpartien, aber die Kombination aus Kräutern und Gewürzen für die jeweilige Wurst – Piment, Knoblauch und Kardamom vielleicht für die Blutwurst, thüringischer Majoran, Muskat, Vanillezucker für die Leberwurst? – ist natürlich Betriebsgeheimnis. Zudem gibt es Unterschiede in der Zubereitung: Viele Blutwürste etwa werden nach dem Trocknen noch kalt geräuchert. Zu diesen Aromapaketen kommen das Brot und die Beilagen, und auch die haben es in sich. Denn zum einen setzen beim Brot Sauerteig und die dunkle, stark gebräunte Kruste schon ein geschmackliches Ausrufezeichen ganz eigener Art. Und schließlich sind auch Senf (Schärfe!), Radieschen (leichte Bitternoten und noch einmal Schärfe!) und Essiggurken (Säure!) keine Gesellen aus der Harmonie-Fraktion.

▷

Für 1 Portion
3 Scheiben leicht geräucherte
  Leberwurst
3 Scheiben feine Blutwurst
Bauernbrot, nach Bedarf
Butter zum Bestreichen
3 Radieschenspalten
1 TL Zwiebelwürfel
½ Gewürzgurke,
  in Fächer geschnitten
1 TL Senf

BROTZEIT

Die Brotzeit dekorativ anrichten und alles zusammen genießen.

Dazu kann man natürlich einfach ein Bier trinken, aber weitaus interessanter ist die Kombination mit Wein. „Aß auch die gute Leberwurst | Und trank den Wein für seinen Durst" heißt es schließlich schon in den Struwwelpeter-Geschichten von 1845. Worauf aber sollte man in diesem Fall achten? Fett und leichte Süße der Wurst fordern bei Weißweinen eine gute Statur, durchaus mit Säure, aber nicht zu jung und spitz, weil sonst die Kollision mit den Essiggurken und Senf folgen würde. Rotwein geht auch, gerade bei geräucherter Blutwurst, aber er sollte mittelreif sein und nicht zu wuchtig.

KOMBINATION 1 | CHAMPAGNER
CHAMPAGNER VEUVE CLICQUOT

Wer kennt das nicht? Spät nachts nach Hause kommen und hungrig sein … Nichts im Kühlschrank, außer etwas Wurst und die obligatorische Flasche Champagner. Könnte also schlimmer sein. Aber hat es dennoch Sinn, beides zu kombinieren?

Uneingeschränkt ja! Tatsächlich ist Champagner in Fragen Essensbegleitung ein Tausendsassa, weshalb viele Spitzenköche ein ganzes Menü nur mit Champagner begleiten. Warum das so ist, liegt an der Zusammensetzung des Schaumweins. Denn tatsächlich werden bei der Herstellung in der Regel drei Rebsorten verwendet, zwei Rotwein- und eine Weißweinsorte. So ist etwa der klassische „Yellow Label" von Veuve Clicquot aus etwa 55 Prozent Pinot Noir, 28 bis 33 Prozent Chardonnay, 15 bis 20 Prozent Pinot Meunier komponiert. Champagner hat immer eine gute Säure, wie sie hier auch benötigt wird, um überhaupt mit der Brotzeit mitzuhalten. Aber es ist der hohe Anteil roter Trauben, der dem Wein die Kraft gibt, ein ebenbürtiger Partner der Würste zu sein. Und weil die „Witwe" für einen Brut-Wein immer auch eine verhältnismäßig hohe Dosage mitbringt, sprich ein klitzekleines Säureschwänzchen, kann man beim „Match" mit der fetten Leberwurst richtig ins Schwärmen geraten …

KOMBINATION 2 | WEISSWEIN
2010 RIESLING AUSLESE ROTHENBERG WEINGUT GUNDERLOCH

Bei aller Begeisterung über die wunderbaren trockenen Weißweine, die seit einigen Jahren hierzulande entstehen, droht fast ein wenig in Vergessenheit zu geraten, was die traditionelle Stärke des deutschen Weinbaus ausmacht: fruchtige Rieslinge mit einer natürlichen Restsüße. Einige der führenden Wein-

güter der Nation exportieren den Großteil ihrer Spitzenweine daher ins Ausland. Auch das Weingut Gunderloch von der rheinhessischen Rheinfront hält es so, selbst wenn es als Schauplatz von Carl Zuckmayers Theaterstück „Der fröhliche Weinberg" gleichsam zum deutschen Weinkulturerbe zählt.

Dabei eignen sich diese fruchtigen, mit zunehmendem Alter nur noch dezent restsüßen Weine hervorragend auch als Speisenbegleiter – insbesondere dann, wenn es gelingt, die Säure des Rieslings in das Essen zu integrieren und dessen Fruchtsüße etwas Analoges gegenüberzustellen. Das funktioniert in diesem Fall einer leicht gereiften, sehr komplexen und balancierten Auslese zur Brotzeit ganz wunderbar. Die Säure des Weins verschlankt dabei gewissermaßen das Fett der Würste, das wiederum die Süße des Weines mildert. Wein und Essen präzisieren sich gegenseitig. Dazu ergänzen sich die mineralischen Aromen des Weins und die Gewürznoten der Würste zu einem komplexen Ganzen.

KOMBINATION 3 | ROTWEIN
2013 CENTGRAFENBERG FRÜHBURGUNDER „R" WEINGUT PAUL FÜRST

Rotes Fleisch und krosse, dunkle Brotkruste lassen jeden Weinliebhaber gerne auch nach einer Flasche Rotwein greifen. Blutwurst, sei sie kalt oder gebraten, ist gerade für einheimische Rotweine ein dankbarer Partner, ganz gleich ob Spätburgunder oder ein Lemberger/Blaufränkisch. In Frankreich darf es zur boudin noir gerne ein leicht gekühlter Gamay sein, etwa aus dem Beaujolais.

Der Frühburgunder ist eine seltene, früher reife Mutation des Spätburgunders, in den 1960er-Jahren fast ausgestorben und erst seit einigen Jahren wieder richtig im Kommen. Die Organisation „Slow Food" hat die Sorte in die „Arche des Geschmacks" aufgenommen und sie damit als besonders schutzwürdig ausgezeichnet. In Franken baut sie Spitzenwinzer Paul Fürst in der Toplage Centgrafenberg an und erzeugt aus ihr dichte, fruchtbetonte – und in der „R"-Version durch den Ausbau in burgundischen Stückfässern auch etwas rauchige – Rotweine mit einer kühleren Stilistik als ihre Verwandten an der Ahr oder in Rheinhessen. Das bereitet zur Brotzeit ein spürbares Vergnügen: Wein, Blutwurst und Brot fügen sich wie selbstverständlich zusammen. Nur mit der Leberwurst ist die Kombination nicht optimal, die Frucht des Weins wirkt wie verschluckt. Vielleicht sollte man hier über eine Alternative nachdenken, eine „Ahle Wurscht" etwa, also eine ungeräucherte luftgetrocknete Rohwurst aus dem Nordhessischen.

Poularde Hohe Säure im Essen sollte man durch sanfte Säure im Wein ausgleichen

ESSEN UND WEIN

POULARDE

Hühner sind leider ein wenig aus dem Fokus der Feinschmecker geraten und werden viel zu häufig statt mit „Genuss" mit „Gesundheit" oder „Diät" verbunden, was sich ja nicht ausschließen muss, aber in der Realität leider oft doch recht „spartanische" Folgen zeigt. Dabei droht in Vergessenheit zu geraten, dass die wohl großartigsten trockenen Weißweine der Welt (Riesling-Freunde einmal weggehört), die Chardonnays aus dem burgundischen Côte d'Or, zu keiner Speisenbegleitung zu solcher Form auflaufen wie in Kombination mit den weißen Hühnern aus der nahen Bresse.

Damit ein Hühnchen zum Wein glänzt, bedarf es nicht teurer Trüffel und dichter Sahnesaucen. Das zeigt auch ein schlankes, unkompliziertes Gericht wie die Zitronen-Poularde. Die Säure, die die Zitrusfrüchte an das Fleisch abgeben, hat freilich einen Einfluss auf die Wahl der Weinbegleitung. Allzu hoch sollten deren eigene Säurewerte nicht sein – zu niedrig aber auch nicht, denn das Fett aus der knusprigen Hühnchenhaut verlangt schon ein Gegengewicht. Weil diese deutliche Röstaromen aufweist, darf der Wein auch mit eigenen Holzaromen kontern.

Für 4 Personen
1 Poularde (ca. 1,8 kg)
Salz, Pfeffer
2 kleine unbehandelte Zitronen

ZITRONEN-POULARDE

Die Poularde innen und außen waschen und zum Abtropfen für mindestens 15 Minuten mit etwas abgespreizten Flügeln auf ein Abtropfgitter setzen, dann mit Küchenpapier nachtrocknen. Innen großzügig pfeffern und nicht ganz so großzügig salzen. Den Backofen auf 190 °C Ober- und Unterhitze vorheizen. Die beiden Zitronen gut waschen, trocknen und mit der flachen Hand etwa 1 Minute kräftig auf dem Tisch rollen, bis sie weich sind. Mit einer Kuchengabel je 20-mal einstechen, sodass nun jede 60 kleine Löcher hat. Möglichst wenig Saft austropfen lassen. Überflüssiges Fett, vor allem den Bürzel entfernen, die Zitronen in die Bauchhöhle stecken, dann das Geflügel an Vorder- und Hinterseite mit Dressier- oder Rouladennadeln zustecken oder zunähen. Keine Hohlraumversiegelung machen, alles soll eher locker sein. Die Flügel mit Küchengarn an den Körper binden.
Mit dem Bauch nach unten in einen ungefetteten flachen Bräter legen. In dieser Position auf mittlerer Einschubleiste ohne Deckel in den heißen Ofen schieben und 30 Minuten braten. Dann umdrehen und 25 Minuten weiterbraten.
Nun den Backofen auf 200 °C Ober- und Unterhitze schalten, die Poularde aber nicht mehr wenden, weitere 25 Minuten zu Ende braten, bis die Haut schön braun ist und vielleicht aufgeblasen.
Zum Servieren die Nadeln oder das Garn sowie die Zitronen entfernen.

KOMBINATION 1 | WEISSWEIN
2012 BOURGOGNE BLANC THOMAS MOREY

Wie viel sich in Burgund in den letzten Jahren getan hat, zeigt dieser Chardonnay von Thomas Morey, einem der begabtesten Jung-Winzer der Region. Bei vielen Erzeugern stammt der Basiswein aus den Randlagen der Region, etwa den Höhenlagen der Hautes-Côte de Beaune, und ist so etwas wie die „Cash Cow" des Betriebs. Hier stammen die Trauben aus Parzellen der Gemeinde „Chassagne-Montrachet", einem der klangvollsten Namen für Weißweine in der Welt. Der Wein ist leicht und von einer wunderbaren Reintönigkeit und Präzision, auch weil er ähnlich ausgebaut wird wie die großen Crus der Domäne.

Die präsente, aber reife Säure bildet genau das richtige Gleichgewicht zu den Zitrusnoten der Poularde. Eine schöne mineralische Salzigkeit gibt dem Wein dazu eine eigene Statur, die sich beim Essen neben der blumigen Frucht prächtig entfaltet. Der Tick Holz korrespondiert schön mit der gebratenen Haut des Geflügels.

KOMBINATION 2 | ROTWEIN
2013 FELLBACHER LÄMMLER LEMBERGER GG WEINGUT ALDINGER

Lange Jahre war der Lemberger ein Stiefkind unter den deutschen Rotweinen, überschattet von der formidablen Entwicklung des deutschen Spätburgunders. Da er fast ausschließlich in Württemberg angebaut wird, wurde er zudem als lokale Spezialität ein wenig „verniedlicht". Die großen Erfolge, die die Sorte in Österreich in den letzten zwanzig Jahren als Blaufränkisch hatte, hat auch die Aufmerksamkeit wieder stärker auf den heimischen Lemberger gelenkt.

Unter den vielen guten Winzern, die sich dieser Rebsorte widmen, ist Gert Aldinger wohl einer der besten. Früh hat er dabei auch auf kleine Holzfässer gesetzt, und in der sensiblen Mischung von altem und neuem Holz gelingen ihm Jahr für Jahr kraftvoll-delikate Weine, die zumal als Große Gewächse zu den großen Rotweinen des Landes zählen.

Was für ein harmonischer Speisenbegleiter der Lemberger sein kann, zeigt die Kombination mit der Poularde. Der feine Geflügelgeschmack wird von der

seidigen Frucht des Rotweins nicht überdeckt, die Tannine sind so samtig, dass sie sich an der Säure der Zitronen nicht reiben, und der Knusperhaut bereiten die feinen Holzaromen merkliches Vergnügen.

KOMBINATION 3 | WEISSWEIN
2014 SAINT-JOSEPH WEISS „LIEU-DIT" E. GUIGAL

Wer von den großen Weinen der nördlichen Rhone spricht, denkt zumeist an die weltberühmten Roten Côte-Rôtie und Hermitage sowie die Rebsorte Syrah, die ihnen gemeinsam ist. Nur wenige wissen, dass die Region auch die Wiege großer Weißweine ist. Dabei stehen die Rebsorten Viognier, Roussanne und Marsanne an der Spitze, aber weil die Anbauflächen klein sind, finden nur wenige Flaschen den Weg in den Export.

Die Marsanne-Traube hat ihre eigentliche Heimat im Département Drôme, wo sie die wichtigste Rebsorte etwa der weißen Hermitages und Saint-Josephs ist. Da manche Erzeuger die hohe Ertragsstärke der Sorte ausnutzen und auf Masse hin produzieren, hat ihr Ruf ein wenig gelitten. Es war Etienne Guigal, der auch den Côte-Rotie aus dem Dornröschenschlaf erweckt hat und mit seinen Saint-Josephs wieder an die großen Weine aus der Rebsorte anknüpft. Der „Lieu Dit" kommt aus alten Reben der Lage „Cadastré" und wird zur Hälfte in neuen Barriques ausgebaut.

Marsanne-Weine haben einen recht hohen Alkohol und viel Extrakt, das puffert die Säure der Zitronen gut ab, die markante Barrique-Note schmiegt sich an die Bratenaromen. Wunderschön dazu der florale Duft und die Haselnussnoten, die am besten zur Geltung kommen, wenn man das Hühnchenfleisch ganz pur zum Wein probiert.

WEINKAUF UND -PFLEGE

Wein. Das Buch.

Vor dem Etikettieren: Flaschenlager der Cantina Chionetti

WEINKAUF – GAR NICHT SO SCHWER

SUSANNE GRENDEL

Kennen Sie das? Plan- und ratlos steht man im Supermarkt bei dem Versuch, einen trinkbaren Wein zu finden. Welcher davon soll es sein? Der Grüne Veltliner zu 7,80 Euro, der zudem aus Bio-Anbau stammt? Kann der was? Oder doch der Riesling aus dem Rheingau zu 9,95 Euro, der fast zwei Euro günstigere rheinhessische Grauburgunder? Ein Spanier oder Franzose, ein Österreicher oder Schweizer? Lieber was Italienisches, Kalifornisches, Südafrikanisches oder etwas aus der sogenannten Neuen Welt? Wer nicht so recht eine Ahnung hat, sich mit Weinen nicht wirklich auskennt, kann sich dabei gelegentlich verloren vorkommen! Zumal wenn man eher zu der Sorte Weintrinker zählt, die in Kategorien „schmeckt oder schmeckt mir nicht" unterscheidet.

Ist guter Wein teuer? Und im Umkehrschluss dazu: preiswerter Wein nicht wirklich trinkbar? Um es gleich vorweg zu nehmen: Ein ordentlicher Wein, der weder Sodbrennen noch Kopfschmerzen macht, hat seinen Wert. Allerdings gibt es sehr gescheite Erzeugnisse, die in einem ausgewogenen Preis-Leistungs-Verhältnis stehen. Bei sehr bekannten Weingütern muss einem bewusst sein, dass auch stets der Name mitbezahlt wird – letztlich ein Phänomen, das sich bei Kosmetik, Mode, Uhren, Autos wiederholt. Das muss man also wollen (und bezahlen können). Immer wieder ist zu hören, dass alkoholische Getränke beim Discounter der Renner seien. Allerdings: Die hochwertigen Weine, die besonders gern zur Weihnachtszeit auf den Paletten zu finden sind, mögen qualitativ gut sein, aber sicherlich kein Schnäppchen.

Somit stellt sich die Frage: Worauf genau sollte man achten, wenn man einen gescheiten Wein kaufen will? Ist alles so kompliziert, wie man glauben möchte? Glücklicherweise scheint es einfach, wenn selbst ein Profi wie Stuart Pigott sagt, dass Wein weder große Wissenschaft noch Religion sei, sondern tatsächlich: ein Getränk.

RATLOS VORM REGAL

Hilfreich ist ja schon mal als erster Schritt, sich darüber klarzuwerden, ob man gern trockenen oder einen „weicheren" Wein mag, ob es ein Roter, Weißer oder vielleicht Rosé bzw. Weißherbst sein soll. Sicherlich spielt auch die Jahreszeit eine Rolle, weil es im Sommer mehr Spaß macht, genüsslich einen gut gekühlten Weißwein (wahlweise Rosé) zu süffeln, als einen Rotwein, der in der Regel den kühleren Monaten überlassen bleibt. Schaden kann nicht, über ein Trauben-Basiswissen zu verfügen und bereits erkannt zu haben, dass man als eher pragmatischer Weintrinker (dazu zählt die Kategorie „schmeckt/schmeckt mir nicht") durchaus auf heimische Weine zurückgreifen kann, wenn es etwas Gutes und zugleich Bezahlbares sein darf. Vorbei die Zeiten, als eine Liebfraumilch Blue Nun (Nicht zu verwechseln mit dem Wormser Liebfrauenstift-Kirchenstück trocken, P. J. Valckenberg!) eine zuckersüße Plörre war, die hauptsächlich britischen Weintrinkern zu schmecken schien. Gerade in den vergangenen zehn bis zwanzig Jahren haben die heimischen Winzer im Rheingau, an der Nahe und Mosel, in Rheinhessen und Franken, an der Ahr und im Saarland, in Baden-Württemberg und an der Saale so unglaublich aufgeholt im internationalen Vergleich, dass es heute eher Grauburgunder denn Pinot Grigio im Glas sein darf. Vom Riesling ganz zu schweigen.

TROCKEN ODER NICHT TROCKEN – DAS IST DIE FRAGE

Was heißt also lieblich? Was bedeutet trocken? Was feinherb? Sieht man einmal davon ab, dass Wein-Enthusiasten euphorische Charaktereigenschaften den von ihnen verkosteten Weinen zuschreiben, wie lässt sich für den durchaus interessierten Laien etwas damit anfangen?

Zum einen, trocken ist nicht gleich trocken. So gelten für Wein und Sekt unterschiedliche Angaben. Dabei steht derselbe Begriff bei den jeweiligen Getränken für den Gehalt an Restzucker. Man unterscheidet beim Wein vier Geschmacksrichtungen. Trocken ist die Bezeichnung für Weine, die fast ganz oder völlig durchgegoren sind, will heißen: mit einem Restzuckergehalt bis höchstens 4 Gramm im Liter. Trocken ist selbstverständlich nicht gleichzusetzen mit sauer; es ist eben nur wenig unvergorener Zucker enthalten. Nicht verschwiegen werden sollte allerdings, dass man bei trockenen Weinen eine höhere Säure eher schmeckt. Halbtrockene (oder feinherbe) Weine dürfen bis 12 Gramm Restzucker je Liter aufweisen; bei lieblichen Weinen übersteigt der Restzuckergehalt den für halbtrocken festgelegten, wie sich denken lässt. Mehr als 45 Gramm pro Liter dürfen es allerdings nicht sein. Dann heißen diese Weine nämlich nicht mehr lieblich, sondern süß. Noch eine Bemerkung am Rande: Nähern sich Säure und Restzuckerwert an, können selbst halbtrockene/feinherbe Weine subjektiv trocken schmecken, obwohl der Restzuckergehalt über 18 Gramm je Liter beträgt.

WIE FINDE ICH DIE RICHTIGE?

Praktisch wäre für den Anfänger unter den Weintrinkern ein Dating-Portal, mit dem der/die Suchende unter den vielen auch die eine passende Traube findet. Denn allein in heimischen Landen werden nahezu 140 Rebsorten angepflanzt, von A (wie Acolon) bis Z (wie Zweigelt). Glücklicherweise wird die Auswahl dadurch ein wenig erleichtert, dass schlussendlich „nur" etwa zwei Dutzend eine Schlüsselstellung in der (deutschen) Weinwirtschaft innehaben. Allen voran sind das die bekannte Riesling- sowie die Rivanertraube (ursprünglich Müller-Thurgau genannt), aus denen Weißwein produziert wird. Spätburgunder und Dornfelder dominieren wiederum die heimischen Rotweinsorten.

Hat man sich zumindest entschieden, für welchen Anlass der Wein benötigt wird, ist man abermals einen Schritt weiter. Soll es ein „Schüttwein" sein, also ein unkomplizierter, der an lauen Sommerabenden im Garten, auf der Terrasse oder dem Balkon mit Freunden Spaß macht und keine Kopfschmerzen bereitet? Das ist im Allgemeinen ein Weißwein, der vom Alkoholgehalt auch eher zu den „leichteren" zählt. Oder handelt es sich um einen besonderen Anlass, zu dem man einen besonderen Wein kredenzen will? Möchte man den richtigen Tropfen zum liebevoll und aufwendig zubereiteten Essen servieren? Dann ist es hilfreich, einige Dinge zu wissen, ein Etikett „lesen" zu können, um Rückschlüsse auf den Inhalt der Flasche ziehen zu können.

KLEINE ETIKETTENKUNDE

Was drauf steht, muss auch drin sein. Nützlich ist zunächst die Jahresangabe, die auf einen Blick erkennen lässt, wie frisch der Wein in der Flasche ist. Herkunft, also das Land, sowie die Region sind ebenso fix auf dem Etikett zu entschlüsseln. Ganz gleich, ob heimischer oder Wein aus näheren und ferneren Landen, genauso lassen sich auf der „Visitenkarte" – und nichts anderes ist schließlich das Etikett – Angaben finden, wie viel Alkohol enthalten ist. Alles über 14 Prozent dürfte dazu führen, dass manche Abende eher enden als gewünscht. Auf deutschen Weinflaschen zu finden sind in der Regel auch weitere Informationen, die speziell Nicht-Weinkennern helfen können, den (möglichst) perfekten Rebensaft zu finden: Rebsorte, Qualitätsstufe, Weinart, Geschmacksangabe, Erzeuger. Die amtliche Prüfnummer, die auf heimischen Weinen obligatorisch ist, sagt dem Käufer zumindest, dass alles mit rechten Dingen zugegangen ist. Erlaubt ist zudem die

Angabe des vorhandenen Restzuckergehalts, allerdings eher selten zu finden.

Garantie für einen qualitativen Mindeststandard ist auf den allerersten Blick der (gute) Name eines Erzeugers, was wiederum erforderlich macht, dass der eine oder andere einem geläufig ist. Der Hinweis auf die Weinlage dürfte vor allem für Kenner eine Orientierung sein, wobei unterschiedliche Winzer aus derselben Lage durchaus unterschiedliche Weine liefern.

Viel hilft allerdings nicht immer viel. Deshalb gilt speziell bei der jungen Generation der Winzer die Devise „less is more". Einige wesentliche Angaben finden sich auf einem optisch ansprechenden Etikett auf der vorderen, die nicht obligatorischen Angaben auf der anderen Seite. Der Vorteil für den Käufer: mehr Übersicht auf einen Blick. Also Erzeuger, Geschmacksrichtung, Rebsorte, Jahr.

PROBIEREN GEHT ÜBER STUDIEREN

Differenzierte Hinweise auf dem Etikett sind eigentlich ein Informationsvorteil. Andererseits sind viele, die beim Weinkauf nicht beraten werden, überfordert und verunsichert. Wo findet man nun den Richtigen? Wer nichts oder nicht viel von Wein versteht, hat es schwerer, im Supermarkt – auch in gut sortierten – das zu finden, was ihm vielleicht zusagt. Hier sollte sich die-/derjenige einigermaßen auskennen oder für einen eventuellen Fehlgriff zumindest nicht allzu viel Geld ausgeben. Offensichtlich ist ein Wein ein Ladenhüter, von dem man die Finger lassen sollte, wenn er verstaubt im Regal steht; ebenso offensichtlich nicht wirklich zu genießen, wenn er unter Scheinwerferlicht gelagert wird, sich der Korken bereits gehoben hat oder sich um den Verschluss Schlieren gebildet haben. In der Regel handelt es sich auch nicht unbedingt um einen Wein der „Schmeckt-mir-Kategorie", wenn er deutlich unter 4 Euro kostet.

In einigen Delikatessenabteilungen großer Kaufhäuser trifft man durchaus auf kundige Berater. In der Regel ist es dort jedoch nicht möglich, einen Probeschluck zu bekommen, um festzustellen, ob der empfohlene Wein einem zusagt. Das sieht bei größeren und kleineren Weinhandlungen deutlich anders aus, weshalb gerade Anfängern (aber auch Kennern) ans Herz gelegt sei, sich offen mit seinen Wünschen an die Profis zu wenden. Das Einfühlungsvermögen der Experten ist im Allgemeinen so groß, dass sich recht schnell herausfinden lässt, welches der richtige Wein für den jeweiligen Trinker ist. Abgesehen davon schulen mehr oder weniger regelmäßige Verkostungen den Gaumen, sodass man relativ zügig vom simplen Konsumenten zum Genießer mutiert, zumindest sehr schnell weiß, welcher Winzer persönliche Vorlieben abdeckt. Dann wiederum ist es nicht so schlimm, wenn man im Supermarkt seinen Bestand auf die Schnelle aufstocken muss, weil sich unverhofft Besuch ankündigt und der Bestand noch von den letzten Gästen „geplündert" ist.

Wohl dem, der in der Nähe eines Weinanbaugebiets lebt, und bei den ansässigen Winzern deren diverse Weine probieren kann. Wer sich nicht sicher ist, ob die verkosteten Erzeugnisse auch zuhause schmecken, nimmt nur einige Flaschen mit und leert diese nach und nach. Anschließend fährt man dann einfach wieder hin und kauft, was einem am meisten zusagt. Die meisten Winzer versenden ihre Weine auch, selbst an die entlegensten Adressen.

Übrigens, dieses Vorgehen empfiehlt sich auch, wenn man in anderen Ländern urlaubt und die dortigen Weine vor Ort trinkt, wie etwa in der Toskana. Wer daran zweifelt, ob die Erzeugnisse von beispielsweise Corzano e Paterno oder Poggio al Sole auch außerhalb des Chianti schmecken, macht es wie bei den hiesigen Weingütern: einfach nur „Probierflaschen" mitnehmen und anschließend online bestellen. Während regelmäßiger Promo-Aktionen verschicken diese Winzer ihre Weine sogar versandkostenfrei (bis in die Vereinigten Staaten).

Apropos online. Mit Weinbestellungen übers Internet verhält es sich ein wenig wie mit Käufen im Supermarkt. Man sollte wissen, was man will. Dann bekommt man auch, was man möchte.

VERTRAUENSSACHE ALTE WEINE

156 000 US Dollar. Das ist bislang der höchste Preis, der jemals für eine Flasche Wein gezahlt wurde. Selbst Master of Wine Michael Broadbent, erfahrener Auktionator des Londoner Traditionshauses Christie's, konnte es 1985 kaum fassen, als eine Flasche Bordeaux des Château Lafite diesen aberwitzig anmutenden Preis erzielte. Und alles nur, weil diese Flasche aus dem Besitz Thomas Jeffersons stammen sollte, 200 Jahre versteckt in einem Pariser Kellergewölbe und mittlerweile als Billionaire's Vinegar (Deutscher Titel: Im Wein liegt die Wahrheit! Das Mysterium um die teuerste Flasche der Welt, Tre Torri Verlag) in die Literatur eingegangen. Fake oder kein Fake, diese Frage ist bis heute nicht abschließend geklärt. Es liegt also auf der Hand, dass in einem Markt, auf dem astronomische Preise erzielt werden können, sich nicht nur seriöse Gestalten tummeln.

Weintrinker, die zur Kategorie Genießer/Kenner/Sammler gehören, vertrauen deshalb ausschließlich verlässlichen Quellen. Eine erste und zugleich die beste ist der direkte Bezug (bzw. über einen renommierten Importeur) vom Weingut selbst. Kloster Eberbach beispielsweise im heimischen Rheingau versteigert immer mal wieder bei Auktionen sogenannte Schatzkammerweine. Im Chianti sind u. a. renommierte Weingüter wie Antinori, Castello Monsanto, Riecine sowie Montevertine solche, die hin und wieder Aktionen starten für ihre Importeure in der ganzen Welt, bei denen sie sehr alte Jahrgänge aus ihren Kellern zum Weiterverkauf anbieten. Übrigens: Zerbröselnde Korken spielen erst bei 50-plus-Weinen eine Rolle.

Der Weinhändler des Vertrauens kann ebenfalls zuverlässig Auskunft geben, von wo die Kreszenzen stammen, wie und wo sie gelagert wurden. Auktionshäuser, die alte Weine versteigern, verfügen in der Regel über eine „Laufkarte", die lückenlos sämtliche Details dokumentiert.

Wer zu den Glücklichen zählt, Mitglied eines weinenthusiastischen und sammelfreudigen Bekanntenkreises zu sein, verfügt womöglich über eine vierte zuverlässige Quelle, an alte Weine zu kommen: Private Sammler verkaufen durchaus dann und wann alte Jahrgänge von Spitzenweinen wie zum Beispiel Château Pétrus.

UND SONST SO?

Hierzulande noch nicht so richtig durchgesetzt hat sich Wein aus dem Karton, etwas hipper „Bag-in-Box" genannt, wahlweise aus Kunststoffschläuchen. Gefüllt ist das eine wie das andere mit drei, fünf oder zehn Litern Rot-, Weiß- oder Roséwein erhältlich, zudem immerhin bis zu 40 Prozent günstiger als derselbe Wein in Flaschen. Ungeöffnet ist der Inhalt sechs Monate in dieser für viele ungewöhnlichen Verpackung haltbar, geöffnet immerhin noch acht Wochen. In den Schläuchen bzw. an den Kartons ist ein Zapfhahn integriert, um den Wein zu entnehmen. Der Transport sowohl von Box als auch Schlauch ist problemlos, was die eine wie den anderen geradezu prädestiniert für (Garten-)Partys oder Urlaubsreisen. Allerdings sind diese Behältnisse nicht wirklich klein, sodass sich die Frage nach der adäquaten Kühlung stellt. In Australien beispielsweise erfreut sich die „Bag-in-Box" großer Beliebtheit. Selbst Franzosen haben wenig Scheu, Rotwein aus dem Karton in ein Weinglas umzufüllen. In Deutschland gilt bislang jedoch die Glasflasche als Behältnis der Wahl und hierzulande immer noch als Inbegriff der Weinkultur.

Straßenschilder in Napa Valley

Spitzenweine aus Italien aus dem Sortiment von Alpina Wein

DIE BASICS – ALLES EASY

WOHIN MIT DEM WEIN?

SUSANNE GRENDEL

Ist der richtige Wein endlich gefunden, ergibt sich die nächste Herausforderung: wie aufbewahren; will man mehr als den üblichen Kühlschrankvorrat fürs Wochenende? Ohne dass man über ein fundiertes Weinwissen verfügen muss, hat sich bereits herumgesprochen, dass Wein in größeren Mengen kühl und ohne größere Temperaturschwankungen, nicht zu trocken (aber auch nicht zu feucht) und dunkel gelagert werden sollte.

Grundsätzlich sind die meisten Kühlschränke ohnehin weder groß genug, um eine größere Menge unterzubringen, noch eignen sie sich für andere Weine als weiße und Rosé. Abgesehen davon ist ein Kühlschrank nicht für einen längeren Zeitraum die ideale Lagerstätte, auch wenn moderne Geräte nicht mehr so vibrieren, wie das vor Jahrzehnten noch der Fall war. Erschütterungen mögen Weine – gleich welcher Art und Farbe – nämlich so gar nicht. Einige Flaschen kann man selbstverständlich immer für den schnellen Gebrauch im Kühlschrank liegen lassen – der Richtwert: bis zu drei Monaten.

Wohl dem also, der einen schönen, alten Keller mit der richtigen Temperatur, der perfekten Feuchtigkeit und der nötigen Dunkelheit sein Eigen nennt. Falls nicht, ein normaler Abstellraum im Keller, der zu den meisten Wohnungen gehört, tut es zur Not auch. Es muss noch nicht mal ein Weinregal sein, in dem man seine Flaschen hortet. Der Wein lässt sich auch in den Kartons stapeln (sieht ja keiner), zumindest solange sie voll sind. All denjenigen, die das nicht haben, und nicht zig Tausende in einen eigens gebauten Weinkeller investieren mögen, stellt sich die Frage: Wohin denn nun damit?

Gelegentlich lautet die Empfehlung, dass sich das Schlafzimmer als Stauraum anbietet, z. B. unter dem Bett. Die für den Wein erforderlichen Lichtverhältnisse ließen sich zur Not noch dadurch erzielen, dass die Flaschen im Karton verbleiben. Gegen diese Lagerlocation spricht: Auch wenn die heutigen Schlafzimmer idealerweise nur über eine Raumtemperatur von 18 Grad Celsius verfügen sollten, ist das zumindest im Sommer nicht zu garantieren. Jedenfalls nicht ohne Klimaanlage. Ganz zu schweigen von den Menschen, die eine Wohnung im Dachgeschoss bewohnen.

Die ideale Lösung bieten Weinklimaschränke in den unterschiedlichsten Formen und Ausführungen. Sie sind mehr als praktisch und je nach Größe und Design durchaus ein Hingucker in der Wohnung. Im Abstellraum ist das Äußere zu vernachlässigen, was wiederum den Preis senkt. In den meisten dieser Geräte gibt es Klimazonen, sodass sich auch Rotwein darin aufbewahren lässt. Apropos: Weißweine und Rosés/Weißherbst sind „frische" Weine, die in der Regel auch frisch getrunken werden wollen. Eine Ausnahme bilden hierbei weiße Dessertweine. Rotweine vertragen dagegen eine Lagerzeit von einigen Jahren; Spitzenweine ließen sich im Prinzip sogar auf die nächste(n) Generation(en) übertragen. Beim Weinhändler oder Winzer lässt sich erfragen, wie lange der jeweils erworbene Wein aufbewahrt werden kann – so man denn standhaft genug ist, ihn vorher nicht zu konsumieren. Viele Online-Händler geben häufig Lager-/Trinkzeiten an, sodass man als Käufer einen ganz guten Anhaltspunkt hierzu hat.

Bei allen Vorteilen, die so ein Weinklimaschrank mit sich bringt, Nachteile gibt es auch: Ganz günstig sind sie nicht (wenn man Wert auf Qualität legt), und sie verbrauchen im Haushalt am meisten Strom.

Noch eines: Nur Weinflaschen mit Naturkork müssen liegen, damit der Kork nicht austrocknet und so der Inhalt verdunstet. Schraub- oder Glasverschlüsse bzw. Kronkorken erlauben, dass die Flaschen stehen dürfen. Womit wir gleich beim nächsten Punkt wären …

VERSCHLUSSSACHE GLEICH ANSICHTSSACHE

Wein trinken kann jeder. Eine Meinung dazu haben auch. Wohl über kein Thema, außer vielleicht über DAS Glas, wird unter Weintrinkern jedweder Couleur so leidenschaftlich debattiert wie über DEN einen, DEN richtigen Verschluss. Die pragmatischen Australier, eben jene, die auch kein Problem damit haben, Wein aus dem Karton oder Schlauch zu trinken, gelten quasi als „Entdecker" des Schraubverschlusses, bei dessen Anblick Connaisseure weltweit Schnappatmung bekommen. Tatsächlich spricht einiges für den profan scheinenden Metallverschluss. Die Flaschen sind dadurch dichter, was etwa bei Rieslingen dazu führt, dass die zugesetzte Menge an Schwefel reduziert werden kann. Sie sorgen zudem dafür, dass die natürliche Kohlensäure und die für diese Rebsorte so charakteristische Spritzigkeit länger erhalten bleibt.

Glasverschlüsse, die man immer mal wieder zu sehen bekommt, haben sich bislang nicht recht durchgesetzt, auch weil sie für die Winzer ziemlich ins Geld gehen und die Vorteile nicht im selben Verhältnis stehen. Kunststoffkorken finden sich eher bei preiswerten Konsumweinen. Zweifelhaft ist, ob sich für hochwertige Weine etwas anderes durchsetzen lässt als Naturkork. Die Enthusiasten, für die ein guter Tropfen nicht zu teuer ist, brauchen das Gefühl für ein exzellentes Naturprodukt aus Weinberg und Keller auch ein ebenso hochwertiges Naturprodukt zum Verschließen zu haben. Und im Grunde gibt es auch nichts Schöneres als die Vorfreude, wenn mit einem satten „Plopp" der (Natur-)Korken aus dem Flaschenhals gelöst wird.

RAN AN DEN WEIN – ABER WIE?

„Now, how to open a wine bottle …", unvergessen ist der Satz in meinem Gedächtnis, als ich nach meinem Studium in England als „waitress" jobbte und an meinem ersten Tag mit einem Kellnermesser kämpfte, um eine geordete Flasche am Tisch zu öffnen. Rot vor Scham stand ich erst vor den reichlich amüsierten Gästen und anschließend vor meiner Chefin, die mir kurz demonstrierte, wie so etwas ganz leicht geht. Ohne die Weinflasche zwischen die Knie klemmen zu müssen und am Korken zu zerren: einfach das kleine Messer ansetzen, um die Kapsel abzuschneiden. Spirale in leichtem Winkel mittig auf den Korken ansetzen und so weit wie möglich gerade hineindrehen – ohne den Korken zu durchstechen, damit keine Stücke davon in den Wein geraten. Dann den kleinen Hebelfuß am Flaschenhals ansetzen und zack! lässt sich der Korken behutsam bis zügig herausziehen, je nach Alter der Flasche. Vermutlich überflüssig zu erwähnen, dass seit dieser Zeit das Kellnermesser zu meinem liebsten Öffner zählt.

Von Screwpull über Laguiole bis zu Flaschenöffnern, die am (Küchen-) Tresen befestigt werden, gibt es selbstverständlich mehr als eine Möglichkeit, an den Wein in der jeweiligen Flasche zu kommen. Hier gilt: Hat man einmal das richtige Instrument gefunden, ist ein Wechsel nicht mehr nötig. Hochwertige Flaschenöffner halten seinem Nutzer lebenslang die Treue! Wer Wein mit Kronkorken-, Schraub- oder Glasverschluss kauft, muss sich diese Frage selbstverständlich ohnehin nicht stellen.

DER WOHLTEMPERIERTE TROPFEN

Rotwein bei Zimmertemperatur trinken. Das ist auch so eine Regel, die Auslegungsbedarf haben kann. Denn Zimmertemperatur ist natürlich relativ. Zu der Zeit, aus der diese Empfehlung stammt, waren die Wohlfühlgrade in den Räumen eher niedriger als in der Gegenwart angesetzt. Heute ließe sich also aus dem Grund eher „Kellertemperatur" als Maßstab ansetzen. 16 bis 18 Grad raten einem Kenner, aber auch: Selbst wenn die empfohlene Temperatur so lautet, weil die Aromen des jeweiligen Rotweins dadurch am besten zu riechen und zu schmecken sind, erlaubt ist, was gefällt. Dann darf es im Sommer beispielsweise durchaus deutlich kühler sein, wobei 14 Grad Celsius nicht unbedingt unterschritten werden müssen.

Mit Weißwein ist das wiederum eine andere Sache. Dieser sollte, ebenso wie Rosé und Weißherbst, um die 10 bis 12 Grad Celsius getrunken werden, lautet die gängige und sicherlich richtige Empfehlung. Aber ganz ehrlich? In der Regel ist das den meisten zu warm. Gerade im Sommer, also die Zeit, zu der viele gern Weißen oder Rosé trinken, bevorzugen sie niedrigere Temperaturen, sodass das Glas beschlägt (wärmer wird der Wein ja von ganz allein). Also gilt schlicht: Das was schmeckt, ist die richtige

Temperatur. Übrigens, Champagner, Prosecco und Sekt dürfen ganz offiziell kühler serviert werden. Die Untergrenze liegt hier bei etwa 8 Grad Celsius.

SPASS IM GLAS

Selbst wer sich mit Wein nicht hundertprozentig auskennt, weiß zumindest um die unterschiedlichen Ansprüche beim Servieren von Rot- und Weißwein, und sei es, dass dieses Wissen nur beim schwedischen Möbelhaus erworben wurde. So ergibt sich die Notwendigkeit, nicht nur den richtigen Wein im Haus, sondern auch die richtigen Gläser dafür im Schrank zu haben. Für den Anfang reichen tatsächlich ein Weiß- und ein Rotweinglas, also eines mit einem kleineren, eines mit einem größeren Kelch. Im Übrigen auch aus dem besagten Möbelhaus. Sie sind preiswert, qualitativ gar nicht übel, dürfen in die Spülmaschine, und man ärgert sich nicht pestig, wenn mal eines davon zerbricht. Ein Blick ins Nachbarland Frankreich hilft vielleicht auch, ein entspannteres Verhältnis zum Thema zu bekommen. Preiswerter, dennoch durchaus trinkbarer Wein wird in kleineren Restaurants und Brasserien ziemlich unkompliziert aus Gläsern konsumiert, die wir in Deutschland nur für Wasser oder Saft verwenden. Ganz zu schweigen von den USA, wo „stemless glasses" zu den großen Favoriten gerade auf Partys (ja, mit über 21-Jährigen!) und sogar auf offiziellen Empfängen gehören.

Handelt es sich um einen fortgeschritteneren Weintrinker, der sich bei solchen Vorstellungen schüttelt, steigen in der Regel auch die Ansprüche an das jeweilige Glas. Gute bis sehr gute Exemplare gibt es beispielsweise bei Riedel, Schott, Zalto, Zwiesel und weiteren Unternehmen dieser Größenordnung, mit Preisen auf einer nach oben offenen Gläserskala. Mehr als eine Verkostung mit demselben Wein aus unterschiedlichen Gläsern haben belegt, dass es gerade für hochwertige und teure Weine durchaus sinnvoll ist, in ein ebenso hochwertiges (und leider teures) Glas zu investieren. Ob es nun aber wirklich nötig ist, für quasi jede Traube ein eigenes Glas zu haben, ist ein Thema, das sich für die nächste Gesprächsrunde beim Weinhändler oder mit Freunden eignet. Dennoch gilt: erlaubt ist, was gefällt!

NICE TO HAVE ...

Wer nach und nach vom Einsteiger in das Thema Wein zum wissenden Kenner mutiert, benötigt einige Dinge mehr als Flaschenöffner und Glas. Zur Basisausstattung gehört neben den beiden erwähnten Essentials ein Weinkühler. Das Material – also Ton, Edelstahl, Kunststoff – bleibt dabei dem persönlichen Geschmack überlassen. Für Grillsessions oder ein Picknick sind Kühlmanschetten von Vorteil, die um die Flaschen gewickelt werden und den Inhalt zumindest für einige Zeit auf Temperatur halten. Eiskübel sind dekorativ, aber nur wirklich einsetzbar, wenn man in seiner Küche einen Eiswürfelbereiter hat. Ansonsten wird's mühsam, den Kübel mit genügend Eis zu bestücken.

Sollte am Ende des Tages (wider Erwarten) die Flasche noch einen Rest Wein aufweisen, empfiehlt sich, diese gut zu verschließen, was wieder ein klarer Vorteil in Sachen Schraubverschluss ist (Glasverschlüsse können das natürlich ebenso gut). Naturkork lässt sich halbwegs wieder in die Flasche stecken, einer aus Kunststoff eher nicht. In solchen Fällen empfiehlt sich die Investition in ein nützliches Accessoire, das zwar nicht die Welt kostet, dafür den Wein bis zu zehn Tage frisch hält: der AntiOx WineStopper. Der Verschluss ist mit einem patentierten System ausgestattet, das verhindert, dass der Wein oxidiert und Aroma sowie Geschmack erhalten bleiben. Und nebenbei bemerkt noch praktischer als die handlichen Pumpen, mit den man den Wein auf Vakuum ziehen kann.

Ebenso praktisch und preiswert ist eine Tülle, die für Rotwein gedacht sind. Einmal in den Flaschenhals gesteckt, verhindert sie, dass es Flecken gibt, die nur mit Aufwand wieder zu entfernen sind. Eines der sowohl wirklich praktikablen als auch optisch ansprechenden Exemplare sind die „no drip Weinausgießer" – kleine, biegsame Metallkreise, die sich für jeden Flaschenhals eignen.

Ob man zwangsläufig ein Weinthermometer benötigt, um die Temperatur zu überprüfen, muss jeder selbst entscheiden. Wenn man einen besonderen Wein präsentiert, um ihn mit seinen Gästen zu teilen, mag die von Connaisseuren als richtig eingestufte Temperatur gewiss erheblich zu seiner Qualität beitragen. Die Handhabung ist einfach: Das Thermometer in den Wein halten und anschließend unter laufendem Wasser oder mit einem Lappen reinigen. Es gibt die „Gradmesser" analog oder digital, letzteres ist entsprechend genau. Einige High-Tech-Modelle haben sogar eine separate Anzeige für die perfekte Temperatur für spezielle Weine.

Sinnvoll ist speziell für ältere Rotweine ein Dekanter, damit nicht versehentlich das sogenannte Depot im Glas landet und Blick sowie Aroma trübt. Abgesehen davon: Einen Wein behutsam und konzentriert von der Flasche in die Karaffe umzufüllen, ist ein geradezu meditativer Vorgang. Fragen Sie dazu mal einen Profi!

Perfekter Weinservice im Restaurant
Ente, Wiesbaden

WEIN IM WORLD WIDE WEB

Brettanomyces, Oidium, BSA, Phylloxera – das Thema Wein ist komplex und vielfältig. Wer sich dafür zu interessieren beginnt, wird von der Fülle an Begriffen und Themen schier erschlagen. Man muss auch nicht alles auf einmal lernen, um Wein zu mögen und zu verstehen; es hilft bereits, dieses Buch zu lesen und das Glossar gegebenenfalls zu studieren. Wer das Thema noch umfassender erarbeiten möchte, findet außer in Büchern (auch digitalen) im Internet zahlreiche Quellen, die Fragen nach Fachausdrücken und Zusammenhängen erklären. Darüber hinaus jede Menge Berichte über Weinverkostungen, Empfehlungen, Meinungen, Hintergründe. Nicht alles ist immer aktuell und auf dem neuesten Stand, aber viele seriöse Seiten liefern auf die Schnelle die wichtigsten Informationen. Damit Sie nicht lange suchen müssen, finden Sie hier die besten Quellen aus dem www.

Selbstverständlich ist unsere Auflistung nur eine kleine Auswahl und erhebt keinerlei Anspruch auf Vollständigkeit.

WEINWISSEN VON A BIS Z

deutscheweine.de — Seite des deutschen Weininstituts; sie bietet neben allen wichtigen Informationen zum deutschen Wein ein ausführliches Glossar und Informationen zur Arbeit auf dem Weingut sowie Themen rund ums Weingenießen. Außerdem jede Menge Infos zu Veranstaltungen und aktuellen Entwicklungen im deutschen Weinbau.

wein-plus.eu — Umfassende Seite mit ausführlichem Glossar, Hintergrundberichten zu Regionen, Weinen und Weingütern. Sehr nüchterne Gestaltung, sehr übersichtlich. Registrierung kostenfrei, die Mitgliedschaft mit Zugang zu allen Beiträgen kostet 24,50 Euro jährlich.

weinkenner.de — Für Anfänger sind vor allem das Lexikon und die Weinschule interessant, wer schon etwas mehr in die Materie eingestiegen ist, wird hier mit aktuellen Informationen aus der Weinszene, Reportagen und einer Weindatenbank bedient. Kostenfrei.

WEIN VERKOSTEN

Zahlreiche Weinliebhaber tummeln sich im Netz und berichten über die Weine, die sie privat oder auch auf Veranstaltungen probieren. Wer nach Einschätzungen und Meinungen zu Weinen aus aller Welt sucht – natürlich ohne Anspruch auf Allgemeingültigkeit –, wird hier fündig.

verkostungsnotizen.net Forum für Weinliebhaber, die ihre Verkostungsnotizen zur Diskussion stellen. Außerdem Berichte der Teilnehmer über Weinveranstaltungen, Rezepte und Austausch über Fragen. Nicht alle Bereiche sind frei zugänglich, für bestimmte Funktionen ist eine Registrierung notwendig.

weinfreaks.de Weinverkostungsplattform inklusive Forum, für das man sich registrieren muss. Interessant ist vor allem das Forum, auf dem ein reger Austausch stattfindet. Wendet sich eher an Fortgeschrittene, spricht aber auch Einsteiger an.

weintasting.de Degustationsnotizen von verschiedenen Verkostungen und privaten Weinproben. Sehr anschaulich gestaltet und gut lesbar mit interessanten Weintipps.

weinverkostungen.de Vor allem Verkostungsnotizen zu den unterschiedlichsten Weinen aus aller Welt, zusätzlich Besprechungen zu Weinbüchern, Berichte von Weinmessen und -veranstaltungen, Erklärung von Weinbegriffen. Übersichtlich gestaltet und betont subjektiv.

WEIN-BLOGS

Die deutsche Wein-Blogger-Szene ist umfangreich, sehr aktiv und eng vernetzt. Die wichtigsten Blogs liefern viel Meinung, viel Information und oft unterhaltsame Diskussionen – für jeden, den das Thema Wein interessiert.

drunkenmonday.wordpress.com Blog von Paul Truszkowski und einem Autorenteam. Truszkowski ist Einkäufer beim Online-Weinhandel „Wine-in-Black". Verkostungsnotizen, kurze knackige Berichte über Winzer, Weinempfehlungen, Interviews, Nachrichten. Für interessierte Anfänger und Liebhaber geeignet.

fine-blog.de Blog der Zeitschrift FINE Das Weinmagazin. Wird vor allem von FINE-Autor Dirk Würtz geführt und berichtet exklusiv über Verkostungen, Weine und Winzerpersönlichkeiten im Zusammenhang mit der Printausgabe des Magazins.

originalverkorkt.de Christoph Raffelt schreibt in erster Linie über Wein, nutzt den Blog aber auch für Exkurse zu anderen verwandten Themen wie Bier, Spirituosen und hat außerdem noch einen Podcast integriert. Gastautoren ergänzen den Blog. Launig, unterhaltsam und informativ.

schnutentunker.de Felix Bodmann schreibt von seinen Verkostungserlebnissen und hat auch eine Video-Weinschule auf youtube. Übersichtlich, unterhaltsam geschrieben und mit dem Wine Online Award ausgezeichnet.

WEIN-INFORMATIONEN

stuartpigott.de — Stuart Pigott ist eine der schillerndsten Figuren der deutschen Weinschreiber. Auf seinem Blog widmet er sich mal auf Deutsch, mal auf Englisch ausführlich dem Riesling in Deutschland und Amerika oder sonst wo auf der Welt – und daneben auch allen anderen Weinen.

weinkaiser.de — Ralf Kaiser ist überall, wo man Wein probieren kann; wo er nicht anwesend sein kann, sind seine Gastautoren. Auf seinem Blog gibt es ausführliche Berichte darüber, Verkostungsnotizen, aktuelle Weintermine und Hintergrundinformationen aus der Weinszene. Anfänger müssen sich erst etwas reindenken, finden aber bestimmt die ein oder andere interessante Information.

wuertz-wein.de — Blog des wahrscheinlich bekanntesten deutschen Weinbloggers Dirk Würtz. Pointierte und unterhaltsame Berichte über Weine, Winzer, Themen aus der Weinbranche und mancher Exkurs in nicht ganz weinfremde Themen. Im Video-Blog www.the-dinest.de gibt es außerdem sehr hochwertige und informative Videos über Wein, Essen und alles, was damit zu tun hat.

SONSTIGE SEITEN RUND UMS THEMA WEIN

captaincork.com — Glossar, Hintergrundberichte, Einkaufshilfe, Tipps rund ums Thema Wein. Interessant für Einsteiger, aber auch für Fortgeschrittene in Sachen Wein. Übersichtlich gestaltet.

dasweinforum.de — Für jedermann offenes Forum zu allem, was mit Wein zu tun hat. Von Weinempfehlungen, Kellerfunden und Weintechniken bis hin zu philosophischen Themen, Gesundheitsfragen und Rezepten. Registrierung notwendig.

nikos-weinwelten.de — Genussportal mit Magazincharakter über Wein, Food, Restaurants, Hotels. Informative und ausführliche Berichte.

wine-times.com — Online Weinmagazin aus Österreich mit Hintergrundberichten aktuellen Informationen, Reportagen, Portraits, Verkostungsnotizen, Restaurantempfehlungen und vielem mehr rund um Wein. Betont subjektiv und mit pointierten Meinungen zu Themen aus der Weinszene.

weinlagen.info — Wer sich für Weinlagen interessiert, wird hier fündig. Alle wichtigen, bekannten und weniger bekannten Weinlagen der Welt werden hier angezeigt. Ein Projekt, das beständig ergänzt wird. Für Einsteiger wahrscheinlich noch etwas hochtrabend, mit zunehmendem Weinwissen aber immer interessanter.

Verkostungsnotizen zu 100 Riesling Auslesen,
Probe im Kloster Eberbach

UNSERE AUTOREN

Wein ist ein sehr komplexes Thema. Die Praxis der Weinbereitung beginnt im Weinberg und reicht weit über die Entscheidung für Holzfass oder Edelstahl hinaus. Dazu kommen Etikettenkunde, Sensorik, Weinlagerung, Handhabung. Ganz zu schweigen von der Historie des Weins, die über Jahrtausende von den politischen und gesellschaftlichen Entwicklungen mitbestimmt wurde und umgekehrt die Gesellschaft und ein wenig auch die Politik beeinflusst hat. Allein damit könnte man zahlreiche Bücher füllen.

Für all diese unterschiedlichen Bereiche gibt es Menschen, die sich auf diesem Gebiet auskennen. Daher ist Wein. Das Buch. ein Autorenbuch. Ausgewiesene Fachleute haben die Themen der einzelnen Kapitel aufgegriffen und fundiert und verständlich aufbereitet, um den Lesern Freude am Wein, vor allem aber auch am Lesen zu bereiten. Und Lust zu machen, das neu erworbene theoretische Wissen möglichst umgehend in die Praxis umzusetzen.

HERAUSGEBER

Ralf Frenzel

„Die Genusswerker", so nennt Ralf Frenzel sich und sein Team im Tre Torri Verlag. Was wenig verwundert, wenn man merkt, mit welchem Engagement er und die Mitarbeiter sich mit allem beschäftigen, was mit gutem Essen und Trinken zu hat. So sind im Laufe der Zeit sehr spezielle Bücher entstanden, unter anderem über herausragende Weingüter, außergewöhnliche Winzer, ausgezeichnete Köche und vieles mehr. Auch das seit 2008 erscheinende *FINE Das Weinmagazin* fand seinen Ursprung in dieser Passion. Als der gelernte Sommelier und Weinhändler 2004 in Wiesbaden Tre Torri gründete, waren Bücher über die schönen Themen des Lebens längst keine Unbekannte für ihn. Mit seiner Projektagentur CPA! zeichnete er bereits Anfang der 1990er Jahre u. a. verantwortlich für Alfred Bioleks Kochshow, die erste populäre in Deutschland, die Erfolgskochbücher zur Sendung und zahlreiche weitere Klassiker der Küchenkunst. Seine Expertise während der größten Verkostungen, etwa von Weinlegenden wie Pétrus oder Yquem, Latour oder Lafite, ist seit Jahrzehnten ebenso gefragt wie sein fachmännisches Urteil auf dem Gebiet der Kulinarik. Es dürfte also schwer sein, jemanden zu finden, der breiter aufgestellt und erfahrener ist als der Verlagschef, mit seinem umfassenden Wissen über alles, was sich aus Trauben herstellen lässt. Wein. Das Buch. ist deshalb nicht zuletzt eine ausgesprochene Herzensangelegenheit des Herausgebers; seine weitreichenden Kenntnisse bilden die Basis sowohl für Konzeption und Umsetzung als auch für die einmalige Bildsprache dieses Bandes.

AUTOREN

Markus Del Monego

Markus Del Monego dürfte einer der bekanntesten deutschen Sommeliers sein. 1998 gewann er als bislang einziger Deutscher die Weltmeisterschaft der Sommeliers, 2003 setzte er mit dem Titel Master of Wine, der weltweit anspruchsvollsten Ausbildung in Sachen Wein, noch einen drauf und war somit der Erste, der beide Titel einte. Seit 2010 degustiert und beschreibt er persönlich für die *Süddeutsche Zeitung* ausgewählte Weine. Diese werden exklusiv in der SZ Vinothek (sz-shop.de/vinothek) angeboten, 4 mal jährlich als Degustationspakete und in saisonalen Sondereditionen. Darüber hinaus berät er Unternehmen in Sachen Wein, beispielsweise die Lufthansa. Markus Del Monego ist außerdem Autor und Co-Autor zahlreicher Bücher, und sein Unternehmen CaveCo in Essen gehört zu den führenden in Sachen Qualitätskontrolle für Weine und Spirituosen. Darüber hinaus bietet Markus Del Monego Seminare, Schulungen, Weinreisen und Beratung zum Thema Wein an.

Prof. Dr. Hanns Hatt

Wenn es um Riechen und Schmecken geht, führt an Prof. Dr. Hanns Hatt kein Weg vorbei. Der Professor an der Fakultät für Biologie und Inhaber des Lehrstuhls für Zellphysiologie an der Ruhr-Universität Bochum hat den ersten menschlichen Riechrezeptor entschlüsselt und nachgewiesen, dass es auch Riechrezeptoren außerhalb der Nase gibt. In seinen Büchern beschreibt er die zentrale Bedeutung des Riechens und Schmeckens für den Menschen. Prof. Dr. Hanns Hatt hat Biologie, Chemie und Humanmedizin studiert, ist Präsident der Union der deutschen Akademien der Wissenschaften und wurde u. a. mit zahlreichen Forschungspreisen ausgezeichnet.

Caro Maurer

Die in Bonn lebende Caro Maurer ist seit 2011 Master of Wine, als erste Frau im deutschsprachigen Raum, und Weinautorin. Nach Stationen als Korrespondentin in New York und Los Angeles arbeitete sie als Redakteurin für die deutsche Ausgabe von *Forbes* und die Tageszeitung *Die Welt*. Seit knapp 25 Jahren konzentriert sie sich ganz auf die Themen Essen und Wein – in dreierlei Weise: Sie schreibt für den General-Anzeiger in Bonn und die Magazine *Der Feinschmecker* sowie *FINE Das Weinmagazin*. Sie unterrichtet Wein für das Diplom des Wine and Spirit Education Trust (WSET) in Deutschland, Österreich, Norwegen sowie Italien und ist Mitglied des Ausbildungskomitees beim Institute of Masters of Wine. Außerdem moderiert sie weltweit Wein-Tastings sowie Wein-Seminare und ist Jurorin in internationalen Weinwettbewerben wie den Decanter WWA in London.

Stefan Pegatzky

Stefan Pegatzky studierte Germanistik in Frankfurt am Main, wobei er seine Brötchen parallel in der Institutsbibliothek und einer der besten Weinhandlungen der Stadt verdiente. Nach fünf Jahren als wissenschaftlicher Mitarbeiter, mit der fertigen Dissertation in der Tasche, kam er nach Berlin und erlebte erst als Lektor und dann als Programmleiter verschiedener Verlage hautnah mit, wie sich die Metropole von der Bier- zur Weinstadt wandelte. 2012 gründete er die Online-Galerie Time Tunnel Images, deren geschäftsführender Gesellschafter er ist. Er schreibt vor allem über Wein – insbesondere in *FINE Das Weinmagazin* – und über Essen, nicht zuletzt für die Gourmet Edition der *SZ* und den Tre Torri Verlag.

AUTOREN

Michael Schmidt

Inspiriert von der Vorliebe seiner englischen Schwiegereltern für deutschen Wein erwarb Michael Schmidt 1980 in London als erster Deutscher das Diplom des Wine and Spirit Education Trust (WSET). Nach zehn Jahren als Einkäufer für das familieneigene Restaurant und den Weinhandel fand er seinen Einstieg in den Weinjournalismus. Gleichzeitig begann er seine eigenen Weinseminare und Weintouren zu veranstalten. Der Weinschreiberzunft blieb er als Deutschlandredakteur von Tom Stevensons *Wine Report* treu, heute ist er in der gleichen Funktion bei den *Purple Pages* der britischen Weinpäpstin Jancis Robinson tätig. Seit 2013 schreibt er auch wieder in seiner Muttersprache über feine und rare Weine für *FINE Das Weinmagazin* und den Tre Torri Fachbuchverlag.

Dirk Würtz

Der 1968 in der Pfalz geborene Dirk Würtz ist ein Tausendsassa in Sachen Wein. Als klassischer Quereinsteiger war er zunächst Kellermeister im renommierten Weingut Robert Weil im Rheingau und ist heute Betriebsleiter im Rheingauer Weingut Balthasar Ress. Als einer der ersten entdeckte er die Möglichkeiten der neuen Medien für die deutsche Weinszene und machte sich als Weinblogger einen Namen weit über diese hinaus. Mit dem Hamburger Magazin Stern zusammen drehte er eine Weinschule, kommentiert Weine, Entwicklungen und Trends der internationalen Weinszene emotional und pointiert und ist immer offen und neugierig, sich mit allen Facetten seines Lieblingsthemas zu beschäftigen. Seit 2015 schreibt er eine Kolumne in der Zeitschrift *FINE Das Weinmagazin* und ist auch der federführende Autor des FINE Weinblogs.

Kristine Bäder

Erst über Umwege kam die in Rheinhessen geborene Winzertochter wieder zurück zum Wein. Nach Studium und einem Volontariat war sie anschließend mehr als zehn Jahre als Redakteurin der Zeitschrift *weinwelt* und Chefredakteurin des *Sommelier Magazins* tätig. Seit 2013 ist sie im Tre Torri Verlag und für die Zeitschrift *FINE Das Weinmagazin* tätig. Ihr praktischer Hintergrund aus der Mitarbeit im elterlichen Weingut und ihr in über 15 Jahren angeeignetes Wissen über die große Welt der Weine floss bei der Konzeption und Umsetzung dieses Weinbuchs mit ein.

Susanne Grendel

Weintrinken sollte Freude bereiten (und keine Kopfschmerzen), ist die Überzeugung der gebürtigen Norddeutschen. Was allerdings sehr guten Wein ausmacht - und herausragendes Essen dazu -, lernte sie erst beim „Master of Food & Wine" in Kalifornien, beim Rheingau Gourmet Festival, während zahlreicher Reisen nach Frankreich und Italien sowie Verkostungen bei weinaffinen Freunden. Nicht zuletzt natürlich von Ralf Frenzel und beim Tre Torri Verlag, für den Susanne Grendel seit geraumer Zeit als freie Mitarbeiterin tätig ist. Die Quereinsteigerin in Sachen Genuss arbeitet seit über 20 Jahren als freie Redakteurin für unterschiedliche Publikationen.

Prof. Dr. Rainer Jung (Wissenschaftliche Mitarbeit)

Der Lehrbeauftragte an der Hochschule Geisenheim University für die Studiengänge Weinbau und Önologie, Getränketechnologie und Internationale Weinbetriebswirtschaft. Außerdem ist er stellvertretender Leiter des Instituts für Önologie. Als anerkannter Experte für Weinsensorik in Deutschland ist er wissenschaftlicher Leiter der Bundesweinprämierung der Deutschen Lebensmittelgesellschaft (DLG) und Mitglied im DLG-Ausschuss Sensorik. Im hochmodernen Labor auf dem Campus in Geisenheim beschäftigen er und sein Mitarbeiter-Team sich mit allen Fragen zur Weinsensorik. Für dieses Weinbuch stellte er seine Kompetenz für das Kapitel „Rebsorten und Aromen" zur Verfügung.

Schattenspiele, Château Fuissé, Burgund

GLOSSAR

A

Abgang
Der erste Eindruck entscheidet – auch beim Wein. Abgang nennt sich der Geschmackseindruck nach dem ersten Probeschluck. Je länger und je intensiver, desto mehr Rückschlüsse hinsichtlich Qualität.

Abstich, abstechen
Klingt martialischer als das, was sich dahinter verbirgt, nämlich die Umfüllung eines Weins von einem Fass ins andere, um ihn vom Bodensatz zu trennen.

Adstringenz, adstringierend
Ein Geschmackseindruck, der sich häufig beim Genuss junger, gerbstoffhaltiger Rotweine einstellt. Heißt nichts anderes, als dass man zu fühlen meint, die Zunge zöge sich zusammen.

Alkohol
Dass dieser entsteht, ist den Hefepilzen zu verdanken, die den Fruchtzucker der Trauben während der Gärung in Alkohol verwandeln. Die meisten Weine enthalten zwischen 10 und 14 % vol. Alkohol. Heiße Sommer führen zu einem hohen Alkoholgehalt und machen nicht alle glücklich.

Anreichern
Kühle, nasse Sommer führen dazu, dass sich wenig Fruchtzucker in den Trauben bildet (und infolgedessen alkoholarme Weine). Was wiederum einige Winzer dazu zwingt, dass sie dem Most vor der Gärung Zucker zugeben, ihn also damit anreichern müssen (was übrigens dennoch trockene Weine ergibt). Im Französischen nennt sich diese Technik Chaptalisation (nach seinem Erfinder Jean-Antoine Chaptal) – klingt vornehm, ist aber umstritten und äußerst streng geregelt.

Appellations d'Origine Contrôlées, AOC (frz. kontrollierte Herkunftsbezeichnungen)
Diese Bezeichnung adelt gewissermaßen die französischen Weine, ist sie doch die höchste Qualitätsstufe der Kreszenzen aus unserem Nachbarland.

Assemblage (frz. Zusammenfügung, Gemisch)
Heißt so, wenn gleiche Weine zu einem Wein zusammengefügt werden, die aus unterschiedlichen Fässern stammen, oder aber aus Weinen gleicher Herkunft, jedoch unterschiedlichen Rebsorten, ein Wein abgefüllt wird.

Ausbau, reduktiv/oxidativ
Unter diesem Begriff sind alle kellertechnischen Maßnahmen zwischen Vergärung und Abfüllung zusammengefasst. Natürlich insbesondere die Reifung im Fass und im Tank. Reduktiv nennt sich weitgehend unter Sauerstoffabschluss ausgebauter Wein, oxidativer Ausbau, also mit Sauerstoff, bewirkt eine andere Qualität. Alkoholreiche Weine wie Sherry, Madeira, Portwein etc. werden gezielt oxidativ ausgebaut.

autochthon (griech. am Fundort vorkommend, einheimisch)
So dürfen sich Rebsorten bezeichnen lassen, die aus einem eng begrenzten Gebiet stammen und dort wachsen; in Österreich ist das beispielsweise der Grüne Veltliner.

B

Barrique (frz. Fass)
Ist nichts anderes als ein kleines Eichenfass, in das 225 Liter Wein passen (in der Regel roter). Einst in Frankreichs Weinregion Bordeaux entwickelt, fühlt sich dieses „Baby" inzwischen in der gesamten (Wein-)Welt bei Winzern rund um den Globus wohl, die darin hochwertige Qualität reifen lassen. Neue Barriques schenken ihrem Inhalt vielfältige Aromen, speziell die erwünschten Vanille-/Röstnoten. Ältere können aber auch immer noch was …

Botrytis cinerea (lat.)
Manchmal verflucht, gelegentlich erwünscht. Kommt ganz darauf an, wann sich die Trauben mit diesem Schimmelpilz infizieren. Sind sie noch jung, ist er das Verderben. Ab einem gewissen Reifezustand jedoch bewirkt dieser Schimmel (dann selbstverständlich Edel- genannt!) einen rosinenartigen Zustand der Trauben, die so verschrumpelt alle wundervollen Inhaltsstoffe in konzentrierter Form bewahren. Dann entstehen aus derartigem Lesegut die heißbegehrten Auslesen, Beerenauslesen, Trockenbeerenauslesen, für die Höchstpreise gezahlt werden.

brut (frz. roh, unbearbeitet)
Wird ein Champagner so betitelt, ist er echt brutal trocken.

C

Cru (siehe auch Grand Cru)
Nicht nur eine herausragende Weinberglage, sondern auch noch mit einem ganz eigenen Charakter.

Cuvée
Ein Zusatz, der sowohl für den hochwertigen Most aus der ersten Pressung von Champagnertrauben gilt als auch für die Assemblage verschiedener Champagner-Grundweine vor der Flaschengärung.

D

Dosage (frz. Dosierung)
Vor der endgültigen Verkorkung der Flaschen fügt der Kellermeister dem Champagner eine (meist geheim gehaltene) Wein- und Zuckerlösung hinzu. Zusätzlich kann hochqualitativer Weinbrand enthalten sein, um eine Nachgärung zu vermeiden. Soll keine Dosage mit Zucker erfolgen (etwa für Ultra Brut), wird gleichartiger Wein verwendet.

E

Echter Mehltau
Eine der echten Plagen im Weinberg ist seit 1845 dieser aus Nordamerika eingeschleppte Pilzbefall, der zu totalem Ernteausfall führen kann, wenn nicht geeignete Maßnahmen ergriffen werden (siehe auch Integrierter Pflanzenschutz).

Erstes Gewächs
Im Rheingau (und nur dort) verstehen sich unter diesem Begriff Weine der höchsten Qualitätsstufe, und zwar ausschließlich für Spätburgunder und natürlich: Riesling. Für beide Sorten in zwei Kategorien: für die geschmacklich trockenen Weine aus vollreifen sowie für die edelsüßen aus spät gelesenen Trauben. Sie stammen grundsätzlich aus einer klassifizierten Lage und müssen strenge Kriterien hinsichtlich der Qualität erfüllen.

F

Falscher Mehltau
Der Pilzerreger Plasmopara viticola, Falscher Mehltau (oder Peronospora) genannt, kam 1878 quasi als „Beipack" aus Nordamerika nach Südfrankreich. Von dort verbreitete er sich innerhalb weniger Jahre in die anderen europäischen Weinbaugebiete. Er führt wie der Echte Mehltau zu erheblichen Ertragsausfällen im Weinberg.

G

Grand Cru (frz. Großes Gewächs)
Hat in Frankreich unterschiedliche Bedeutungen. So bezieht es sich im Burgund auf die Lage, im Bordeaux auf die Eigenschaft eines Châteaus.

Großes Gewächs
Die höchste Klassifikationsstufe deutscher Weine, im Rheingau Erstes Gewächs.

GLOSSAR

H

Halbtrockener Wein
So liest es sich im EU-Regelwerk: Halbtrocken ist ein Wein mit einem Restzucker von maximal 18 Gramm pro Liter.

Hektar
10 000 Quadratmeter (hätten Sie's auf Anhieb gewusst?)

Hektoliter
100 Liter (siehe Hektar)

I

Integrierter Pflanzenschutz
soll den Einsatz von Pflanzenschutzmitteln reduzieren, indem man Pestizide und sogenannte Heilmittel im Weinbau kombiniert. Darüber hinaus werden die Wechselwirkung Schädling/Pflanze und der Witterungsverlauf in die Entscheidung miteinbezogen, was wann wo und wie viel eingesetzt werden muss. Der für die Reben schwierige Frühsommer 2016 beispielsweise machte u. a. den Einsatz von Kupfer im Weinberg nötig – etwas, was die Bio-Winzer laut EU-Verordnung nicht dürfen.

J

Jahrgang
Je nachdem, um welchen es sich handelt, führt die Nennung eines bestimmten Jahrgangs bei Kennern zu andächtigem Schweigen. Ist die Rede von guten oder schlechten Jahrgängen, gilt dieses gleichzeitig als Qualitätsmerkmal des jeweiligen Weins.

K

Kirchenfenster
Sie sind wie die sogenannten Tränen die umgangssprachliche Titulierung der farblosen Schlieren (lassen Rückschlüsse auf den Glyzeringehalt zu), die sich am Kelch bilden, wenn der Wein im Glas geschwenkt wird. Wer diesen Begriff zu verwenden und zu interpretieren weiß, outet sich als absoluter Experte.

Korken
Dies ist nicht nur einfach ein Verschluss. Es ist ein abendfüllendes Thema, über das gelegentlich hitzig diskutiert wird: Darf ein Korken nur ein Naturkorken sein oder auch aus Kunststoff oder Glas bestehen oder aber ein Drehverschluss aus Metall sein?

Korkfehler (Trichloranisol)
Selbst nicht geübte Nasen erschnüffeln rasch, ob ein Wein „Kork" hat. Verantwortlich ist dafür eine chemische Substanz (2,4,6-Trichloranisol), die den Wein nicht so richtig lecker riechen lässt – vom Schmecken ganz zu schweigen. Übrigens: Das passiert nicht nur bei (meist minderwertigen) Naturkorken, sondern kann auch bei solchen aus Kunststoff vorkommen. Dann ist der Wein bereits im Keller kontaminiert worden ….

L

Lieblicher Wein
enthält nicht nur mehr als 18 Gramm Restzucker pro Liter (jedoch nicht mehr als 45 Gramm), er ist zudem säurearm. Gilt im Allgemeinen als „Anfängerwein".

M

Malolaktische Gärung (lat. malum = Apfel)
Im Expertendeutsch auch gern kurz: Malo. Bezeichnet die zweite Gärung, in der der Säureabbau bei Rotweinen erfolgt.

N

Nase
Man könnte es auch Bukett (oder Bouquet) nennen, was sich einem eröffnet, wenn man die Nase an das Weinglas hält. Gemeint ist in allen Fällen, der Duft, der sich einem präsentiert.

nervig
Könnte man anders verstehen. Gemeint ist selbstverständlich die Eigenschaft eines Weins, speziell eines zarten, säurehaltigen.

O

Oechsle
Aus dieser Maßeinheit für das Mostgewicht lassen sich Rückschlüsse auf den Zuckergehalt der Trauben schließen. Entscheidend für den Beginn der Lese im Weinberg.

Oidium (siehe Echter Mehltau)

Oxidation

Bei einigen Süßweinen ist die Veränderung durch die Einwirkung von Sauerstoff durchaus notwendig. Grundsätzlich jedoch ist ein oxidierter Wein durch exzessiven Luftkontakt nicht mehr trinkbar (jedenfalls nicht mit Genuss!).

P

Peronospora (siehe Falscher Mehltau)

Phylloxera (siehe Reblaus)

Prädikatswein

Diese Art von Weinen findet man nur in Deutschland und Österreich (dort alle edelsüßen). So nennen sich hüben wie drüben höherwertige Qualitätsweine, die grundsätzlich nicht ↑ angereichert werden dürfen.

Premier Cru (frz. Erstes Gewächs)

Im Bordeaux die oberste Klassifikationsstufe für Weine, im Burgund die zweithöchste Qualitätsstufe unter ↑ Grand Cru.

Q

Qualitätswein

Dieses ist die oberste Stufe der europäischen Gesetzgebung; in Deutschland gehören 95 Prozent der Weine dazu. In Frankreich fallen rund 40 Prozent in diese Kategorie, in Italien 15 Prozent und in Spanien 25 Prozent. Wer hätte das gedacht?

R

Reblaus

Sie trägt die Schuld an der größten Katastrophe der europäischen Weinbaugeschichte. Eingeschleppt aus Nordamerika in der zweiten Hälfte des 19. Jahrhunderts gelang es diesem winzigen Schädling, innerhalb weniger Jahrzehnte nahezu dem gesamten Rebbestand den Garaus zu machen. Die Lösung lag im Aufpropfen der europäischen Rebsorten auf amerikanische (und reblausresistente) Wurzelstöcke.

S

Spätlese

ist wie Kabinett und Auslese ein Prädikatsmerkmal der deutschen Qualitätsweine. Eine Anreicherung mit Zucker ist nicht erlaubt (wie im Übrigen bei allen deutschen Qualitätsweinen mit Prädikat).

T

Tannin

So werden auch Gerbstoffe genannt, also diese Substanzen, die entweder aus der Traube (inklusive Schalen, Kernen, Stielen) selbst stammen oder aus dem Holz des Fasses, in dem der Wein ausgebaut wird. Tannine bewirken die ↑ Adstringenz, und da sie den Wein zudem konservieren, beeinflussen sie die Lagerzeit von Rotweinen.

Terroir

ist ein Begriff, der allenthalben verwendet wird, wenn es sich um die Gesamtheit der Faktoren handelt, die an einem bestimmten Ort auf den Wein einwirken, also Boden, Lage, Klima, nicht zuletzt auch der Ausbau. Man könnte das Ganze auch mit Charakter umschreiben, klingt aber nicht so gut.

Trichloranisol (siehe Korkfehler)

Trockener Wein

ist das Gegenstück zu lieblichem und enthält nur geringen Restzucker von maximal 9 Gramm je Liter.

V

Verschnitt

In Frankreich Cuvée genannt, handelt es sich in beiden Fällen um die Mischung von Weinen verschiedener Traubensorten, Lagen, Regionen oder Jahrgängen. Mag nicht jeder.

W

Weinstein

Es handelt sich mitnichten um einen „Fehler", wenn man die Ablagerungen der Weinsäurekristalle am Korken oder in der Flasche (von Weißweinen) entdeckt. Deshalb beeinträchtigt Weinstein auch nicht den Geschmack.

Ca' Marcanda, Spitzenwein des
Weinguts Gaja, Piemont

QUELLENVERZEICHNIS

Bild S. 112
Postkarte aus Privatbesitz Pegatzky / auf der Rückseite vermerkt: Verlag der Landesdruckerei / Sachsenkalender 1946, Foto: Paul Damm
© = Paul Damm / Archiv Pegatzky

Bild S. 114
https://commons.wikimedia.org/wiki/File:Phylloxera_cartoon.png
© = Edward Linley Sambourne/Punch

Bild S. 115
https://de.wikipedia.org/wiki/Forschungsanstalt_Geisenheim#/media/File:FA_Geisenheim14.jpg
(Historische Postkarte)

Bild S. 116
http://wg-mayschoss.de/historie.html

Bild S. 119
Entnommen aus „Der Riesling Weingut Robert Weil"
Archiv Weingut Robert Weil

Bilder S. 120
de.pinterest.com

Bilder S. 124
Archiv Pegatzky

Bild S. 125
http://www.winelabels.eu/main/winelabels/Series/BlueNun.html

Bild S. 126
Aus einer Reportage im Allianz Kundenmagazin „1890": https://1890.allianz.de/ausgaben/1-2015/es-wird-reben-geben/index.html
© = Toby Binder

Bild S. 129
http://www.bordeauxdecouvertes.fr/Le_Vin.htm // Cartes postales anciennes http://www.cparama.com

Bild S. 130
http://www.volksfreund.de/nachrichten/region/mosel/aktuell/Heute-in-der-Mosel-Zeitung-Zeitzeugen-erinnern-sich-an-abenteuerliche-Erlebnisse-in-der-auch-als-Saufbaehnchen-bezeichneten-Moseltalbahn-Neues-Buch;art671,4354875 // Buchbesprechung: Karl-Josef Gilles: „Die Moselbahn in der Nachkriegszeit", Sutton Verlag

Bild S. 131
http://alondoninheritance.com/tag/vintners-company/

Bild S. 133
http://westgarthwines.com/2015/07/07/bordeaux-1855-classifications/
© = Château Margaux

QUELLENVERZEICHNIS

Bild S. 135
http://bourgogne.1900-2000.over-blog.com/2013/10/aloxe-corton-c%C3%B4te-d-or-d%C3%A9pt-21-4.html
http://bourgogne.1900-2000.over-blog.com/search/Pommard/

Bild S. 138
Entnommen aus „Die großen Weine der Rioja"
von Hubert Duijker
Archiv Pegatzky

Bild S. 142
Entnommen aus FINE Das Weinmagazin
© = Bella Spurrier

Bild S. 148
https://en.wikipedia.org/wiki/Prohibition_in_the_United_States

Bild S. 151
© = Wine Spectator

IMPRESSUM

© 2016
2. Auflage, 2018
Wein. Das Buch.
Süddeutsche Zeitung GmbH, München, für die Süddeutsche Zeitung Edition

Herausgeber
Ralf Frenzel

Konzeption und Umsetzung
Tre Torri Verlag GmbH, Wiesbaden

Autoren
Sensorik: Prof. Dr. Hanns Hatt, Bochum
Rebsorten und Aromen: Michael Schmidt, Bad Neuenahr-Ahrweiler
Weinausbau, Gläserkunde: Kristine Bäder, Wiesbaden
Geschichte, Essen und Wein: Stefan Pegatzky, Berlin
Weinprobe: Caro Maurer, Bonn
Weinkauf, Weinpflege, Glossar: Susanne Grendel

Art Direction und Gestaltung
Guido Bittner, Wiesbaden

Fotografie
Im Auftrag von FINE Das Weinmagazin
Guido Bittner, Wiesbaden
Christof Herdt, Frankfurt
Alexander Habermehl, Frankfurt
Thilo Weimar, Bardolino
Mark Volk, Berlin
Rui Camilo, Wiesbaden
Marco Grund, Hamburg
Johannes Grau, Hamburg

Projektmanagement
Till Brömer, Sabine Sternagel

Aromen und Gerichte
Peter Schulte, Hamburg

Weinflaschen Impressionen
Guido Bittner, Wiesbaden

Reproduktion
Lorenz & Zeller, Inning a. A.

Herstellung
Thekla Licht, Hermann Weixler
Papier: Maxi Mat Prime, Igepa

Printed in Germany
ISBN 978-3-86497-375-8

Haftungsausschluss
Die Inhalte dieses Buchs wurden von Herausgeber und Verlag sorgfältig erwogen und geprüft. Dennoch kann eine Garantie nicht übernommen werden. Die Haftung des Herausgebers bzw. des Verlags für Personen-, Sach- und Vermögensschäden ist ausgeschlossen.